Günter von Hummel

Politik / Therapie

Begreifen, was man schon weiß -
der Versuch Politik therapeutisch zu denken

Das Umschlagsbild zeigt eine künstlerische Darstellung von drei ineinander gewobenen Möbiusbändern. Das Möbiusband ist ein um 180 Grad gedrehtes und so zu einer Kreisschlinge zusammengeklebtes Band (siehe Abb. im Text). Obwohl an jeder Stelle des Bandes eine Vorder- und Rückseite besteht, handelt es sich doch um nur eine einzige Band-Fläche. Die beiden Seiten stellen somit dem Psychoanalytiker Lacan zufolge den Zusammenhang zwischen Bewusstem und Unbewussten oder den zwischen Begehren und Anspruch dar, obwohl sie sich in nur einem einzigen menschlichen Subjekt ereignen. Ähnlich ergeht es der Historie und der Politik oder dem Politischen und dem Therapeutischen. Sie sind jeweils zwei völlig getrennte Seiten ein und derselben theoretischen Betrachtungsfläche.

© 2021, Günter von Hummel
Herstellung und Verlag: BoD - Books on Demand, Norderstedt (2021)
ISBN 9783848208463
Lektorat: Franz X. Gfirtner und S. Möckel,, München

Inhaltsverzeichnis

I. TEIL I, Zeitgeschichte

1. 1 Die 'Transsubstanziation'

Es gibt immer so etwas wie eine erste Erinnerung. Es muss im Frühjahr 1945 gewesen sein, dass einige Tiefflieger über unseren Garten schossen. Ich war zu diesem Zeitpunkt etwa vier Jahre alt und lief in Panik in den Hauseingang zurück. Da standen vor mir die Gespenster wieder auf, die man aus dunklen Geschichten kannte, aus Albträumen, oder auch aus kranken Fantasien. Plötzlich war das Böse hinter mir her. Plötzlich war – ganz bedrohlich – ich gemeint.

In Wirklichkeit war dies alles nicht so schlimm gewesen. Die Schreckensgeräusche sind zwar in mir noch wach, und erst mit den Jahren habe ich gelernt, dass das Böse viel komplizierter ist. Hannah Arendt hat – speziell in und nach ihrem Eichmann-Buch – darüber geschrieben: das Böse ist differenzierter, subtiler, komplexer und vor allem viel banaler, als man denkt. Es ist überhaupt nicht definierbar. Es besteht nicht darin, dass die Menschen böse Gesichter haben oder Waffen in der Hand halten oder gar Bestien sind. Ein Massenmörder, schrieb Hannah Arendt, kann ein „Hanswurst" sein, auf jeden Fall ist er eher ein „weltloser Mensch" und nicht als der durchtriebene Bösewicht erkennbar.[1] Das Böse besteht vielleicht vordergründig darin, dass etwas in unserem Gedächtnis selbst diesen Schrecken des Bösen mitprogrammiert. Manchmal pflanzt das Unbewusste selber uns die Geräusche des Krieges ein, des Wahnsinns, der Gewalt, der Depression. Manchmal braucht man ein ganzes Leben, um dieses Programm so zu verändern, dass es einigermaßen der Wahrheit entspricht und sichtbar wird, was das Böse ist und wie man es behandeln kann.

Später habe ich auch gelesen, dass von den Alliierten wirklich auf Kinder geschossen wurde. T. Chorherr, Chefredakteur und Lektor am Institut für Publizistik in Wien beschreibt solche Szenen und auch von gleichaltrigen Freunden habe ich dies gehört.[2] Oder schreibe ich dies jetzt nur, um auch den Alliierten eine verbrecheri-

---

[1] Grunenberg, A., Hannah Arendt und M. Heidegger, Piper S. 384
[2] Chorherr, T., Wir Täterkinder, Molden Verlag (2004) S. 140

sche Schuld an diesem Krieg zuzuschieben? M. Heinlein, ein Autor, der sich mit den Malaisen der Kriegskinder besonders auseinandersetzte, diskutiert ebenfalls die Frage, ob nicht das Spiel „Täter zu Opfern" zu stilisieren, dabei mitwirkt.[3] U. März schreibt in der ZEIT vom 12. 5.10 von dem „auf Symmetrie bedachten Sortieren von Schuld und Gegenschuld" und über „das Buchhaltungsprinzip der ausgeglichenen Summe" was die Kriegsverbrechen von Deutschen und ihren Gegnern betrifft. Ja, vielleicht mache ich das jetzt auch ein bisschen, aber die Literatur zu den halbverkohlten Leichen der 600000 Brandbombenopfer hierzulande ist einfach zu bedrückend und die wohl zweihunderttausend Toten von Hiroshima und Nagasaki mit Zigtausenden von lebenslang Strahlengeschädigten wirken auf mich so abstrakt und grauenhaft kalt, dass es gar nicht zu sagen ist.

Doch vielleicht spiele ich gar nicht „Buchhalter der ausgeglichenen Summe", wenn ich eigentlich nur sagen will, dass es entsetzliche Dinge wohl auf allen Seiten gab, und dass vom Krieg, von Vernichtung, von Bombennächten und dem Holocaust zu schreiben fürchterlich ist und gleichzeitig auch problematisch.[4] Es ist mir eigentlich unmöglich. Gar nicht zu reden davon, dass es in den letzten hundert Jahren auch sonst weltweit so ungeheuerlich Grausames und Schreckliches passiert ist, dass man gar nicht weiß, wo man anfangen sollte. Man könnte eigentlich nur ständig verzweifeln. Im Washingtoner Holocaustmuseum werden (2016) neben einer Ausstellung über die Shoah auch Bilder und Dokumente über den Völkermord an den Tutsi, über den Völkermord in Dafur, über die Verbrechen der Roten Khmer, über den Genozid in Bosnien und über die Verbrechen des IS im Nahen Osten gezeigt. Die andauernden Gräuel in Syrien und im Kongo (3 - 5 Millionen Tote)

---

[3] Heinlein, M., Die Erfindung des Erinnerns. Deutsche Kriegskindheiten im Gedächtnis der Gegenwart, transkript (2010)..

[4] Ich verfüge über zahlreiche Artikel aus renommierten Zeitungen (FAZ, SZ, SPIEGEL und ZEIT), in denen über eine Geschichtskorrektur zu Lasten der Alliierten beschrieben wird. Doch ich argumentiere mit diesen nicht. Ich will dies zwar erwähnen, aber ich bin keiner der neuen Rechtspopulisten und will nichts aufrechnen, sondern eben − wie angekündigt −nur gegenteilige Berichte nebeneinanderstellen.

sowie die noch schlimmeren im Jemen (2018) waren noch nicht
dabei.

Ich liege doch nicht falsch, wenn ich behaupte, dass Menschen jeder Art immer zum Massenmord fähig waren und auch heute noch
sind. Trotzdem haben wir für den Holocaust die Hauptverantwor-
tung, auch wenn wir – wie es der frühere Bundeskanzler H. Kohl
einmal ausdrückte – über die ‚Gnade der späten Geburt' verfügen.
So haben wir als Kinder von nichts gewusst. Erst in den fünfziger
und sechziger Jahren des letzten Jahrhunderts, in Schule und Stu-
dium, fingen wir an mehr und mehr zu wissen. Es war ein langwie-
riger Prozess. Aber selbst was wir nunmehr wissen, haben wir bis
heute noch nicht begriffen. Da liegt das Problem.

„Das Selbstverständnis der Menschheit wird [nach 1945] nie wieder das sein, das es einmal gewesen ist", schreibt R. A. C. Parker
im 34. Band der Fischer Weltgeschichte. „Die Zeit des Nationalsozialismus ist in den letzten Jahrzehnten so detailliert und gründlich
untersucht worden wie wohl kein anderer Abschnitt der neueren
Geschichte. Die Quelleneditionen, Monographien, Aufsätze sind
inzwischen Legion. . . Jeder Stein wurde umgedreht, jede Einzel-
heit geprüft, jedes Problem erörtert." Wir wissen nun fast alles über
das Dritte Reich, so scheint es – und jeder, der will, kann sich mü-
helos über diese Zeit und ihre Forschungsgeschichte unterrichten.
Das historische Material ist immens.

Aber verstehen wir nun besser, was der Nationalsozialismus, der 2.
Weltkrieg und all die vorherigen und erneuten Kriegsverbrechen
eigentlich waren? War es der Appell an einen mythischen ‚Heil-
bringer' (Romano Guardini) – oder einfach eine primitive ‚Ersatz-
religion' (George Mose)? Fakten sind nie deutungsfrei gegeben –
man braucht, um sie zu interpretieren, einen Rahmen. Wie kommt
man . . . an den Kern der Sache, wie lernt man zu begreifen, was
man schon weiß"? fragt der ehemalige bayerische Kultusminister
H. Meier.[5] Denn begreifen, was man schon weiß, heißt seit jeher
das Jenseits dem Diesseits erklären, das Vorher dem Nachher zu
vermitteln, die Eltern den Kindern verständlich zu machen. Es
heißt für die Väter ihre Erfahrungen, ihr Wissen wirklich zu verer-

---

[5] Maier, H., in der SZ vom 27.11.00 über das neue Buch des Historikers
M. Burleigh: Die Zeit des Nationalsozialismus, Fischer (2000)

ben und für die Söhne bedeutet es, dieses Erbe dann auch tatsächlich anzunehmen und verarbeiten zu können. Es heißt das Ganze einer Generation ebenso der ganzen nächsten Generation zu überbringen. Ein scheinbar unmögliches Unterfangen. Die Psychoanalyse Sigmund Freuds hat es dennoch versucht (wenn auch mehr im Individualbereich) und hierfür den Begriff der *Übertragung* (besonders positive Einstellung zum Therapeuten und *Übertragung* inadäquater und verjährter Bedeutungen auf ihn) geschaffen.

Die unbewussten, verdrängten und abgespaltenen Erfahrungen der Kindheit (und auch späterer Jahre, wie z. B. gerade die Erfahrungen im Krieg) werden durch diesen vereinheitlichenden Dialog-Mechanismus der *Übertragung* auf den Analytiker wieder aktualisiert. Die verwickelten und durchschlungenen zwischenmenschlichen Bedeutungen des menschlichen Subjekts werden in dessen Person konzentriert und so – indem sie intensiv besprochen werden – entwirrt. Weil man subjektbezogen dem Analytiker alle Einfälle preisgibt, alle Träume erzählt, alle Phantasien beichtet, hat er die Möglichkeit, die auf ihn ,übertragenen' Zusammenhänge in ihrer Gesamtheit zu deuten und sie sich so neu ordnen zu lassen. So wird das Ganze eines Zeit-Raums gänzlich in das Ganze eines anderen Zeit-Raums *übertragen,* enthüllt, gedeutet und übersetzt und danach als inadäquate *Übertragung* aufgelöst. Ich habe in diesem Zusammenhang den Begriff der *Übertragung* in Richtung auf eine Ur-*Übertragung* erweitert.

Solch ein erweiterter Begriff des psychoanalytischen Vorgehens ist nämlich für das generationsübergreifende Geschichtsverständnis zutreffender. Man spricht auch von ,transgenerationaler Weitergabe traumatischer Erfahrungen oder von ,vererbten Wunden', die tiefer liegen als schlichte Verdrängungen. Das Wort Ur-*Übertragung* erinnert an eine Art von 'Transsubstanziation' (lat.: Wesensverwandlung).[6] Zumindest sollte es das sein. Der Begriff selbst stammt aus der Theologie und bezeichnet in der christlichen Messe die Wandlung von Brot und Wein in den Leib und das Blut Jesu. Die *Substanz* (griechisch οὐσία) ist im aristotelischen Sinne das an sich selbst nicht sinnlich wahrnehmbare Wesen eines Din-

---

[6] Ich schreibe diesen Begriff in der Mitte mit z, um ihn von dem theologischen Begriff etwas abzugrenzen, der mit t geschrieben wird.

ges oder Geschehens. Gerade in dem Fall, mit dem wir es hier bezüglich der Geschichte und genereller auch generationsübergrei-
fender Beziehungen zu tun haben, nämlich mit *Übertragungsvor-
gängen*, die also nicht im Sprechzimmer eines Analytikers stattfinden, sondern außerhalb dieses therapeutischen Rahmens und die
mehr politische, geschichtliche Dimensionen haben, eignet sich der
Begriff der Ur-*Übertragung* als einer Form von 'Transsubstanziation' eigentlich ganz gut.

Man muss ihn freilich von dem 'spirituellen' Überbau und auch
von der psychoanalytischen Alltagstherapie trennen. Ich will diesen sicherlich etwas hochangesetzten Begriff der 'Transsubstanziation' nur auf die 'wesenhaften' Zusammenhänge beschränken, die
in einem umfassenderen Rahmen stattfinden, als er in der klassischen Psychoanalyse besteht. Deswegen auch der Hinweis auf die
Ur-Übertragung, die in der Psychoanalyse auch oft als 'wilde
Übertragung' bezeichnet wird, weil sie überall im Leben stattfin-
det. Überall, denn man überträgt auf jeden, dem man Fähigkeiten
oder Wissen unterstellt – abgesehen von den zutreffenden Bedeutungen – eben auch nicht passende, verschobene, projizierte Bedeutungen, die manchmal geklärt werden, aber auch so – ungelöst
und problemlos – bestehen bleiben können.

Kurz zusammengefasst: Man kann das Wissen, selbst das fundier-
teste, nicht einfach lehren, man müsste es vollkommen kommunizieren, sozusagen sachlich und emotional zugleich verinnerlichen, damit man es ganz begreifen kann. Wissen kommunizieren
heißt eben mit der enthüllenden Psychoanalyse oder gar der
'Transsubstanziation' zu arbeiten, in der alle subjektbezogenen
Komponenten, alle Bildpixels, alle Wortsilben durch Klärung eine
neue Bedeutung und Ordnung bekommen können: eine Bedeutung
im Gut / Bösen, im Krieg / Frieden, im Vater / Sohn, kurz: in einem generellen interpretativen Rahmen, in dem es darum geht, das
Wissen der und über die Väter, über den Logos der 'Bestimmer' in
das Begreifen der Söhne, der zur Nachfolge Bestimmten, zu trans-
ferieren. Freilich spielen auch Frauen und Töchter die gleiche Rolle Rolle, wenn auch mit anderen Schwerpunkten. Darauf käme es
an, damit in der Geschichte nicht immer wieder die gleichen Fehler
passieren. Die öffnende Ur-*Übertragung* und die enthüllende
'Transsubstanziation' sind also in diesem Fall nichts anderes als

eine generelle Metapher der ‚Paternität‘, ein Nomen der Bestimmungslogik als solcher, der – wenn ich es einmal anders und etwas skurril sagen darf – *Zeuger / Wort* – Ordnung.

Diese direkte Art realer Symbol-*Übertragung* wird auch in der Apokalypse des Johannes beschrieben. Dort heißt es, Johannes soll „das Buch essen“. Es genügt nicht, dass er es liest und dann Wissen davon hat. Seine Ur-*Übertragung* richtet sich auf Gott, der ihm die Wort-Ordnung dadurch deutet, dass er sich zur Einverleibung, zur ‚Transsubstanziation‘ selbst als Buch anbietet. Somit handelt es sich um eine mythisch-mystische Ur-*Übertragungs*-Deutung, die man damals Offenbarung nannte. Und auch den Leib von Christus in der Hostie zu essen, bedeutet ja das Gleiche, nämlich sein Wesen und Wissen perfekt zu verinnerlichen. Heute kann man ein solches Vorgehen nicht mehr in dieser Weise nutzen, wir brauchen wissenschaftliche Methoden, und so will ich im Rahmen dieses Buches ein Verfahren vorstellen, das aus der Psychoanalyse abgeleitet ist, aber aus einem mehr meditativen, selbstanalytischen Zugang zum ‚Transsubstanziativen‘ besteht.

Damit will ich auf den Boden des Möglichen zurückkehren, denn gerade der meditative Anteil dieses Verfahrens beinhaltet neben der Ur-*Übertragung* auch eine besonders direkte Deutung aus dem Unbewussten, die helfen kann, das Wissen z. B. von Geschichte und Politik zu begreifen. Ich will nicht irgendwelchen Vergangenheits/Zukunfts-Erklärungen verfallen, wie sie der Historiker J. Radkau zu Recht deutlich kritisiert,[7] sondern jeden selbst die Erfahrung dieses noch etwas rätselhaften ‚Transsubstanziativen‘ machen lassen. Damit wird freilich noch kein Ganzes einer Generation vollständig der nächsten überbracht, es sei denn, viele Einzelne nehmen sich dieses Verfahrens an und wirken so als Kollektiv. Sie geben nicht eine Hostie weiter, der wir das Wesen Christi unterstellen, auch keine sich streitenden Historikermeinungen, sondern das ‚transsubstanziierende‘ Verfahren selbst (mit der Hoffnung, dass es dem Einzelnen hilft und nicht im Epigonentum untergeht).

„Wir leben in einer besonderen historischen Phase,“ schreibt diesbezüglich auch der Philosoph Byung-Chul Han, „in der die Freiheit

---

[7] Radkau, J., Geschichte der Zukunft, Prognosen, Visionen, Irrungen in Deutschland von 1945 bis heute, Hanser (2017)

selbst Zwänge hervorruft. Die Freiheit des *Könnens* erzeugt sogar mehr Zwänge als das disziplinarische *Sollen*, das Gebote und Verbote ausspricht. Das *Soll* hat eine Grenze, das *Kann* hat dagegen keine. . . Wir befinden uns somit in einer paradoxen Situation. . . Die psychischen Erkrankungen wie Depression oder Burnout sind der Ausdruck einer tiefen Krise der Freiheit."[8] Unsere heutige digitalisierte, globalisierte, durch Hyperkommunikation und Informationsflut mehr und mehr undifferenziert, geglättete und pauschalierte Welt bringt tatsächlich Gefühle von Freiheit hervor, deren inneres Diktat wir gar nicht mehr bemerken können. Es hat etwas damit zu tun, was der gerade zitierte Autor den „Neoliberalismus und die neunen Machttechniken" nennt. Ich komme auf diese grundlegenden Bemerkungen zur gesellschaftlichen und politischen Situation unserer Zeit noch zurück. Ich will jedoch schon hier, auf den ersten Seiten, darauf verweisen und auch herausstellen, dass dies ein ganz anderer Bereich ist als der der Geschichtsschreiber und Vergangenheitsbewältiger, aber auch der herkömmlichen, mehr und mehr scholastisch gewordenen Psychoanalytiker, mit denen ich in dieser Einleitung begonnen habe. Es ist nämlich im Kontrast zur Historie und deren Darstellungsmethoden das Unmittelbare des Menschseins viel bereichernder, und es macht auch den Lösungsvorschlag meines analytisch/meditativen Verfahrens, das ich *Analytische Psychokatharsis* nenne, glaubwürdiger. Vorausgesetzt, dass – wie betont – etliche es anwenden, denn auch wenn ich mit zwei oder drei ernsthaften Anwendern schon glücklich bin: in der Politik braucht es Mehrheiten.

Historiker und Zeitzeugen

Damit aber nochmals zurück zu J. Radkau, der schreibt, dass „die Historiker Menschen vergangener Zeiten verstehen sollen." „Das sei kaum möglich," rezipiert W. Luef Radkaus Buch, „wenn sie nur retrospektiv nach Ursache und Wirkung suchen. Vielmehr müsste man sich auch dafür interessieren, wovor die Menschen Angst hatten und worauf sie hofften, um ihnen wirklich nahe zu kommen."[9] Doch wie sollen Historiker so intensiv und empathisch in eine frühere Zeit hineinwachsen, dass sie deren wesentlichen

[8] Byung-Chul Han, Psychopolitik, Fischer (2016) S. 9-10
[9] Luef, W., Zwischen Wunder und Wahn, SZ vom 30. 1. 2017, S. 13

Gehalt und deren Essenz perfekt in die Gegenwart herüberbringen? Erneut zugegeben, meine Intention dafür ein übergreifend therapeutisches Verfahren, eine Ur-*Übertragungs-Ordnung* zur Verfügung zu stellen, klingt utopisch. Im Grunde genommen geht es aber neben all dem, was die Eckpunkte der Familie, der Gesellschaft, der Politik, der Kultur etc. aus der Vater-Perspektive für den Sohn ausmachen, auch um eine übergeordnete Metapher, wie sie vielleicht für Jahrtausende durch Religion und Philosophie vermittelt wurde und heute durch die Psychoanalyse neue Akzente bekommen hat. Diese mit dem Vater- oder Bestimmer-*Namen* verbundene Metapher ist etwas anders als das, was der individuelle Vater darstellt und auch ganz verschieden von dem, was Elternfiguren, Erzieher und Lehrer oder die leibliche Mutter repräsentieren.

Gerade die Mutter – oder besser einfach nur *Mutter*, aus der man ja wie deren zweites Ich hervorgegangen ist, steht mehr für die natürliche Ordnung, die Fühl-, Spür- und ganz primäre Begreifensordnung. Für diese Ordnung braucht es weniger enthüllende *Übertragung,* weil sie ohnehin schon direkt, von Sein zu Sein, von du zu du, von Fleisch zu Fleisch vermittelt wird und worden ist. Dies betrifft nicht das komplexhafte ‚mütterliche Objekt‘, wie es in der Psychoanalyse als in sich konfliktbezogen gehandhabt wird. Denn hier trägt die Mutter eben auch verborgen das auf den Vater bezogene und von ihm symbolisierte Begehren in sich. Auch kann eine alleinerziehende Mutter natürlich Vaterfunktionen mitvermitteln und kann es Väter geben, die in dieser ureigentlichen Vaterfunktion voll versagen.[10] Aber in dem, von dem ich hier schreibe, geht es um den *Signifikanten* dessen, in dem das Symbol *V.a.t.e.r* auch der Vater des Symbols ist. Nicht umsonst habe ich zu so einem Begriff wie dem der 'Transsubstanziation' greifen müssen, um dies begrifflich besser festzulegen, und ich will es im Folgenden noch weiter präzisieren.

---

[10] Es kommt immer darauf an, wie vom jeweils anderen gesprochen wird. Wenn die Mutter ständig schlecht vom Vater spricht, wird sie dem Kind den Zugang zur männlich-väterlichen Welt erschweren. Die paternale Metapher, dass es möglich ist, das zu sein, was einen im Symbolischen und Imaginären vollständigen Vater ausmacht, sollte offen kommuniziert werden können.

13

Die Historiker, schreibt Radkau also, muss auch Ängste und Hoffnungen der Menschen früherer Zeiten berücksichtigen, und sich nicht nur auf die Retrospektive stürzen und sich in diese weiter und weiter hineinsteigern. Die Gesichtsschreiber metaphorisieren uns ihr Wissen folglich nicht so wahrheitsgemäß. Sie vermitteln es nur durch ihre prognostische Lust (indem sie aus der Retrospektive die Zukunft deuten) und durch ihr universitäres, objektbezogenes savoir pour savoir, durch ihre Gelehrsamkeit, in der sie sich als Subjekte der Wissenschaft selbst ausschließen. Sie verhalten sich also wie grandiose Schulmeister, die einem das Wissen minutiös einpauken wie der französische Psychoanalytiker J. Lacan es generell vom universitären Diskurs und zeitweise auch von der herkömmlichen Psychoanalyse sagte. Der Lehrer weiß immer mehr als der Schüler und dies bis in alle Ewigkeit. Und wenn die Schüler ständig wieder Lehrer werden müssen, dann geschieht dies eben nicht wahrheits- sondern nur sachbezogen, weshalb T. Becker die gerade zitierte Veröffentlichung Radkaus ein ‚Anti-Besser-Wisser-Buch‘ nannte.[11] Von daher darf ich vielleicht doch die 'Transsubstanziation' weiter theoretisieren., denn ich überlasse in meinem Verfahren ja das Besser-Wissen jedem Einzelnen.

Doch es gibt noch eine weitere Gruppe im Gesamtgeschehen detr Vergangenheitsbewältigung, in dem es um Wissen, Wahrheit und ums ‚transsubstanziieren‘ geht, die direkten Zeitzeugen. Sie sind subjektbezogener und authentischer. Ihnen liegt die Wahrheit am Herzen, es fehlt ihnen dafür aber meist die mehr fachbezogene Übersetzungsmöglichkeit. Kurz: wir brauchen zwar eine 'Transsubstanziation', damit die Geschichtsvermittlung gerechter und wahrheitsbezogener würde, Zeitzeugen können jedoch mindestens so viel dazu beitragen wie Historiker. Nur so lässt sich durch eine Zusammenfassung von beiden vielleicht doch Ausreichendes ur-übertragen und deuten, wissen und auch begreifen..

Ich hatte in meiner Arztpraxis eine relativ große Anzahl jüdischer Patienten in Behandlung, darunter nahmen die, die im KZ waren und besonders eine ältere Dame, die auch den ‚Todesmarsch‘ von Auschwitz nach Theresienstadt erlebt und überlebt hatte, eine ganz besondere Rolle ein. Aber auch in Presse und Fernsehen sowie auf

---

[11] Becker, T., Literatur SPIEGEL, Februar 2017

Tagungen, die ich besuchte, kamen und kommen auch heute noch jüdische oder andere im Dritten Reich Verfolgte als Zeitzeugen zu Wort, und so kann ich hier einen Kunstgriff anbieten, indem ich zusätzlich zur reinen Historie auch jüdische Zeitzeugenberichte einfüge. Ich will nicht gezielt nur über die NS-Zeit schreiben (Teil I), sondern mehr über psychologisch-historische Zusammenhänge auch neuerer Menschheitskonflikte (Teil II). Dennoch wird die Beziehung dieser umfassenden Bestimmer-*Metapher,* von Lacan auch einfach als die Logik der Signifikanten bezeichnet, zu dieser Zeit wichtig sein, denn ich bin noch ein bisschen in und dann nach ihr aufgewachsen.

Und so kann ich – quasi konträr-ergänzend zu den jüdischen Zeitzeugen – auch die aufgeschriebenen Erinnerungen meines eigenen Vaters zitieren, der Zeitzeuge und Kenner der NS-Machtverhältnisse war. So hat er Hitler persönlich gekannt, war in der Position eines Ministerialrats im Wirtschaftsministerium und später im Wirtschaftsbereich am Obersalzberg tätig gewesen (Ich betone schon im Voraus, dass mein Vater nicht in NS-Verbrechen verwickelt war und seine Hauptaufgabe in der Beschaffung von Wirtschaftsgütern z. B. für die geplante Kunst-Stadt Linz bestand). Ich stelle also neben der Referenz auf etliche Historiker auch Zeitzeugen recht unterschiedlicher Couleur in den Vordergrund meiner Arbeit. Ich sage unterschiedlicher Art, denn diese pauschale Pro- und Anti-Sichtweise in Geschichte und Politik täuscht. Natürlich sind persönliche Blickwinkel oft gegensätzlich, aber gerade dadurch und durch zusätzliche wissenschaftliche begründete Argumentation will ich ein undifferenziertes Pro und Contra überwinden. Ich füge die Texte meines Vaters im Folgenden immer wieder in meinen Text ein ohne stets einen gezielt logischen Zusammenhang zu meinem Schreiben herzustellen. Zur Frage des Geschichtsverständnisses in seiner Kind- und Jugendzeit schrieb mein Vater (1910-2012) zum Beispiel: [12]

Wie soll ein Angehöriger der heutigen Generation Menschen, Entwicklungen, Ereignisse von damals werten und „bewältigen"? Er soll das Negative und Verbrecherische erfahren, un-

---

[12] Ich kennzeichne diese Aufzeichnungen, die mein Vater in den neunziger Jahren des letzten Jahrhunderts geschrieben und nur an uns Kinder und Freunde verschenkt hat, durch einen anderen Schrifttyp.

geschminkt und nicht beschönigt. . . Ich will das Unbekannte, nicht Erwähnte ergänzend nachtragen. Nur die Kenntnis des Ganzen macht eine Wertung, eine „Bewältigung" möglich. . . . Ich möchte versuchen an meinem Lebenslauf, an meinen Erkenntnissen, und Erfahrungen darzulegen, wie meine Generation seinerseits dachte, wie sie empfand und wie es kam, dass sie so handelte.

Bezeichnend für meine damalige Geisteshaltung ist, . . dass ich es im Gymnasium abgelehnt hatte französisch zu lernen. . . Ich wollte auf diese Weise meine Ablehnung gegenüber den Franzosen dokumentieren, deren Willkür und Arroganz wir auf dem linken Rheinufer Jahre hindurch ausgesetzt waren. So töricht ein solches Verhalten war, es zeigt, wie die damaligen politischen Umstände auf die heranwachsende Jugend wirkten. . . .Man wird es heute nicht verstehen, dass die deutsche Bevölkerung in der französisch besetzten Zone es ablehnte, mit der Eisenbahn zu fahren, weil die Franzosen in den besetzten Gebieten die Reichsbahn gewaltsam übernommen und durch eigene Kräfte in Betrieb genommen hatte, um auf diese Weise dem Streik der deutschen Eisenbahner zu begegnen. . . Wir empfanden es als schmachvoll, dass [neben Franzosen] Marokkaner und Senegalesen zum Herrn über uns gemacht worden waren. Man muss sich an diese Jahre erinnern, die vielen . . Vorfälle berücksichtigen, . . . um zu verstehen wie Hass und Chauvinismus in der heranwachsenden Jugend wuchsen. . . Wir lasen Bücher wie Stegemanns „Geschichte des Krieges", in denen die Leistungen des deutschen Heeres von 1914 bis 1918 ergreifend, aber sachlich dargestellt waren.

Diese Sätze passen durchaus zu den Ereiferungen, die man sich heute, hundert Jahre später, über den ersten Weltkrieg macht. Denn der Chauvinismus ist heute hinsichtlich dieser Zeit noch genau so lebendig wie damals. Jetzt, 2014,[13] sind zahlreiche Bücher über die Vorgänge zum Beginn, zur Ursachen- und Verantwortungsforschung des ersten Weltkrieges erschienen. Und sie sind, was die Wahrheitsfindung angeht, trotz profunder Recherchen noch genau so widersprüchlich wie damals. Hervorzuheben ist das Buch des australischen Historikers C. Clark, der feststellte, dass vielleicht

---

[13] Da ich an diesem Buch von 2008 bis 2020 geschrieben habe, setze ich zum besseren Verständnis Jahreszahlen an manche Textstellen.

auf ganz Europa verteilt zweihundert sogenannte „decision ma-
kers" (besonders aus England, Frankreich, Deutschland, Russland
und Österreich) sich mehr und mehr in Kriegstreiberei hineinzie-
hen ließen, bis es schließlich im August 1914 zum ersten Weltkrieg
kam.[14] Alle seien gleichermaßen idiotisch in den Krieg getaumelt.
Ähnlich argumentierte H. Münkler und J. Leonhard.[15] Ganz anders
H. A. Winkler und H. U. Wehler, die nach wie vor in den Mittel-
mächten die Hauptschuldigen des ersten Weltkrieges sehen.[16]
Winkler verteidigt dies auch gegenüber dem Schriftsteller M.
Walser, den ich noch später zitieren werde.[17] Der amerikanische
Historiker S. McMeekin dagegen macht fast isoliert Russland und
Frankreich zu den Hauptverantwortlichen,[18] und belegt auch diese
eher ungewöhnliche These erstaunlich gut. Ich werde im Laufe des
Buches noch auf viele dieser typisch universitären Ungereimthei-
ten zurückkommen. Hier nochmals eine Stellungnahme meines Va-
ters zur Geschichtsbetrachtung.

Man kann geschichtliche Vorgänge nur verstehen, wenn man
willens und in der Lage ist, sich in die Zeit hineinzuversetzen,
um die es geht. Man kann nicht mit den Erfahrungen, den
Kenntnissen, der Mentalität der letzten Jahre des 20. [oder gar
des 21.] Jahrhunderts begreifen, was Menschen ein halbes [o-
der inzwischen dreiviertel] Jahrhundert zuvor gedacht haben.
Man muss sich vielmehr mit aller Kraft und mit ehrlichem Herzen bemühen, sich in diese Zeit hineindenken. Vor nicht allzu
langer Zeit hatte ich eine Auseinandersetzung mit einem Bekannten, der es ablehnte, Friedrich den Großen als „den Großen" zu bezeichnen. Er sprach stets nur von „Friedrich II.", begründete seine Einstellung damit, Friedrich der Große sei ein
„Aggressor" gewesen, ähnlich wie Hitler, und es sei daher
falsch, ihm den Beinamen „der Große" zu verleihen. Er ver-
kannte, dass die Menschen in der Mitte des 18. Jahrhunderts
anders dachten und empfanden als wir Ende des 20. Jahrhunderts. Ein Krieg war damals nichts Unehrenhaftes, vor allem

[14] Clark, C., The Sleepwalkers, How Europe went to War 1914 (2012)
[15] Münkler, H., Der große Krieg, Rowohlt (2013) und Leonhard, J., Die
Büchse der Pandora, Beck (2014)
[16] Winkler, H. A., Geschichte des Westens, 1914- 1945 Beck (2011)
[17] Winkler, H. A., Zerreissproben, Beck (1915) s. 53- 57
[18] McMeekin, S., Juli 1914, Europaverlag (2014)

nichts Verbrecherisches. Der Krieg war, wie Clausewitz es bezeichnete, die „Fortsetzung der Politik mit anderen Mitteln". Auch Alexander der Große, Cäsar, die großen Kaiser des deutschen Mittelalters, auch Napoleon, hatten Angriffskriege geführt und waren doch große Männer und nicht in erster Linie Verbrecher [auch wenn sie nicht gerade Vorbilder sind].

Man kann also das, was in meiner Jugend geschehen ist, was wir empfanden und dachten, nur verstehen, wenn man die damaligen Verhältnisse kennt, wenn man die innere Größe besitzt, die eigene Ansicht, die eigenen Gedanken und Empfindungen einmal zurückzustellen und sich ganz in die Vorstellungen der Menschen der damaligen Zeit hineinzuversetzen. Dieser Gesichtspunkt erscheint mir so wichtig, dass ich ihn an den Anfang meiner Ausführungen stelle.

Nicht immer also geht das Faktische, Biologische, das S e i n als solches (das ich mehr mit dem Weiblich-Mütterlichen in eins setzen will) in den Blüten und Früchten der Worte, des Gesagten und der ,Gesätze' auf (die ich jetzt mehr mit der Bestimmer- oder Vater-Metapher verbunden habe und deswegen so schreibe).[19] Schon im Wort, im Satz und gar erst im *gesetzten Wort* (generell und vielschichtig verstanden) gibt es – so die Psychoanalyse – eine versteckte Wendung, Verknotung, die nicht zulässt, dass das einfache Reden eineindeutige Aussagen erlaubt.[20] Im Gegensatz dazu gilt also wie erwähnt die Mutter – vereinfacht psychologisch gesprochen – als das Symbol der direkten, der unisono- Vermittlung. Sie ist das Verstehensobjekt, das ,Verstehchen', also das, was Verste-

---

[19] Nochmals versuche ich durch bildhafte Schreibung den Unterschied zwischen dem meist zuerst und leichter über die Lippen gehende MaMa und dem gesperrt gedruckten und komplexen P.A.T.E.R. auszudrücken. Auch könnte man das Wort *Gesetze* so schreiben: ,Gesätze', um in einem Wortspiel diese Symbolfunktion, Wort-, Satzfunktion der Zeuger / Wort – Ordnung, der Signifikanten-Logik, anklingen zu lassen.

[20] Ähnlich wird in einer Psychoanalyse oft sichtbar, dass der menschliche „Hang zur Ignoranz" - wie Lacan sich ausdrückt - so groß ist, dass diese Wendung, Verknotung, also diese symbolische 'Transsubstanziation' im Sprechen nicht erkannt werden kann und so eine Verständigung, Problemlösung nicht möglich ist (siehe Lafont, J., In Lacan: Topologycally Speaking, Other Press (2005) S. 15)

hen einfach so, so mir nichts dir nichts, vermittelt. An ihr verstehen wir schon als Kleinkind im Sinne eines noch primär-primitiven Begreifens, eines Verstehens mit der Hand, mit dem Tastsinn, mit dem Fühl-Mund, der Wärmebrust und der Blick- und Augenliebe, um es etwas poetisch zu sagen. Doch es wird auch ersichtlich, dass das Begreifen bei ihr meist nicht präzise genug geklärt ist. Das Verstehen ist bei ihr eben unmittelbar sinnenhaft, vorschnell, erlebnisartig und manchmal eben zu gut. Dann kann nicht wirklich im komplexen Sinne begriffen werden, so sehr die Griffe dabei auch im Spiel sind.

Die Psychoanalytikerin Zienert-Eilts argumentiert, dass der „Verzicht auf psychoanalytische Erkenntnisse und deren Methodik bei der Erforschung historischer Phänomene . . . zu eklatanten Einseitigkeiten in deren Bewertung führen kann".[21] Wenn es also darum gehen soll, im komplexeren, im vollen Sinne zu begreifen, was man schon weiß, kann man nicht einfach nur mit der mütterlich-kindlichen Intuition oder mit den üblichen Standardsätzen irgendwelcher angepasster individueller Väter vorangehen. Ja, man kann auch nicht mit dem Wissen der Vergangenheit als fertigen Stoff arbeiten, als abgeschlossener Lehre oder perfektem Buch, wie ich es vom Universitätslehrer, vom reinen Dokumentarwissenschaftler und also speziell vom Historiker schon zitiert habe. Auch nicht so wie es der Dichter handhabt, indem er uns durch seinen besonderen Stil, seine Wortwahl, seine Phantasie, sein blumiges Sprachgefühl das Wesen der Dinge ganz plastisch und lebensecht herüberbringt.

Alle diese kulturell gehandhaben oder mythisch-wissenschaftlichen Wege genügen nicht für das, was ich mit dem Titel dieses Buches aussagen will. Und natürlich genügen auch die Zeitzeugen nicht. Ich will das universelle Begreifen der Zusammenhänge selbst dem profundesten Wissen und den idealsten Verstehensobjekten gegenüberstellen und die Antwort auf die Frage: kann man nicht Politik (samt der ihr innewohnenden Geschichte) so handhaben, dass sie wie eine Therapie, wie eine heilanbietende Wissenschaft zur Anwendung kommen kann? So sehr dies nach wie vor etwas befremdlich klingen mag, ich kann wie gesagt über den 2.

---

[21] Hegener, W., Buchbesprechung Zeinert-Eilts in PSYCHE Nr. 2, (2014) S. 183

Weltkrieg (vor allem im Osten), über Bombennächte, Holocaust, und das derzeitige Abschlachten in Syrien und im Jemen eigentlich nichts Definitives sagen. Es ist zu furchtbar, zu grauenvoll und oft auch zu verwirrend. Ich kann nur im Verstehen innehalten und im Wissen erstarren, aber das eigentlich Wesenhafte des Ganzen nicht fassen. Mein Vater hat – dies ist schon zu sehen – nur eine Seite sehr deutlich gesehen, wenn er dann auch im Alter von über hundert Jahren einen ausgeglicheneren und übergeordneteren Standpunkt einnahm. So erklärte er mir, dass eine positive Bewertung der französischen Revolution auch den Terror der Jahre 1793/94 ständig einschließen müsse. Auch dieser Fortschritt war voller Grauen. Damit wird alles nicht zu einer Frage, wie man Historie und Politik psychologisch, ja psychoanalytisch zu erfassen habe, sondern umgekehrt, wie das Erfassen selbst psychologisch, psychoanalytisch, zu erreichen und persönlich zu erfahren wäre.

Sind wir also mit der Geschichtsschreibung nicht genauso in der Bredouille wie mit der digitalen Kontrollgesellschaft und ihrer Facebook-Überwachung der heutigen Zeit? Es ist der moderne Konsumstaat, in dem niemand mehr genau weiß, warum er genau das konsumiert, das ihn eigentlich selbst ausbeutet. Heutzutage ist „das Leistungssubjekt, das sich frei wähnt, in Wirklichkeit ein Knecht. Es ist insofern ein absoluter Knecht, als es sich sogar ohne den Herrn freiwillig ausbeutet."[22] Aber nicht nur das tut das Subjekt als Unternehmer seiner selbst – wie der Autor weiter schreibt – sondern es ist auch gleichzeitig sein eigener Überwacher. „Das selbstausbeutende Subjekt führt ein Arbeitslager mit sich, in dem es gleichzeitig Opfer und Täter ist. Als selbstausleuchtendes, selbstüberwachendes Subjekt führt es ein Panoptikum mit sich, in dem es Insasse und Aufseher zugleich ist. Das digitalisierte, vernetzte Subjekt ist ein *Panoptikum seiner selbst*. So wird die Überwachung an jeden Einzelnen delegiert." Genau aus dieser Perspektive heraus halte ich eine übergreifendere, selbstanalytische, therapie- und theoriegeleitete Methode wie die *Analytische Psychokatharsis* (die ich noch beschreiben werde) für wichtig.

Selbst der Universitätslehrer also – Lacan hat dies in seinem Seminar Nr. XVII deutlich herausgehoben – mischt in diesem Spiel mit.

[22] Byung-Chul Han, Psychopolitik, Fischer (2016) S. 10

Er stellt das Wissen wie erwähnt nicht vollkommen an den Platz der Wahrheit, sondern an den eines ständigen Immer-Mehr-Wissens, eines Lernzwanges, einer Einpauckdivise, und das ist nun weiß Gott kein heilanbietendes Vorgehen. Der Professor benutzt nicht die enthüllende Ur-*Übertragung* und ihre *Deutung*, er trichtert uns eher das Wissen direkt ein, er kommuniziert es nicht voll, er vermittelt es nicht so, als käme es – wie ‚transsubstanziiert‘ – aus uns heraus.[23] Auf jeden Fall kommt keine Therapie zustande und kein tiefes Begreifen. Aber auch der Zeitzeuge genauso wie der Historiker, wenn ich nur sie alleine höre, vermitteln mir keine ausreichende 'Transsubstanziation' der Geschichte. Der eine hat die Dinge so erlebt, der andere anders, der eine jene Theorie in den Vordergrund gestellt, der andere die gegenteilige.

In ihren Büchern ‚Der lange Schatten der Täter‘ und ‚Schweigen tut weh‘ versucht A. Senfft etwas ‚Transsubstanziatives‘, indem sie mit Menschen über deren Nazi-Eltern ausführliche Gespräche führt. Sie versucht ein Narrativ zu entwickeln, in dem das Schweigen der Eltern über die NS-Zeit zur Sprache kommt und das gegensätzliche Standpunkte bei den Kindern über Opfer-Täter-Verhältnisse Offenheit, Verständnis und Klärung bewirkt.[24] Doch um nur in einer einzigen Familie solche eine substanzielle Vermittlung zu erreichen, benötigt die Autorin sehr viel Zeit und ein geradezu familientherapeutisches Vorgehen. So wichtig ihr Vorhaben auch ist, wie sollte man sehr vielen Familien etwas Derartiges zukommen lassen können? In der *Analytischen Psychokatharsis* würde der Einzelne das Narrativ selbst entwickeln, was die Sache (auch nicht problemlos) vereinfacht, wie ich es noch zeigen will.

---

[23] Natürlich ist der universitäre Diskurs nicht grundsätzlich falsch, aber am entscheidenden Punkt der Wahrheitsfindung gibt es ein Problem, das dann besonders oft in der Politik spürbar wird. Ja, abgekürzt gefragt, sieht man dieses Problem nicht am besten an der Politologie? Hat man jemals das Gefühl gehabt, dass die universitäre Disziplin der Politologie entscheidend die Politik mitgestaltet? Sollte politische Wissenschaft nicht Vater politischer Richtlinien sein? Die soziologischen und politologischen Wissenschaften produzieren enormes Wissen, das viel zu wenig in die politische Wirklichkeit eingeht.

[24] Senfft, A., Schweigen tut weh, List (2008) und Der lange Schatten der Täter, Piper (2016)

Auch heute gibt es bei uns auch immer noch reichlich tatsächlichen Antisemitismus, und umgekehrt fehlt es nicht an jüdischen Schriftstellern wie etwa Tony Judt oder Avram Berg, die ihre israelischen Mitbürger kritisieren, weil sie ihre Identität selbst in der dritten Generation nach dem 2. Weltkrieg immer noch aus der Holocaust-Opferrolle beziehen. Wir Deutsche haben andererseits oft die aus einem kollektiven Schuldgefühl heraus gewachsene Assoziation: wie erkläre ich meinem jüdischen Gegenüber, dass ich nicht antisemitisch eingestellt bin? Oder bin ich es vielleicht doch noch? Umgekehrt haben mir jüdische Zeitzeugen und meine Patienten, erstaunlich abgeklärt, reif und oft fast ,väterlich' vermittelt, dass sie den Deutschen gegenüber kein Rachegefühl hegten. Speziell die oben genannte ältere Dame, die zuerst in Auschwitz und dann zum Schluss des Krieges in Theresienstadt war, deutete mir alles eher als eine ,schlimme Krankheit' und ein unheilvolles Schicksal. Allerdings war diese Patientin noch in jungen und gesunden Jahren nach Auschwitz gekommen und konnte sogar eine Zeit lang außerhalb des Lagers arbeiten und wohnen.

Sie ging aber dann doch wieder freiwillig in das Lager zurück, weil auch ihre Schwester noch dort untergebracht war, und zudem kümmerte sie sich engagiert um andere Insassen. Vom Morden will sie nichts mitbekommen haben. Einmal fragte sie mich sogar: „Für was gibt's eigentlich Juden", was mich schockierte. Sie war in einer sehr streng orthodoxen Familie aufgewachsen, und hatte diese Kindheit und die Rituale ihrer sehr orthodoxen Familie gehasst.[25] Sie konnte mit ihrer Religion nicht viel anfangen und hat später für ihre eigene Familie und für ihr kaufmännisches Talent gelebt. Als ihre Kinder größer waren ging sie nach Amerika und war dort eine erfolgreiche Geschäftsfrau. Ich habe sie als eine starke Persönlichkeit erlebt, die interessant – wenn damit auch altersbedingt schon zunehmend schwerer zurechtkommend – erzählen konnte. Sie hatte viel durchgemacht und dies mit erstaunlichem Ernst bewältigt. Ich fühlte mich von ihrer Frage nach der Notwendigkeit des ,Semitismus' überrumpelt, und habe ihr geantwortet, dass es Juden braucht,

---

[25] Um mehr davon zu wissen, braucht man nur das Buch ,unorthodox' von D. Feldman, btb-Verlag (2016), zu lesen, die aus der ultraorthodoxen Familie, in der sie aufgewachsen ist, unter dramatischen Umständen geflohen ist. Ich gehe später noch ausführlich darauf ein.

Abb. 1 Der Autor mit seiner Familie in Haifa, Israel, vor dem Schrein des Bab, Gründer der Bahai-Religion

weil die Juden und ihre Intellektualität ein wesentlicher Grundbaustein unserer abendländischen Kultur sind.

Ich muss dazu noch erwähnen, dass ich 1984 in Israel war und auch dort positive Erfahrungen gemacht habe. Ich habe dort Bekannte besucht, mit denen wir herumreisten und habe mit meiner Familie in einem Kibbuz (Nascholim) gewohnt, wo wir mit etlichen Personen Kontakt hatten. Wir hatten viele Gespräche mit den Mitgliedern des Kibbuz, die damals noch von der Idee dieser Art des Zusammenlebens sehr überzeugt waren. Die Kinder kamen bald nach der Geburt in ein Kinderhaus und wuchsen dort mehr oder weniger getrennt von ihren Eltern auf. Es war ein sozialistischer Gemeinschaftstraum, alles wurde geteilt und gemeinsam erwirtschaftet. Auch andere Israelis kamen zu Ferienzwecken an diesen Ort, der am Meer lag. Mit diesen saßen wir oft zusammen, sie waren sehr an den Verhältnissen – vor allem auch wirtschaftlicher Art – in Europa interessiert. Deutschland war damals bereits Wirtschaftswunderland, und das bewunderten sie. Schon damals allerdings ging das Interesse an der Kibbuz Idee stark zurück. Andere Lebensverhältnisse, moderne Lebensweisen, ökonomische Verbesserungen ließen dort wieder europäische Lebensformen zum Zuge kommen.[26] Auf jeden Fall konnte ich nicht irgendetwas problematisch Jüdisches erkennen und auch als Deutschen kamen mir die Israelis positiv entgegen. Trotzdem ist das Problem des anti- / prosemitischen Komplexes nicht klar genug und auch noch nicht wirklich gelöst.

Ich verstehe unter dem Jüdischen einen sehr alten Diskurs, der sich auf eine genetisch-sozial-kulturelle und religiöse Mischstruktur des

---

[26] Locke, S., Ende eines Traums, FAZ vom 9. 11. 08, S. 70

früheren Palästina stützt und der quasi ein Losungswort für dieses semitische oder judaistische Pro darstellt. Aber das Pro dieser – Ismen liegt möglicherweise noch tiefer. Es ist vielleicht selbst den meisten Juden unbewusst, dass es um so etwas wie ein besonders starkes Identitätswort geht, weil es – wie man in der Psychoanalyse sagt - überdeterminiert ist. Es ist überdeterminiert durch die oben genannten Diskursgründe einer Mischstruktur. Wie ich feststellen konnte, wissen viele Juden aus unbewussten Gründen nicht, wie man das Judentum klar definieren könnte. Unbewusst heißt, dass die überdeterminierte Identität trotzdem als Wissen da ist, aber nicht bewusst und umfassend begriffen wurde. Ich werde versuchen, das nachzuholen.

Sicher hat sich in unserer modernen, hektischen Veränderungen ausgesetzten Gesellschaft manches geändert, auch manches Wichtige und Grundsätzliche. Der ältere Mensch ist nicht mehr der Verbindungsmann zu dem Früheren, von dem jüngere Menschen lernen, dessen Kenntnisse und Erfahrungen sie übernehmen sollen. Ohne den alten Handwerksmeister des Mittelalters hätte der Lehrling und Geselle in seinem Beruf nichts beginnen, aufbauen und vollenden können. Er war auf das angewiesen, was ihm der Ältere übermittelte. Heute kann die jüngere Generation nicht nur das gespeicherte Wissen früherer Generationen auf andere Weise, aus Büchern und sonstigen Lehrmitteln kennenlernen. Sie steht der rasanten, modernen Entwicklung neuer wissenschaftlicher, wirtschaftlicher, technischer Erfahrungen näher als der alte Mensch, auf den sie mitunter geradezu mit etwas Mitleid, Spott oder Verachtung herabsieht, weil er hier "nicht mitkommt". Darf ich als Beispiel die moderne Elektronik, den Computer in allen seinen Möglichkeiten anführen? Hier ist es so, dass der Junge nicht mehr vom Alten, sondern allenfalls der Alte vom Jungen lernen kann, wenn er sich für diese neuesten Entwicklungen interessiert.

Früher war jedoch das Verhältnis Jung zu Alt nicht nur durch diese äußeren Faktoren bestimmt. Es war entscheidend in erster Linie beeinflusst durch die innere Haltung, durch den Respekt des Jüngeren vor dem Älteren. Wir hatten im Elternhaus, in der Schule und im gesellschaftlichen Leben gelernt, dass wir einer älteren Frau, ganz gleich welcher Gesellschaftsklasse sie entstammte, und einem älteren Mann, gleichgültig, welche Stellung er bekleidete, mit Achtung und Respekt gegenüberzutreten hätten. Es war eine pure Selbstverständlichkeit, dass wir in der Straßenbahn vor älteren Menschen aufstanden und unseren Sitzplatz zur Verfügung stellten, dass wir älteren Menschen bei sonstigen Gelegenheiten den Vortritt ließen, ihnen behilflich waren.

Sicher, das sind Äußerlichkeiten, aber jedes äußere Verhalten geht zurück auf eine innere Einstellung. Diese dem Menschen wohl innewohnende, durch die Erziehung geförderte innere Haltung kam nicht nur der älteren Generation zugut, die auf diese Weise etwas belohnt wurde für das, was sie in einem langen Leben geleistet und erlitten hatte. Sie war nicht nur ein Ansporn für die Jugend, die aufgrund dieses "Generationenvertrags", um einen heute überall gebrauchten Ausdruck zu verwenden, die Überzeugung, das Empfinden hatte, selbst einmal so behandelt zu werden, wenn sie alt geworden ist. Sie beeinflusste überhaupt das Verhältnis Mensch zu Mensch und diente dem inneren Frieden in der Gesellschaft. Es war zu meiner Zeit schlechthin unmöglich, dass . . . Studenten einen alten Professor mit Tomaten und Eiern bewarfen, wie es heute . . . vorkommt. Ich möchte an einen Vorfall erinnern, als der frühere CDU-Generalsekretär Geißler vor Frankfurter Studenten einen Vortrag hielt, dessen sachlicher Inhalt den jungen Herren nicht passte und die ihn daraufhin nicht nur mit Tomaten und faulen Eiern bewarfen, sondern mit ätzenden Flüssigkeiten zu besprengen suchten, so dass er ihnen schließlich zurief: "Ihr benehmt euch als Rabauken so, wie eure Väter und Großväter als SA-Männer."

Sicher war mein Vater ein Antisemit gewesen und erklärte dies auch oft mit einer nicht weiter hinterfragbaren Einstellung der damaligen Zeit. Vor einiger Zeit traf ich einen jüdischen Bekannten, der mir erzählte, in einem bestimmten Lokal seien viele Antisemiten und er rücke denen wohl ohne Erfolg den Kopf zurecht. Ich sagte zu ihm: „Warum tust du dir das an? Diese bedeutungslosen Leute haben doch nichts mehr zu sagen, du machst dir so viel sinnlose Mühe! Vor siebzig Jahren konnten diese Typen leider sehr viel sagen und da hätte man ihnen den Kopf zurechtrücken müssen. Was redest du mit Leuten, Antisemiten, die nichts zu sagen haben"? Ich denke, dass mein Bekannter unter diesem anti- / prosemitischen Komplex litt. Er war ein begnadeter Erzähler jüdischer Witze, aber ich hatte oft das Gefühl, dass er die Witze deswegen erzählte, weil er genau umgekehrt wie wir, die wir danach strebten besonders judenfreundliche Deutsche zu sein, einen ebenso besonders deutschfreundlichen Juden abgeben wollte. Wir waren uns jedenfalls einig, in unserer Identität nicht sehr unterschiedlich zu sein, und so denke ich, dass das Jüdische vielleicht ein Losungswort ist, ein *Signifikant*, der dem ‚transsubstanziieren' nahe steht und mittels dessen man sich eigentlich besser verstehen, ja vielleicht sogar begreifen könnte und müsste.

Man muss allerdings nicht immer gleich bzw. sofort verstehen, weil – wie ja schon zitiert und speziell in der Psychoanalyse gültig – zu schnell und zu gut verstehen eher nachteilig ist. Ich möchte dies vorerst also noch so ungeklärt stehen lassen. Vor kurzem las ich ein Buch eines amerikanischen Professors namens Gilman, in dem dieser erklärte, dass selbst Freud rassistischen Vorurteilen nahe stand.[27] Auch er hätte die Juden für minderwertig gehalten und diese Minderwertigkeit in seiner ‚Sexualtheorie' dann auf die Frauen übertragen. Erst später hätte er sich auch etwas zu seiner jüdischen Identität bekannt. Auch Freud habe also unter einen – leichten – anti- / prosemitischen Komplex gelitten und tatsächlich glaube ich, dass wir alle auch heute noch – soweit es uns betrifft, und das heißt wohl ein großer Teil der Menschheit – unter rassistischen Anti / Pro-Komplexen leiden.

Und so leiden wir – wenn ich die These Prof. Gilmans weiter aufgreife - zudem noch daran, dass wir auch kein klares Denken über die weibliche Identität haben. Ich glaube zwar nicht vollends an Prof. Gilmans Theorie, weil ich nicht sehen kann, wo Freud die Frauen, die für seine Psychoanalyse doch mehr als unentbehrlich waren, für so extrem minderwertig angesehen hätte. Allerdings war Freud völlig im Unklaren, was das Begehren der Frauen sei. Also auch hier, bezüglich der Weiblichkeit und des Wesens der Frau fehlt uns die 'Transsubstanziation', und dies hat genau so Auswirkungen auf die Politik wie die verschiedensten Losungs- oder Identitätsmetaphern, insbesondere wenn sie mit Vorurteilen verbunden sind. Ich glaube auch nicht, dass Freud so deutliche politisch-rassische Vorurteile hatte, aber vielleicht war nicht jeder anti- / prorassistische Komplex in seinem Denken gänzlich gelöst.

---

[27] Gilman, S. L., Freud, Race, and Gender, S. Fischer (1993)

Die jüdischen Patienten und Israelis haben mich also fragen lassen, dass auch sie wohl nicht ganz begriffen hatten, was sie – und dies sehr umfassend – alles wussten, und dass somit wieder vieles offen blieb, was ich – aber auch sie - gerne abgeschlossen hätten: den Blick zur Unterscheidung und Einordnung von Gut und Böse.28 Ich glaube, dass meine antifaschistische Erziehung in der Schule, die richtig und auch verständlich war, auf die Dauer nicht genügte. Es hätte – vor allem für uns Jugendliche - neben dem ‚Anti' auch ein ‚Pro' gebraucht, und schließlich – entsprechend der Philosophie Hegels von der These, Antithese und Synthese, noch ein ‚Darüber hinaus' (also eine wirkliche Synthese). Dieses konnten Zeitzeugen wie diese meine jüdischen Patienten und auch solche wie R. Klüger, M. Degen, W. Laqueur und natürlich auch all die Psychoanalytiker der 1. Generation, die entsprechende historische Bildung hatten, viel besser vermitteln, als unsere Lehrer, die selber Antisemiten gewesen waren und jetzt versuchten, uns die sogenannte amerikanische Demokratie plausibel zu machen.

Ich glaube, dass alle zu künstlichen Bestrebungen gegen den Antisemitismus ihr Ziel verfehlen. Ein Anti-Antisemitismus klingt schon vom Wort her skurril und führt entweder zur Gegenreaktion eines noch verdeckteren Antisemitismus oder zu scheinheiligen prosemitischen Stellungnahmen. Der jüdische Soziologe Y. M. Bodeman sprach vom Holocaust-Gedächtnistheater. Der in den USA lehrende Genozid-Forscher A. Dirk Moses behauptete im Online-Magazin *Geschichte der Gegenwart* in einen Artikel mit dem Titel „Der Katechismus der Deutschen" (2021), dass die deutschen einen ‚Schuld-Kult' betreiben würden. Er bezog sich in erster Linie auf die Einstufung des Holocaust als Singularität, kritisierte also, dass dieser der einzige in diesem Ausmaß stattgefundene Genozid sei.[29] Alles ein bisschen seltsam. Ich halte den diesbezüglichen Kommentar des Historikers V. Weiß in der taz vom 9. 6. 2021 für verbindlicher, nämlich dass „die eigentliche Frage in der Ausei-

---

[28] So wissen wir z. B. auch, dass das 20. Jahrhundert das abscheulichste war, das es je gegeben hat. Von 1915 bis 1945, also allein in dreißig Jahren, wurden hundert Millionen Menschen, Soldaten und Zivilisten, umgebracht. Aber um das Böse zu qualifizieren, hat es anscheinend nicht gereicht.

[29] Auch ausführlicher Artikel in der ZEIT vom 1.7. 2021

nandersetzung diejenige ist, wie Shoah-Gedenken als Mahnung für die ganze Menschheit universalisiert werden kann, ohne dass dabei die jüdischen Opfer darin ganz unsichtbar werden".

Was wir benötigten, wäre – wie schon von mir angedeutet – statt des Anti-Anti- ein Prosemitismus, wie wir ihn doch durch das Lesen der so hochsymbolischen und spannenden Geschichten im Alten Testament gelernt haben. Die Genesis, aber auch Hiob, Daniel, Hosea, all diese interessanten Erzählungen lassen sich immer wieder als charakteristisch für die Größe und Fehlerhaftigkeit des Menschen zitieren. Ist es nicht toll, wie die üblichen Traumdeuter verzweifelten, weil der König den zu deutenden Traum gar nicht erzählen wollte und ihnen mit dem Tod drohte, Daniel aber das einzig Richtige tat: er versetzte sich in das hinein, was typisch für Könige ist, nämlich die Angst um ihre Herrschaft, und deutete so den unerzählten Traum des Königs. Die heutigen Psychoanalytiker könnten sich daran ein Beispiel nehmen, sie brauchen nämlich viele gut erzählte Träume, um nur einen der dahinter stehenden Traumgedanken zu enträtseln. Aber auch Salomon, David und Goliath, Belsazar und all die so bekannten, dramatischen Gestalten sind doch unvergesslich. Davon bräuchten wir mehr in den Schulen und vielleicht auch mal eine Fahrt nach Krakau, wo so viel über das frühere, dortige Judentum lebendiger zu erfahren ist.

Auch vergleichende Religionswissenschaft könnte schon in den Schulen angesprochen werden, und gleichzeitig das Judentum von der israelischen Regierung klar unterschieden werden, ein heutiges Standartproblem. Als die Hamas 2014 ihre Kassam-Raketen, auf Israel abschoss und ein Mann zu Tode kam, antwortete die rechtsorientierte israelische Regierung unter Netanjahu mit einer Bombardierung des Gazastreifens. 2500 Menschen, meistens Zivilisten, darunter etwa 500 Kinder wurden durch die Angriffe Netanjahus getötet, zudem verlor er siebzig seiner eigenen Soldaten. Hätte Netanjahu nichts getan, wären alle noch am Leben und er wäre als großer Friedensstifter gefeiert worden. So aber ist er wie der idiotische Hamasführer ein Kriegsverbrecher, es gab heftige Proteste in Europa und anderen Ländern. Was tat die deutsche Bundesregierung? Sie organisierte schnell eine proisraelische Aktion, die künstlich und scheinheilig wirkte. Warum zwingt die Welt die beiden Kontrahenten nicht, den längst fälligen Friedensvertrag zu schließen? Weil sie alle eigene Machtinteressen haben.

Die immer wieder anzuprangernde Maßlosigkeit des National-sozialismus . . . Hitler selbst ist das beste Beispiel, um zu de-monstrieren, was ich sagen will: Der Hitler der zwanziger Jahre war ein anderer Mensch als der Hitler nach der Machtübernah-me oder gar zu Beginn des Zweiten Weltkriegs. Die riesigen Er-folge, die er erzielt hatte, die innenpolitischen, außenpolitischen und militärischen Siege hatten diesen Menschen ergriffen, im Innersten gepackt und von einer realen, vernünftigen Basis ab-gehoben und entfernt. Hitler wurde, wie früher schon kurz dar-gelegt, von weiten Kreisen des deutschen Volkes als der vom Schicksal gesandte Befreier, Erneuerer und Vollender betrach-tet, von seiner Umgebung wie ein Halbgott behandelt. Im Jahre 1938 las ich nach dem Einmarsch deutscher Truppen und dem Einzug Hitlers in Wien in einer österreichischen Zeitung, dass Menschen, die das Glück hatten, Hitler bei seiner Fahrt durch Wien die Hand zu drücken, zögerten, die Hände zu waschen. Das ist kein Scherz, das ist Wahrheit! Wer das "Göttliche" be-rührt hat, will es nicht wegwischen.

Die Maßlosigkeit, die in diesem Verhalten zum Ausdruck kommt, hat nicht nur dem Volk, sondern auch Hitler selbst ge-schadet, weil er, durch die riesigen Erfolge und Ovationen ver-wöhnt, jeden Maßstab verlor und dem Cäsarenwahn unterlag. Viele große Persönlichkeiten der Geschichte, vielleicht darf man sagen die meisten großen Persönlichkeiten der Geschichte, sind diesem Wahn verfallen, angefangen von den römischen Imperatoren bis zu Napoleon, von dem das Wort stammen soll: "Die französische Sprache kennt das Wort 'unmöglich' nicht", ein Ausspruch übrigens, den er seinen Marschällen gegenüber geäußert haben soll, als sie ihn 1812 auf die Gefahren des Russlandfeldzugs, auf die Unmöglichkeit hinwiesen, diesen rie-sigen Raum zu bezwingen. Zuviel Macht, zu große Erfolge füh-ren den Menschen offensichtlich in Gebiete, in Sphären, die mit der Realität, den Dingen dieser Welt nichts mehr zu tun haben.

Die Maßlosigkeit ist nirgend furchtbarer in Erscheinung getreten als gerade hier in der von keiner menschlichen oder göttlichen Gewalt begrenzten inneren Einstellung Hitlers, der Beurteilung der Person und ihrer Bedeutung durch ihn selbst und seine grandiose Überheblichkeit, wenn man das Wort "grandios" ein-mal im negativen Sinn benutzen darf. . . . Menschen, denen kein Zweifel an sich selbst kommt, haben es im Leben oft leichter als andere Menschen, weil sie nicht von Ängsten und Sorgen befallen werden und damit Kräfte sparen. Auf der anderen Seite sehen sie Risiken und Gefahren, die in ihren Entscheidungen liegen, nicht oder nicht so klar wie andere, mehr vom Zweifel, vom Selbstzweifel erfasste Menschen. Auch hier wieder, wie sollte es anders sein, liegt das Richtige in der Mitte.

Damals und heute, ist der Unterschied hinsichtlich von Maß und Maßlosigkeit tatsächlich so groß? Im Moment (2016) leben wir mit den ständigen Berichten über die uferlose Maßlosigkeit in der Finanzwelt. Trotz jahrelanger Krise ändern Banker und Hedge-Fonds-Manager ihre Strategien nicht. Von so gewissen sehr pauschalen Kriterien her wie Gier, Maßlosigkeit oder dem Bösen wird sich wahrscheinlich auch nie etwas ändern. Steueroasen oder Tricks zur Steuerhinterziehung oder zum Geld-Ergaunern wie etwa durch Cum-Ex Geschäfte sind heute an der Tagesordnung. Aber im Kleinen, im Alltag, mag es vor hundert Jahren doch anders gewesen sein. Selbst meine eigene Gymnasialzeit, also die Zeit vor siebzig Jahren, können sich meine Enkelkinder kaum noch vorzustellen. Nach dem Krieg herrschte damals an den Schulen noch ein unglaublich autoritativer Ton und die Prügelstrafe war noch nicht abgeschafft. Aber so wie heute, war es ‚cool‘ als Gymnasiast oder Student gegen die politischen Machthaber zu sein. So wie es für meinen Vater ‚cool‘ war sich von den ‚proletarischen‘ Linken zu distanzieren, war es bei den 68-igern meiner Generation umgekehrt. Da war die studentische Linke gefragt und hier erinnere ich mich sehr gut daran, wie wir durchs Münchener Siegestor liefen mit den völlig idiotischen „Ho-Chin-Min"- Rufen auf den Lippen. Als ob dieser verbissene und von den Chinesen gekaufte Vietnamese ein so hervorragendes Ideal gewesen wäre. Aber das hatten wir damals noch nicht zu Genüge erkannt.

Wir fanden das eben ‚cool‘, und nur weil die Demokratie damals schon stark genug war, gingen die 68-iger und mit ihr die RAF damals baden. Eigentlich kann man alles verstehen, weil alles schon einmal dagewesen ist. Es ist fast alles sogar irgendwie entschuldbar, aber begreifen im vollen Sinne kann ich heute beinahe meine eigene Jugend nicht mehr und noch weniger die Pluralität der heutigen Zeit. Und so ist es natürlich auch schwierig, die Jugend früherer Generationen zu verstehen und zu begreifen, es sei denn man versteht die Jugend grundsätzlich als etwas noch Unreifes, Lärmendes und weitgehend Unbedachtsames. Und so war es wohl leider für viele Menschen wie auch für meinen Vater vor fast hundert Jahren ‚cool' national (bis nationalistisch) eingestellt zu sein. Natürlich entschuldigt 'Coolheit' nicht, aber sie macht verstehbarer. Auf das Buch von Eva Sternheim-Peters „Habe ich denn allein gejubelt? Eine Jugend im Nationalsozialismus", gehe ich später im Zusammenhang mit anderen Veröffentlichungen noch ein. Viel zu viele haben Hitler zugejubelt, was wir heute überhaupt nicht mehr begreifen können.

Dass wir uns nur noch sehr schwer, wahrscheinlich fast nicht mehr in die Menschen und ihre Situationen, ihre Grundgefühle und ihr Grunddenken im Mittelalter hineinversetzen können, erscheint plausibel. Aber in die vorhergehende Generation, in die Zeit der Eltern, die man ja zum größten Teil auch noch selber miterlebt hat, möchte ich mich eigentlich schon noch einfühlen und hineindenken können. Wenn das nicht einmal mehr geht, was soll dann Geschichte!? Deswegen muss ich geradezu die Zeit, in der der Großteil aller Väter Nazis waren, verstehen und in einem größeren Rahmen auch ein bisschen begreifen lernen können. Was war dieses ungeheuerliche Geschehen in der Mitte des letzten Jahrhunderts und in der Mitte Europas? Und was machen wir heute? Ist die derzeitige alles übertünchende, superliberale und alles nivellierende Totalvernetzung wirklich besser?

Der Einzelne und sein Referenzrahmen

Daher noch ein weiteres vorweg, nach dem ich mich bezüglich des Begreifens immer gefragt habe: wie konnte der direkte Mörder, der einzelne unmittelbare Täter nicht das Böse sehen, dass er mordet? Es kann doch nicht sein, dass man die wirklichen Verbrecher und das Geschehen des Mordes nicht fassen und benennen konnte! War es vielleicht so, dass man den absolut einzelnen schuldhaften Täter als solchen nicht klar eingrenzte? War es so, dass der Planungstäter, der Schreibtischtäter, der Transporttäter, der Rampentäter, der Einsatzgruppentäter, der Gaskammertäter und weiß Gott welcher Täter man auch sonst noch herauskristallisieren könnte, eine nicht wirklich untereinander kommunizierende, sondern eine ideologisch verfremdete amorphe Masse des Bösen schlechthin waren? Weil keiner den wirklichen, pluralistischen Zusammenhang begriffen hatte, von dem er als Vereinzelter alles wusste? Weil jeder sich hinter jedem verstecken konnte? Weil das Böse nicht so präzise definierbar ist? Weil das nationalsozialistische System unbedingt Feinde brauchte, um selbst zu überleben? Weil es eine bestimmte Menge absolut durchtriebener Antisemiten gab? Aus persönlichen und / oder historischen Gründen?

Der bekannte Sozialwissenschaftler H. Welzer argumentiert jedenfalls auch in dieser Weise. Unter den Rahmenbedingungen, die als selbstverständlich gelten, sei das Töten nicht das gleiche Problem gewesen wie wir es uns heute in der Nachbetrachtung vorstellen, schreibt er. [30] 1942 war die Einheitsideologie so gefestigt, die Verpflichtung in der militärischen Gruppe so etabliert, Zeit- und Handlungsdruck durch Vorgesetzte so groß, dass Töten nicht mehr als außergewöhnlich und als völlig obsolet empfunden wurde. In einem „militärischen Referenzrahmen" – so Welzer – ließ sich alles unter das Kriegsrecht subsumieren. Man konnte denken: wenn ich es nicht mache, muss es ein anderer tun, und zudem nutzte man auch einheimische Milzen, die dann ihre eigenen Leute umbrachten. Entscheidend sei auch gewesen, dass man fest davon überzeugt war, Befehlen sich nicht widersetzen zu können, weil man selbst mit dem Tod bedroht wurde und dass diese Befehle durch das Kriegsrecht völlig gedeckt waren.

Hier meine Ansicht zum Thema des Scheiterns aller Versuche, die Vergangenheit zu bewältigen und zu den Fragen: "Wie konntet Ihr das nur tun?" "Wart Ihr denn so blind, das nicht zu erkennen?" wie uns oft vorgehalten wird. Nein, so war es nicht! Einem ihm innewohnenden Gesetz folgend, uferte der Nationalsozialismus in vielen, in den meisten, vielleicht darf man sogar sagen, in fast allen Fällen aus, indem seine Handlungen im Laufe der Zeit zu Extremen pervertierten und damit in das Verbrecherische abglitten, einem Gesetz im Übrigen, das nicht einmal heute in seiner vollen Bedeutung erkannt zu sein scheint. Die heutige Generation müsste, wenn die Vergangenheit wirklich sachlich bewältigt werden soll, versuchen zu erkennen, wie diesen, ihm inhärenten Grundgesetz der Maßlosigkeit folgend, der Nationalsozialismus allmählich, in kaum er-

---

[30] Welzer, H., Täter: Wie aus ganz normalen Menschen Massenmörder wurden, Fischer (2007)

kennbar werdenden einzelnen Schritten zu kleineren, dann immer größeren und schließlich zu den furchtbarsten Verbrechen pervertierte, Erscheinungen, die im Anfang noch nicht vorhanden, nicht geplant (?) oder mindestens nicht erkennbar waren. . . In der Außenpolitik des Dritten Reiches haben sich alle Demokratien zunächst um Zusammenarbeit mit Hitler bemüht, den selbst Churchill, der große Deutschenhasser, in den ersten Jahren nach 1933 noch als einen "großen und bewunderungswerten" Mann bezeichnet hatte, und was die Kirchenpolitik betrifft, so haben Österreichs Bischöfe und Erzbischöfe Hitler im März 1938 nach dem Anschluss Österreichs in einem an ihn gerichteten, in der Presse veröffentlichten Brief in begeisterten Worten begrüßt und gefeiert.

Die meisten Täter – so Welzer – wollten sich absolut nicht als schlechte Menschen verstehen, und so suchten sie mit einer „partikularen Rationalität" sich eine Art Kompromiss zurecht zu biegen. Entscheidend war auch, dass man sich z. B. den Juden absolut nicht zugehörig fühlte. Juden und Nichtjuden hatten seit Jahrhunderten isoliert nebeneinander her gelebt und so war man, schreibt Welzer, „radikal und unüberbrückbar ungleich." Wo beim ersten Schritt der Gewalt der letzte noch intolerabel erschien, schaukelte sich die Tötungsbereitschaft schließlich so hoch, dass „das Töten innerhalb weniger Wochen zu einer Arbeit werden konnte, die erledigt wird wie jede andere auch." Kurz: Das Böse kommt im Gewand einer perfekten Normalität, einer auch Nationen übergreifender Selbstverständlichkeit daher. Es ist wie bei der Mafia, wo das Morden fast zum guten Ton gehört, weil man ja doch im Recht ist und Schulen für die Kinder und Krankenhäuser für die alten Leute baut.

Oder geht es vielleicht um genau das, was es heute inmitten unserer verdigitalisierten, vaterlosen und entorientierten Gesellschaft, Kultur, Wissenschaft etc. sowieso auch schon längst wieder gibt? Denn heute sind wir alle Spezialisten, Fachleute, die Spezialwissen haben und doch überschaut keiner – wie damals – das Ganze. Der Strahlenmediziner, der erzkonservative Religionslehrer, der TV-Seifenoperngestalter, der abgehobene Informatikprofessor, der Pornofilmer, der Turbokapitalist, der Ewig-Gestrige, der brave Fließbandarbeiter, der Smartphonfanatiker und der Utopist, sie alle haben doch keine Ahnung, wie sich das Tohuwabohu, das sie zusammen mit noch ein paar Tausend anderen bei den heutigen Kindern und Jugendlichen anrichten, vielleicht auch böse auswirken kann? Der Pluralismus ist doch heute noch viel grotesker als damals, und wir haben eben nur Glück (bis jetzt noch), dass es vorerst keinen unmittelbaren Krieg oder Massenmord bei uns gibt. Oder täuschen wir uns schon wieder?

Denn was ist mit den 50 000 Krankenhaustoten (durch Überdiagnostik und Behandlungsfehler), den Zigtausend Unfall-, Aids, Drogen-, Suizid- und sonstigen gewaltsam Getöteten pro Jahr heutzutage selbst in unserer hochzivilisierten Gesellschaft? Was ist mit den Millionen Hungertoten, die wir durch Nahrungsmittelspekulation in Dritte-Welt-Ländern, durch dortige Kriege und Landgrabbing verursachen? Oxfam hat den Zusammenhang zwischen der Spekulation auf steigende Lebensmittelpreise und weltweiten Hungerperioden deutlich nachgewiesen.[31] Auch wenn die angeklagten Finanzinstitute Bevölkerungszuwachs und Klimawandel als Ursachen vorschieben, ein Großteil Wahrheit ist auf jeden Fall dran an dieser neuen Methode des Massenmords. Und was ist mit der weltweiten Kinderarbeit, der grotesken Umweltbelastung, was mit der Luftverschmutzung, der bereits jetzt schon weltweit Millionen Menschen zum Opfer fallen? Wie verhält es sich mit dem Plutonium, das wir für die nächsten hunderttausend Jahre irgendwo vergraben haben? Was hat es mit Glyphosat, auf sich das die ganze Ökowelt rund um den Acker vernichtet und Fertilitätsstörungen bei Tieren verursacht?

Was geschieht mit der Abholzung der Regenwälder und der Klimakatastrophe, der weitere Millionen Menschen durch Überflutungen, Dürre und Waldbrände vernichten wird? Und was wird mit dem Plastikmüll auf und in den Weltmeeren geschehen, der schon heute den weltweiten Fischbestand mit Mikroplastik verseucht? Schon 100 Millionen Tonnen Abfall und Plastik treiben in den Ozeanen, z. T. aufgetürmt in den zentralen Wasserwirbeln und zu polychlorierten Biphenylen enthaltenen Mikroteilen zersetzt. Sagen wir dann nicht auch nur: der hat sich doch selbst angesteckt, der hat sich doch selbst zu Tode gehungert, der hat sich doch selbst

---

[31] Bauchmüller, M., Hunger auf mehr, Spekulation mit Nahrungsmitteln, Bericht der SZ vom 9. 5. 12 S. 17

vergiftet? Wir sind doch nicht schuld an dieser oder jener Misere, schuld sind die Industriellen. Schuld sind die Banken. Schuld ist die überbürokratisierte Politik, Schuld sind die Chinesen usw. Erzeugen wir mit unserer übermedialen und übertechnischen und überanonymen Welt nicht schon längst wieder ein verstecktes Massensterben?[32]

Natürlich existiert irgendwo eine übergeordnete Ethik, eine allgemeine Rechtsauffassung oder irgendeine Plattform seelischer Reife oder persönlichkeitsbezogener Lebensmeisterung, die wahrscheinlich sogar alle Menschen teilen könnten. Aber all dies wird nicht so praktiziert, wie man es sich denken möchte. Das „Weltethos", von dem der Theologe H. Küng schreibt, ist ein schöner Traum.[33] Deswegen spreche ich ja von der ‚Transsubstanziierungs'- oder Ur-*Übertragungs*-Maschinerie, die uns alles so vermitteln müsste, wie es wirklich war und ist, und um den Schluss ziehen zu können, wie es sein sollte. Auch wenn dieses ganze 20. Jahrhundert (und inzwischen auch schon wieder das jetzige) voll von solchen verheerenden massenmörderischen und abgrundtief bösen Menschen besetzt war, muss man es doch differenzierter darstellen können. Wir halten die Menschen sonst in dem Glauben, dass das Böse sofort an seinen Ungeheuerlichkeiten und Teufelsfratzen erkannt werden kann und man es nur frühzeitigst auslöschen muss. Leider ist nicht nur das Böse banal wie ich es von H. Arendt erwähnte, sondern meist auch die Wahrheit. Vor allem auch die historische Wahrheit, die man strikt vom reinen Wissen, von den nur sachlich überlieferten Dokumenten und Fakten trennen muss. Der Philosoph T. Ea-

---

[32] Ich pauschaliere hier gewiss, aber ich tue dies, weil ich natürlich selbst auch wieder an der Zeitblindheit leide, d. h. erst spätere Generationen werden unsere mörderischen Fehler sehen. Wenn wir Milliarden für Teilchenbeschleuniger ausgeben, um ein Higgsteilchen zu finden, das vorwiegend für die Gilde der Physiker wichtig und lebensrelevant ist, erinnert dies schon ein bisschen an die Physiker in Dürrenmatts gleichnamigen Stück. Und wenn wir alle diesem gleichen materialistischen Wahn huldigen, kommen wir aus diesen „irren Rahmenbedingungen" nicht mehr heraus. Bestes Beispiel die derzeitige Covid2-Virus-Krise, die aus der Enge der Überbevölkerung, dem Konsumkapitalismus und der ungesunden Ernährung durch Schuppentier- und Fledermausfleisch besteht.
[33] Küng, H., Projekt Weltethos, (1992)

gleton meint, dass das Böse überhaupt nicht zu fassen sei,[34] es entstehe aus den Menschen heraus, die unfähig sind wirklich zu leben. Man könne dem Bösen nur mit Realismus ins Auge schauen.

Ich bin 1910, noch im alten Kaiserreich, geboren. Ich habe den Ersten Weltkrieg, wenigstens teilweise, schon bewusst miterlebt. Ich erinnere mich an den Zusammenbruch 1918, . . an die Besatzungszeit, an die Inflation, die Weltwirtschaftskrise, die Arbeitslosigkeit in Deutschland, das Aufkommen, den Kampf und die Machtübernahme des Nationalsozialismus, an die sogenannten „Aufbaujahre" von 1933 bis 1939 und an die furchtbare Kriegszeit von 1939 bis 1945. In diese Zeit muss man sich hineindenken, hineinfühlen, um sie, ihre Entwicklung und ihre Folgen zu verstehen. Anders als 1945 hatten wir nach dem Ersten Weltkrieg nicht das Gefühl, von der älteren Generation einen verlorenen Krieg „übernehmen" und ihn dieser Generation „anrechnen", vorwerfen zu müssen.

Wir identifizierten uns vielmehr voll und ganz mit unseren Vätern, mit den Leistungen, den Taten, den Anschauungen und Vorstellungen dieser Generation, zu der wir aufblickten, auch wenn diese von uns so bewunderte Generation ihre Fehler und Schwächen besaß. Neben einer gewissen Prüderie auf sexuellem Gebiet waren es übertriebener Nationalismus, Chauvinismus in politischer Hinsicht, Überheblichkeit und Dünkel gesellschaftlich, die rückblickend gesehen, von uns damals aber nicht erkannt - abzulehnen waren und teilweise schlimme Folgen hatten. Jede Generation, meine eigene auch, hat ihre Vorzüge, ihre Fehler, und Übertreibungen sind immer von Übel, auch übertriebene, verzerrte Vaterlandsliebe, die zu Hass, zu Aggressionen gegen andere führt.

1922/23 war das relativ große Vermögen meiner Familie infolge der Inflation zu nichts zusammengeschmolzen. Am Ende der Inflation 1923 musste meiner Erinnerung nach eine Postkarte mit einigen hundert Millionen Mark, ein Brief mit Milliarden Mark frankiert werden. Als die sogenannte „Rentenmark" und anschließend die „Reichsmark" eingeführt wurden, erhielt man für 1.000 Milliarden Mark, das heißt für I Billion Mark, eine einzige Reichsmark. Ich kann mich noch genau daran erinnern, dass wir im Sommer 1923 wochenlang jeden Mittag Salat und ge-

---

[34] DIE ZEIT Nr. 18, 28. 4. 11, S. 52

kochte Kartoffel aßen ohne jede Zutat. Gut lebten damals nur die Schieber, die vor allen Dingen in den Großstädten, an der Spitze in Berlin, ihr Unwesen trieben und denen, vielleicht noch mehr als dem äußeren Gegner, unser Hass galt. Sie stellten für uns die Verkörperung des damaligen Staates dar, den wir ablehnten, von dem wir nichts wissen wollten und über dessen Vertreter wir unsere Witze machten.

Dabei gab es unter den Sozialdemokraten damals - ich denke an Ebert, Noske, Severing und andere - Politiker, die nicht nur menschlich absolut integer, sondern auch echte Patrioten waren, Deutsche, die versuchten, ihre Pflicht zu tun und dem Vaterland zu helfen. Insoweit tut es mir heute leid, dass wir uns über den „Sattlergesellen" Ebert und über seine und seiner Frau angeblichen gesellschaftlichen „Fehltritte" nicht genug amüsieren konnten. Beispiel: Bei einer Abendveranstaltung fragte Frau Ebert den neben ihr sitzenden General von François - Angehöriger einer alten, bekannten Hugenotten-Familie Preußens:

„Nun Herr von François, tanzen Sie nicht. Herr von François?" Wobei sie das „c" wie ..k" aussprach: „Herr von Frankois". Der General stellte richtig: „François" (das „c" wie „ß" ausgesprochen), „François, gnädige Frau! Ich habe eine 'Cedille' am 'c'."

„Ach so", erwiderte die Frau des Reichspräsidenten, „wenn Sie eine Cedille am Zeh´ haben, können Sie natürlich nicht tanzen, Sie Armer!" Dieser Witz war symptomatisch für den Dünkel, die Arroganz, mit der wir auf die „Systempolitiker" herabsahen. Es war der Standardwitz!

Die „Weimarer Verfassung", die nach ihr genannte „Weimarer Republik" setzten wir mit dem damals weitgehend festzustellenden moralisch-sittlichen und dem völligen wirtschaftlichen Verfall Deutschlands gleich. Wenn ich dabei immer von „wir" spreche, bin ich mir selbstverständlich bewusst, dass nicht alle Angehörigen meiner damaligen Generation so dachten, empfanden und handelten wie ich, aber im Bürgertum war diese politische Einstellung weit verbreitet und das, was ich von „mir" erzähle, war auf jeden Fall symptomatisch für große Teile der heranwachsenden Generation des Bürgertums. Wir lasen damals bereits fast täglich von den Auseinandersetzungen der Parteien innerhalb Deutschlands, von Straßenkämpfen und

Saalschlachten, obwohl die Zeit der bürgerkriegsähnlichen Zustände erst später kommen sollte, als die Nationalsozialisten auf der Bildfläche erschienen und versuchten, sich ihren Weg „freizukämpfen". Das deutsche Volk zerfiel in Klassen, die sich bitter bekämpften und tödlich hassten. Während die politischen und wirtschaftlichen Verhältnisse uns, die heranwachsende Jugend im Bürgertum, immer mehr nach der rechten Seite hin drängten, fanden in zunehmendem Maße die Massen der Arbeiterschaft ihre Ideale in den Lehren des Marxismus. Der Hass der Klassen gegeneinander, der Klassenkampf, war auch in der Jugend schon so ausgeprägt, dass wir als Gymnasiasten mit unseren bunten Mützen, die damals in den höheren Schulen überall getragen wurden, bestimmte Stadtteile von Worms nicht passieren konnten, es sei denn in einer größeren Anzahl und mit dem Willen, bei einem Angriff sofort zurückzuschlagen.

Das Geschehen rund um den Ersten Weltkrieg habe ich also erst durch die in diesem Jahr (2014 bis 2016) erschienenen Bücher, Ausstellungen und Sendungen verstanden. Wie erwähnt hat auch mich das Buch des australischen Historikers, C. Clark ‚The Sleepwalkers' am meisten interessiert und es hat mir auch sehr geholfen, das Leben meines Vaters besser einschätzen zu können. Clarks Ansicht nach gab es nicht nur „Systempolitiker" sondern auch „Systemhistoriker", die gern von der Kriegsschuld sprachen.[35] Der Historiker H. Afflerbach kommentiert Clarks Buch wie folgt: „Clark verweist auf den Balkankonflikt und bietet außerdem, was die europäische Großmachtpolitik angeht, eine vielschichtigere und weniger deterministische Erklärung des Kriegsausbruchs an. In den letzten Jahren vor 1914 erkennt er vielfache Ansätze für eine Verbesserung der internationalen Beziehungen. In Europa gab es vor 1914 viele voneinander unabhängige Entscheidungszentren, und die Bündnispolitik sorgte dafür, dass durch unklare und geheime Vernetzungen die Abläufe komplexer und nahezu undurchschaubar wurden. Sechs europäische Großmächte und Serbien berieten im Juli 1914 über Krieg und Frieden. Clark spricht die deutsche und die österreichisch-ungarische Außenpolitik nicht von zahlreichen Fehlern und Absonderlichkeiten frei. Aber er sieht die Politik der

---

[35] Clark, C., The Sleepwalkers, How Europe went to War 1914 (2012)

anderen Staaten ebenso kritisch. Diese sei nicht minder erratisch und provokant gewesen".[36]

An dieser Stelle muss ich eine persönliche Bemerkung einschieben, da es so scheinen mag, dass ich revisionistisch argumentiere. Aber ich befinde mich ja selbst in der Situation einen Nazi-Vater und Hitler-Versteher verstehen zu müssen. Mit geht es im Grunde genommen um die im Titel angekündigte Therapie, um eine Werbung für die von mir entwickelte *Analytische Psychokatharsis*, ein Verfahren, das ich in einem anderen Buch als ‚Revolte des *Selbst*' beschrieben habe. Ich wünsche mir, dass jeder Einzelne nach dem Grundsatz „wanted reformers not of others but of themselves" eine eigene Möglichkeit politischer, sozialer und eben auch psychologischer Entwicklung, ja der Selbst-Revolte findet. In anderen Veröffentlichungen habe ich auf natur- oder geisteswissenschaftliche Thematiken zurückgegriffen, um mein Verfahren präzise zu belegen. Hier ist geht es nun um Politik und Geschichte, und man muss meinen Bemerkungen nicht engagiert folgen, sondern nur wissen, dass alle diese Bereiche heute ohne den therapeutischen, psychoanalytischen und in Richtung einer übergeordneten Erfassung dargestellten Hintergrund nicht ausreichend sind.

Mit anderen Worten: Wenn wir uns selbst nicht bald besser begreifen, werden wir an den kommenden Katastrophen mitschuldig sein. Hinzufügen muss man allerdings, dass die heutigen rechtspopulistischen Parteien überhaupt nichts begriffen haben, sie glauben nur, dass es Zeit für eine Revision der Geschichte ist. Aber sie wollen die negativen Seiten der deutschen Geschichte nur verdrängen und ungeschehen machen, und da kommt es ihnen nur zu Hilfe, wenn das reine Gelehrten-Wissen, dieses akademische, universitäre stete ‚Mehr-Wissen' auch mal verteufelt werden kann. Es ist eine Gratwanderung zwischen dem reinen Historiker-Wisstrieb, wie ihn der historische Ödipus besaß (Ödipus selbst hatte keinen Ödipuskomplex, war aber von einer Art Wisstrieb beherrscht, der ihn ins Verderben führte, und dem Versuch einer Psycho-Historie wie etwa der ‚Transsubstanziation'. Mehr Wissen ist nicht immer auch besser, aber ohne Wissen gibt es nicht Weisheit und auch nicht Wahrheit.

[36] Afflerbach, H., Auf Messers Schneide, C. H. Beck-Verlag (2018)

Es soll also darum gehen, diese und auch die heutige Zeit unter ihrem Ur-*Übertragungs*-Aspekt zu behandeln. Sie also nicht nur ins Gedächtnis zu rufen, sondern sie auch von einer die Generationen überbrückenden Sicht her zu deuten und zu begreifen, ihr also eine eigene Gedächtnismöglichkeit zu geben. Ein implizit-explizites Gedächtnis, wie ich noch ausführen will. Es muss dazu durchaus das Wissen und speziell das Wissen von dieser Epoche verwendet werden, aber eben so, dass es nicht in gegensätzlichen Meinungen oder in ‚Historikerstreit‘ untergeht, dass es nicht nur immer wieder neues Wissen herausfordert, sondern es auch allgemein begriffen werden kann. Wir müssen die historischen Kenntnisse verwenden, aber so, wie sie die Historiker selbst meist nicht verstehen, z. B psychoanalytisch, psycho-historisch, nicht verdrängend, sondern kreativ handelnd, wie der bekannte Literaturkritiker und wissenschaftliche Herausgeber der Zeitschrift *Merkur,* K. H. Bohrer, es im absolut konstruktive Sinne meint. Bohrer beschwört die Wichtigkeit des lebendigen Augenblicks, der weder durch Zukunftsängste noch durch Defätismus gelähmt werden darf.[37]

Zweifellos war das Vater-*Sein* damals – und immer schon – für die Menschen mit politischen Identifikationen verbunden. Die Väter der Nazi-Zeit haben in einer viel heftigeren, manchmal mehr autoritativ-emotionaleren, manchmal mehr idealistischen Art politisiert, als wir dies heute handhaben. Heute kann man sich gar nicht mehr vorstellen, dass man Parteipolitik dadurch machte, dass man sich eigene Sturmwehren zulegte, Privatarmeen, wie dies bei Nationalsozialisten und Kommunisten in den zwanziger Jahren des letzten Jahrhunderts der Fall war. Welcher Historiker, welcher Geschichtslehrer, welcher unmittelbar Betroffene könnte also so mit uns reden, dass wir diese *grundlegende Metapher* wirklich begreifen können, in der all diese Bedeutungen wieder aktualisiert würden, wie sie damals aktuell waren, und der sie zugleich entwirrt und wirklich kommuniziert? Wie könnte man – insbesondere jetzt in diesen politischen Zusammenhängen – stolz sein auf das Wort: Vater? Oder gereift durch das Verständnis der ‚Bestimmerlogik‘, wie ich diese *Metapher* auch nenne, und die man bei Lacan studieren kann (er nennt sie die Logik des *Vaternamens*).

---

[37] Bohrer, K. H., Jetzt, Geschichte meines Abenteuers mit der Phantasie, Suhrkamp (2017) S. 450-451

Denn – nochmals betont - was in dieser Hinsicht die Mütter für uns bedeuten und bedeuteten, ist meist einfacher zu sagen. Das heißt nicht grundsätzlich, dass die Frauen weniger politisch waren – im Gegenteil, gerade in Bezug zu Hitler spielten Frauen eine wichtige Rolle und in der Weimarer Republik gab es zahlreiche Frauen, die in Kunst, Kultur, Gesellschaftsleben und Politik wesentliche Funktionen innehatten. Es heißt lediglich, dass wir zum Wort Mutter mehr das Pflegende, Wärmende, Hegende und uns behutsam durchs Leben geleitende assoziieren, vielleicht noch die ältere Freundin, wenn es sich um die Beziehung zur Tochter handelt. Wir assoziieren die Sorgende, Liebende, aber selten: die politisch engagierte Frau oder – was die besagte Epoche angeht - gar die Nationalsozialistin. Meist war die Politik selbst interessant w i e eine Frau und deswegen schlugen ja, und schlagen auch heute noch, die Leidenschaften so hoch.

Hätten die Alliierten des Ersten Weltkriegs nach dem Zusammenbruch des Deutschen Reiches im Herbst 1918 einen Verständigungsfrieden, wenigstens einen maßvollen, vernünftigen und nicht entehrenden Friedensvertrag mit Deutschland abgeschlossen entsprechend den Versprechungen des amerikanischen Präsidenten Wilson in seinen 14 Punkten, wären uns allen, ihnen wie uns, die spätere Entwicklung, die große Tragödie 1939 bis 1945 erspart geblieben. Die Rechtlosigkeit, die Verachtung, mit der wir damals behandelt wurden, waren die Hauptursachen für das, was später kommen sollte. Dazu traten die völlig unsinnigen, weil unerfüllbaren wirtschaftlichen Forderungen des Versailler Diktats, auf die in erster Linie die Inflation und der Zusammenbruch der deutschen Wirtschaft Anfang der zwanziger Jahre zurückgingen. Dabei ist zu berücksichtigen, dass gerade diese, in die Milliarden Goldmark gehenden Reparationsforderungen der Alliierten des Ersten Weltkriegs, insbesondere die Forderungen Frankreichs, sich doppelt auswirkten, als nach zwei oder drei Jahren einer vorübergehenden Scheinblüte 1927 bis 1929 der Rückschlag um so schärfer und 1935 um so härter einsetzte.[38]

---

[38] Der von mir oben erwähnte Historiker H. Münkler betonte mehrfach in Interviews, dass es Hitler und Stalin ohne den Versailler Vertrag nicht gegeben hätte. Auch hier wieder heftigste Gegenwehr von anderen Historikern. Für was sind diese Leute eigentlich gut, wenn es nie eine Einigung

Die großen Dollaranleihen, mit denen das Deutsche Reich Mitte der zwanziger Jahre die Reparationsforderungen der Alliierten bezahlt hatte und mit denen ein gewisser Neuaufbau der deutschen Wirtschaft finanziert worden war, wurden ab 1928/29 zurückgezogen und führten dann Ende der zwanziger Jahre zu dem bekannten Kollaps der Wirtschaft und der immer höher steigenden Arbeitslosigkeit in Deutschland, die dann bis 1933 die 6 Millionen-Grenze überschritten hatte. Es ist sicher schwer, aber nötig zu versuchen, diese Entwicklung heute nachzuvollziehen, sich in die damaligen Verhältnisse hineinzudenken, nachzuempfinden, was wir damals dachten und empfanden.

Liebe, das Weibliche, Großmut und Empathie haben also auch fast immer in der Politik gefehlt und in gewisser Weise ist dies auch heute noch so. Die Frauen und die wirkliche Liebe kommen zu kurz. Wir spüren, dass die *Übertragung* genauso wie die von mir instaurierte Ur-*Übertragung* – die ja Formen der Liebe sind – also genau da wesentlich sind, wo sie uns das Rätselhafte, Faszinierende, Bezeichnende aus anderer Zeit und Raum, ja überhaupt *Anderes* herüberbringen soll. Auch was nicht so direkt sinnlich fassbar ist wie es die Beziehung zur Mutter vermittelt und deswegen auch durch *Anderes* übertragen, transzendent überbrückt werden muss, wie eben die ‚paternale', die Bestimmer Funktion, muss deswegen nicht nur historisch richtig und emotional authentisch, sondern noch von zahlreichen weiteren Vermutungen präzise symbolisiert werden.[39] Natürlich könnte ich nochmals sagen, diese Vater-*Metapher*, dieser Über-*Name*, ist nie vollständig gelungen, so wie es eben auch das absolut Weibliche, die universelle Frau nicht zu

---

gibt? Was man aber wohl sicher sagen kann betrifft Hitlers Aufstieg durch die Empörung und die Revanchegedanken gegen Versailles.

[39] Was die Mutter metaphorisiert kann man schön in O. M. Grafs Buch, Das Leben meiner Mutter sehen. O.M. Graf bekam so viele Zuschriften zu diesem Buch, die alle bestätigten, ihre Mütter seien genauso gewesen. Aber was metaphorisiert den Vater? Das ist viel schwieriger zu sagen. Trotzdem bleibt ein Rest an Vorurteil, wenn wir hier das Wort Vater mehr favorisieren, als das Wort Mutter. Denn in der Mutter steckt ja auch die Frau, die zu metaphorisieren wiederum genau so komplex ist, wie es einem mit dem Wort Vater ergeht. Für diese Metapher verwendet Lacan auch den Begriff des (groß zu schreibenden) *Anderen*.

erfassen ist.[40] Und so waren auch die Patriarchate letztlich doch immer noch ein bisschen „vaterlose Gesellschaften", d. h. Andriarchate, Männerherrschaften,[41] wie wir sie auch heute in der Politik erleben.

---

[40] Lacan konstatierte in seinen Seminaren häufig, dass es d i e Frau, d i e als absolute und universale nicht gibt. Sie erscheint ihm zu vielschichtig, als dass man sie einfach auf einen Nenner bringen könnte wie den Mann.

[41] Mitscherlich, A., Auf dem Weg zur vaterlosen Gesellschaft, Belz (2003)

1. 2 Gibt es überhaupt passende Worte?

Neuere Wissenschaften wie Semiotik, Linguistik oder die Psychoanalyse haben uns derart eingekreist, dass man kein Wort mehr
schreiben kann, ohne nicht schon vorher selbst die Vokabel ‚Wort'
zerlegt haben zu müssen. Wie also vorwärts kommen, ohne schon
mit der Bezeichnung ‚vorwärts' genauso wie mit der Vokabel
‚kommen' in die Bredouille zu geraten?[42] Wenn jemand früher
einmal vom „himmlischen Vater" gesprochen hat, so hat er dabei
eine sehr allegorische, blumige, abgehobene Sprache verwendet. Er
hat offensichtlich mit Vater nicht das gemeint, was wir gewöhnlich
unter Vater verstehen, nämlich den leiblichen, familiären Vater. Er
hat den imaginären Vater gemeint, den ‚toten' oder jenseitigen, der
aber zugleich auch der diesseitig symbolische sein sollte, kurz: es
ging um einen mythisch überhöhten Vater, einen überzeichneten
Potentaten. Natürlich hat er auch nichts mit dem Himmel über uns
zu tun, der sich aus Myriaden von wunderschönen Galaxien und
Sternnebeln zusammensetzt, deren quantengravitatorischer Zusammenhang uns heute fast näher ist als ein spiritueller. Und wenn
der Himmel nur eine Allegorie für den Geist war, für ‚Ihn' selbst,
war er dann nicht ein Gespinst unserer Neurologie?[43]

Was mit ‚Ihm' gemeint war, war etwas Transzendentes und dies
noch dazu in der Funktion dessen, was Vater universell imaginieren und symbolisieren sollte. Es sollte ein universeller Vater sein,
ein Vater aller, ein Trans-Vater. Durch das ‚Über', durch das
‚Trans' sollte das Wort nicht mehr das sein, was es vorher war,
sonders selbst Zeugungskraft haben. Das Wort als Same und der
Same als Wort. Deswegen habe ich eingangs von der Zeuger /

---

[42] Woher sollte ich autorisiert sein, von einem „vorwärts" zu reden, ohne
eben gerade dieses Zeichen und diese Sprache präzise geklärt zu haben –
es enthält aber auch eine Anspielung auf die sozialistische Zeitschrift des
19. Jahrhunderts gleichen Namens.

[43] Viele Naturwissenschaftler machen kein Hehl daraus, dass Gott ein
Neuronenmodul ist, das durch energetische Besetzung gewisser Nerven-
und Gehirnstrukturen zustande kommt. Aber selbst wenn die Neurologie
dabei eine große Rolle spielt, ist es besser vom Unbewussten zu sprechen und zu sagen, Gott ist, „ex-sistiert" unbewusst (d. h. er ‚sistiert', besteht, ‚ex', außerhalb, wie Lacan ‚Ihn' definiert).

Wort – Ordnung und von der 'Transsubstanziation' gesprochen. Müssen wir fürchten, dass es heute genauso wieder nicht klappt mit der normalen Menschlichkeit wie im letzten Jahrhundert, weil uns diese Trans-Ordnung fehlt? Weil die Kirchenaustritte sich häufen und die gute alte Ordnung wankt? Weil es diese Über- und Trans-Väter nie wirklich gegeben hat, obwohl so etwas immer wieder behauptet wird.

Als Arzt und Psychotherapeut hatte ich täglich damit zu tun, dass es kein so großes Vertrauen mehr in ‚Ihn' gibt. Häufig geht es bei meiner ärztlichen Tätigkeit nämlich gar nicht um Medizin, sondern um sozial-medizinische, psychosomatische und rein psychologische Fälle. Jemand ist physisch oder psychisch erkrankt oder verliert seinen Job oder gar ein Familienmitglied, oder Angehörige erleiden das gleiche Schicksal und anderes mehr. Hier hilft kein Medikament und auch keine Operation. Denn auch hier treten wieder die Täter auf den Plan. Der Arbeitgeber, der Krankenkassenvertreter, die Wohnungsbehörde bzw. der Vermieter (der Betreffende kann z. B. die Miete nicht mehr zahlen), der Anwalt, der Familienrichter, die Frau vom Jugendamt (ich hatte viele Fälle mit problematischem Umgangs- und Sorgerecht), der Gerichtsvollzieher und schließlich auch noch diejenigen Nachbarn, Kollegen und Angehörigen, die einem nicht freundlich gesinnt sind. Psychoneurosen und Somatisierungsstörungen nehmen zu und die Genetiker behaupten, es sei alles durch die Erbanlagen verursacht.

Nun geht es nicht wie im Dritten Reich und in den heutigen Kriegspolitiken um eine Gewaltkaskade und die genannten „militärischen Rahmenbedingungen". Es geht ganz einfach um den banalen alltäglichen Büro-, Techno- und Zivilokratismus, um den „administrativen Referenzrahmen." Jeder macht nur das, was er gerade kennt, will und darf. Es handelt sich nicht um Raffgier, Egoismus oder Perfidie, sondern um die alltägliche Gedankenenge, die endlos verwickelten Wege von Behörden und Gerichten, von Abkassierungen und Schuldenfallen, Finanzjongleure, Unfällen und Krankheiten, die allesamt in ihrer unglücklichen Kombination verursachen, dass die genannten Personen und Institutionen jeder für sich und vor sich so hinarbeiten, dass der Betroffene letztlich am Ende ist. Ich habe tatsächlich viele schwere psycho-physische Zusammenbrüche und sogar tödliche Verläufe dieser Art von anonymer

Massenrücksichtslosigkeit erlebt, die dennoch heute ganz normal ist. Man kann keinen wirklich Schuldigen festmachen. In der pluri- und multiformen neoliberalen und globalisierten, naturwissenschaftlich theoretisierten Gesellschaft fallen große Mengen einfach durch das Raster, das materialistisch, grob und total geglättet ist. Es ist nur noch eine Oberfläche mit vielen Löchern.

Als Arzt fühle ich mich in dieses Problem involviert und sehe gleichzeitig vor mir die Ärzte der NS-Zeit, die z. B. speziell da, wo sie an der Euthanasie mitgewirkt haben uns, ebenfalls in besonders extremer Weise unverständlich erscheinen. Doch hatte wohl generell der Arztberuf vor 70 oder mehr Jahren eine andere Bedeutung, also wiederum einen anderen Referenzrahmen als heute. Ich habe noch in der alten Universitäts-Nervenklinik in München gearbeitet, einem jener alten, herrschaftlich-nostalgischen Bauten vom Ende des neunzehnten Jahrhunderts. Hohe Korridore, große Krankensäle mit acht oder mehr Betten, wuchtig, viktorianisch, traditionalistisch. Selbst zu meiner Zeit nach dem Krieg war der Professor und Chefarzt ein Potentat, ein Alleinherrscher, gelehrt, würdig, steif, statuenhaft, souverän. Es war fast noch die Zeit, in der alles, was über den Arbeiter und Angestellten hinausging, Autoritäten, Würdeträger, Elfenbeinturmprofessoren und Magnifizenzen waren. Schon allein dadurch war vorgegeben wie die Behandlungen abzulaufen hatten. Und doch war man stolz auf die medizinischen Fortschritte, auf Humanität und Wissenschaftlichkeit.

Die Patienten wurden in den Vorlesungen vorgestellt wie exotische Tiere im Zirkus, d. h. man suchte bewusst solche Krankheiten zu präsentieren, die ungewöhnlich und besonders waren. Ich habe noch drei Fälle von Tabes gesehen, einer syphilitischen Folgeerkrankung des Rückenmarks, die es heute dank Penicillin wohl kaum noch gibt. Zwei Patienten hatte man nicht über die Ursache und auch nicht über die fehlende Behandlungsmöglichkeit aufgeklärt. Sie waren voll Zuversicht, Hoffnung und Vertrauen und ließen sich vorführen. Noch war die Zeit um 1900 spürbar, die Zeit der aufkommenden ‚Neuropathologie', der biologischen, histochemischen, mikro-neuroanatomischen, neuen ‚modernen' Gehirnwissenschaft. Man war stolz darauf, den Kranken, den Schizophrenen, nicht mehr als den Bösen oder gar vom Teufel Besessenen anzuse-

hen, sondern war modern neurowissenschaftlich und gehirnpatho-
logisch eingestellt und wusste bereits viel um das genetisch Be-
dingte. Mit Methoden der Zellfärbung von Nervengewebe unter
dem Mikroskop konnte man bereits Schlüsse auf Stoffwechselvor-
gänge ziehen. Hatte der Schizophrene nicht vielleicht doch ein mit
Vakuolen durchsetztes Frontalhirn, erweiterte Hirnkammern, ver-
ändertes Nervenwasser (Liquor), Eiweißablagerungen in Nerven-
bahnen? War dadurch der Schizophrene nicht felsenfest organisch
krank und zu lebenslangem Siechtum, Degeneration und unwertem
Leben verurteilt?

Sollte man nicht zu sehr unwertes Leben vorzeitig beenden, den
Kranken erlösen, da doch das Gehirn schon halb zerstört war, hatte
man sich noch kurz vorher unter den Nazis gefragt? Die Neuropathologie des unwerten Lebens war fast Lehrmeinung, das genetisch
unheilvolle, biologisch-medizinisches Wissen, H. Welzer würde
sagen: wissenschafts-ideologischer Referenzrahmen. Daher stand
zuerst die Sterilisation derart Kranker im Vordergrund, später dann
auch die Verwirklichung der „Rassenhygiene" und der „Erbge-
sundheit". Alles neuro-erb-wissenschaftlich und natürlich auch ge-
setzlich gestützt, erklärt, bewiesen und etabliert. Alles ordentlich,
exakt, verwaltet, schriftlich fixiert und abgeheftet. Die armen
Kranken, diese von einer bösen Krankheit zur Degeneration Verur-
teilten! Es hat sicher manchmal nicht an Mitleid gefehlt! Aber der
Arzt war wie der Förster, einer, der Gutes vom Schlechten trennen
musste, das Verkrüppelte ausmerzen, das strahlend Gesunde fördern, die Gesamtpopulation in gesunder Ordnung halten sollte.
Verstehen wir nicht unsere Vorfahren? Ich verstehe sie, aber ich
habe es nicht begriffen. Absolut nicht. Und fürchte vielmehr, wir
sind heute auch schon wieder da, wenn auch in ganz anderer Form.

Ich hatte im Sommer 1936 mein Großes Juristisches Staats-
examen bestanden und damit meine juristische Vorbereitungs-
zeit als Referendar abgeschlossen. Bei diesem Examen hatte
ich persönlich viel Glück. Der zehnminütige freie Vortrag vor der
sechsköpfigen Prüfungskommission, behandelte eine, an und
für sich für einen Juristen etwas ausgefallene Streitfrage aus
dem Handelsregisterrecht Ich erinnerte mich aber zufällig, vor
Jahren einen Artikel in der „Juristischen Wochenschrift" gelesen zu haben, der diese ausgefallene Frage behandelt hatte,
und es war unter diesen Umständen nicht allzu schwierig, in

den zwei Tagen, die uns zur Vorbereitung und Bearbeitung "unseres" Falles zur Verfügung standen, in der Gerichtsbibliothek die entsprechende Zeitschrift ausfindig zu machen und den Fall rechtlich vollständig und rhetorisch ansprechend vorzutragen.

Der Präsident des Oberlandesgerichts Stuttgart, der die vom Reichsjustizprüfungsamt Berlin abgestellte Delegation leitete, ließ mich nach der Prüfung zu sich kommen und stellte mir die Frage, weshalb ich in meinen Personalpapieren erklärt hätte, Rechtsanwalt werden zu wollen. Ich hätte das beste Prüfungsergebnis des Jahres erzielt, sei außerdem noch alter Parteigenosse, alle Türen stünden mir offen. Er sei ausdrücklich beauftragt, mich aufzufordern, in den Staatsdienst einzutreten. Ich überlegte mir diesen Vorschlag in den folgenden Tagen und Wochen und beschloss, einmal nach Berlin zu fahren, wo gerade die Olympiade stattfand, um dort bei einem Ministerium zu hören, ob und gegebenenfalls welche Aussichten für mich bestünden. . . Man empfing mich in der Personalabteilung sehr freundlich, zeigte sich interessiert und erklärte mir, man gebe mir in Kürze schriftliche Nachricht. Kaum nach Worms zurückgekehrt, erhielt ich einen Brief der Personalabteilung des Reichs- und Preußischen Wirtschaftsministeriums, die mir mitteilte, man sei bereit, mich zum 1. des kommenden Monats als "Wissenschaftlichen Hilfsarbeiter" einzustellen.

In Berlin wurde ich von Ministerialdirigent Dr. Tettenborn, dem Leiter der Personalabteilung des Ministeriums, persönlich empfangen, einem Beamten von altem Schrot und Korn, mit dem Monokel im Auge, der Verkörperung des alten preußischen Beamten. Er erklärte mir, das Ministerium sei bereit, mich zu übernehmen, aber: "Ich habe den besonderen Auftrag des Herrn Präsidenten, Sie darauf hinzuweisen, dass das Haus Sie übernimmt ausschließlich aufgrund Ihrer fachlichen Qualifizierung und nicht deshalb, weil Sie alter Parteigenosse sind."

So etwas im Jahre 1936 zu sagen, war schon eine Leistung, die ich persönlich nicht nur anerkannte, sondern auch schätzte. Ich empfand die Erklärung als eine Art Kompliment. Ich gehe auf diesen Vorfall ein, weil auch er beweist, dass von einer absoluten Unterdrückung der Redefreiheit, der Meinungsäußerung damals nicht, noch nicht, gesprochen werden konnte, auch wenn ich gern zugebe, dass solche Vorfalle nicht die Regel, sondern die Ausnahme darstellten. Die Zusammensetzung des Ministeriums bewies aber im Übrigen, dass wirklich fachliche Leistung und nicht Parteizugehörigkeit im Vordergrund standen. Von den rund 1 00 Assessoren, damals als "Wissenschaftliche Hilfsarbeiter" geführt, waren die wenigsten Parteigenossen. Alle aber hatten die Große Juristische Staatsprüfung mindestens mit "Gut" bestanden und es war eine Freude, mit diesen jungen Kollegen, erst recht natürlich mit den alten erfahrenen Beamten des Hauses, zusammenzuarbeiten. Ich habe dort unendlich viel gelernt und musste auch, wenn ich es so bezeichnen darf, unendlich viel arbeiten. Ich erhielt das Referat "Schweiz", das heißt ich hatte die Einfuhr aus der Schweiz zu bearbeiten, einem Land, mit dem eine besonders enge wirtschaftliche Verflechtung bestand.

Ich musste mich in die komplizierten, damals gültigen Bestimmungen des Devisenrechts einarbeiten, die von größter Bedeutung waren. Der Ministerialrat, der für mehrere Referate zuständig war, erkrankte bald darauf, und ich war kurze Zeit nach meinem Eintritt in das Ministerium ganz auf mich gestellt . . .mit dem Vorteil, dass nach kurzer Zeit niemand im Hause über die komplizierten Verhältnisse im Warenaustausch Deutschland - Schweiz und hinsichtlich ihrer devisenmäßigen Abwicklung so informiert war wie ich. So kam es, dass ich bereits nach einigen Monaten Mitglied der Deutsch- Schweizerischen Regierungskommission wurde, nicht nur an den Verhandlungen dieser Kommission in Berlin teilnahm, sondern auch nach Bern mitgenommen wurde und auf diese Weise meinen Überblick erweitern konnte. Auslandsreisen waren damals noch nicht an der Tagesordnung, sondern seltene Ausnahmen.

Selbst den normalen Alltag in Pflegeheimen oder Kliniken können wir heute, die wir das moderne, blitzsaubere, innenarchitektonisch gestylte Edelstahl- und Kunststoff-Design und die verbesserte Pflegetechnik derartiger Einrichtungen gewohnt sind, nicht mehr nachempfinden, was im Dritten Reich passierte. Wenn ich mir die einzelnen Schritte anschaue, wenn ich mich in den damaligen Arzt hineinversetze, der Operationsmethoden zu Sterilisation durchführt, nach neuesten Hygienevorschriften, nach den erbtheoretischen Richtlinien einer neuen Zeit, die eben weiß (d. h. heute: zu wissen glaubte), dass man durch Sterilisation Erbkrankheiten bei künftigen Generationen verhindern wird, verstehe ich einiges. Natürlich weiß ich heute, dass alles Lug und Trug war, dass es um Theorien ging, die heute in der modernen Genetik unhaltbar sind. Ich weiß auch, dass man auf die einzelnen Individuen persönlicher, menschlicher hätte eingehen müssen, und dass man sich gegen die oben erwähnte Euthanasie und die Sterilisationen hätte wehren können. Wer wirklich Mitgefühl für alles Lebende hatte, konnte die Verbrechen nicht dulden. Aber war nicht mit Hitlers Machtergreifung schon alles entschieden? Auch wir könnten uns heute dagegen wehren, dass so ungeheuer vielen Menschen Psychopharmaka verschiedenster Art (vor allem Antidepressiva, Neuroleptika, Tranquilizer) verschrieben werden. Schmerzmitteln und Opiaten in hoher Dosis und mit langer Dauer führten zu Persönlichkeitsveränderungen. Die Patienten werden nicht immer umgebracht, aber werden sie nicht zu Zombies, zu starren, unlebendigen sich selbst Entfremdeten? Es ist nicht Mord, aber Entlebendigung. In den UsA dagegen starben 2017 mehr als 72.000 Menschen an einer Drogen-Überdosis, die meisten an ärztlich verschriebenen Opioiden, später dann an Heroin oder dem Narkosemittel Fentanyl. Der nationale Gesundheitsnotstand musste ausgerufen werden.[44]

Insbesondere sind es auch Kinder, die mit verhaltenssteuernden Mitteln überhäuft werden. Natürlich gibt es vereinzelt extrem hyperaktive Kinder, die ein Medikament brauchen, aber heute ist es ein hoher Prozentsatz. Früher ist man mit diesen Zappelphilippen, den ADHS-Kranken auch ohne Medikamente fertig geworden, es gibt viele Einrichtungen, die diese überaktiven Kindern psychotherapeutisch behandeln. Aber die Behandlungen mit Aufputschmitteln hat dennoch massiv zugenommen. Der Philosoph C. Türcke hat in einem neuen Buch dieses Desaster der Übermedikalisierung von Kindern mit Methylphenidat, das in höherer Dosierung ein Rauschgift ist, eine Aufmersamkeitsdefizitkultur genannt.[45] Zweifellos werden Kinder heute mit Hektik und Lärm, mit elektronischen Informationen und pädagogischen Unsicherheiten überschüt-

---

[44] Wir lesen heutige Horrormeldungen mit ernsthafter Besorgnis, ändern aber nichts. Meiner Ansicht liegt dies daran, dass wir diesbezüglich selbst die Schuldigen sind. Lieber verurteilen wie frühere oder andere Schuldigen, über unsere Verbrechen werden sich erst unsere Enkel entsetzen.
[45] Türcke, C., Hyperaktiv! Kritik der Aufmersamkeitsdefizitkultur, becksche reihe (2012)

tet. Sie können gar nicht mehr ruhig sein. Dazu kommt, dass wir heute noch gar nicht wissen, welche Schäden eine derartige Behandlung im späteren Leben verursachen wird.

Ein anderes Beispiel, das ich in ähnlicher Weise häufig erlebt habe und nicht untypisch für unsere Zeit ist: einer über 80-jährigen Patientin wurde nach einem Herzinfarkt zwei Koronarstents (kleine röhrenförmige Hülse in ein Herzkranzgefäß) gesetzt. Doch dann traten Herz-Rhythmus-störungen auf, es wurde ein Herzschrittmacher implantiert, wonach aus vielerlei Gründen Gerinnungsstörungen auftraten, so dass man ein thrombosiertes Darmstück operativ entfernen musste. Dadurch verschlechterte sich die Nierenfunktion erheblich, so dass man die Patientin an die Dialyse anschloss, was nicht verhinderte, dass nunmehr neuropathologische Veränderungen auftraten (Verwirrung, Somnolenz). Man versuchte sie mit Psychopharmaka zu behandeln, doch infolge weiterer Komplikationen und Eingriffen verstarb die Patientin schließlich vier Tage später. Eine Foltergeschichte und kein Einzelfall. Ich darf dies alles so sagen, da ich in fast fünfzig Jahren ärztlicher Tätigkeit neben diesen schrecklichen Verläufen auch sehr viele positive mittels moderner medizinischer Verfahren erlebt habe. Aber da liegt ja das Problem: das Negative versteckt sich hinter den positiven Statistiken. Die meisten Menschen sind heute von chemischen und technischen Hilfsmitteln abhängig und leiden daran. Dafür werden sie etwas älter.

Es existieren also auch Abhängigkeiten von technischen Implantaten, z. B. einem implantierten Defibrillator (ICD, Herzschockgerät). Dieses Gerät kann Leben retten, aber es kann starke Schmerzen und auch falsche Impulse auslösen, also ‚inadäquate' Schocks abgeben – und damit dem Herzen schaden. Zudem: die Sonden, die vom Gerät ins Herzinnere führen, werden „mit jedem Pulsschlag gestaucht", so Dr. Müller vom Augsburger Klinikum – und folglich stark beansprucht. Binnen acht Jahren, so der Oberarzt, seien 40 Prozent der Sonden einmal defekt, sodass sie ausgetauscht werden müssten. Vor allem aufgrund von Sondenbrüchen seien Nachoperationen nötig. Der Sondenwechsel aber sei nicht unproblematisch. Eine neue, in ein empfindliches Gebiet gesetzte Sonde, kann immer wieder zu Krämpfen im ganzen Körper führen. Nach einem zweiten kleinen Herzinfarkt hat ein Patient erlebt, wie er mit heftigen schockausgelösten Rhythmusstörungen in lebensbedrohlichem Zustand auf dem Sofa liegen und den ICD im Dauereinsatz spüren musste, eine Horrorgeschichte.[46] Eine Verbesserung der Lebensqualität gibt es bei dieser Art der Lebensverlängerung nicht. Ähnliches gilt bei der Einsetzung von Koronarstents (Röhrchen im Herzkranzgefäß). Der Stent, der in Deutschland viel häufiger eingesetzt wird als anderswo, bringt nur ein Operationsrisiko, kaum mehr![47]

Ich hatte viele Patienten in Alten-Pflegeheimen, die dank moderner Medizin und Pflege über hundert Jahre alt wurden. Aber es gab dort auch einen ‚Gewichtsbeauftragten'. Dies war eine Person, die auf den Pflegestationen auch sterbenskranke Leute kontrollieren musste, ob sie noch genug Gewicht hatten und man notfalls zusätzliche Fütterungsmaßnahmen ergriff. Denn in der Presse sollte ja nicht stehen, dass in diesem oder jenem Pflegeheim jemand verhungert ist. Gestorben werden sollte mit ausreichend gutem Gewicht, obwohl doch jeder weiß, dass man – wenn es zu Ende geht – nichts mehr essen mag und das Sterben mit wenig Gewicht viel leichter fällt! Die problematische Bedeutung der Massenmedien heute mag man betonen, obwohl ich hier keine Schuldzuweisung machen will, denn die freie Presse ist uns überaus wichtig! Und Fortschritte werden eben fast immer auch nur mit Nebenwirkungen erzielt. Doch wollen wir wirklich beim Sterben noch gefüttert werden?

Wann werden wir, wir Ärzte von heute, auf der Anklagebank sitzen? Schon Goethe sagte im Faust über den Arzt: „Hier die Arznei, die Patienten starben, und niemand fragte, wer genas . . . ich habe selbst das Gift an Tausende gegeben, sie welkten hin, ich muss erleben, dass man die frechen Mörder lobt!" Was heute als pharmakologische Innovation ausgegeben wird, kann morgen schon nicht mehr wiedergutzumachende Nebenwirkungen hinterlassen haben, wie etwa das Contergan, das Lipobay, das Vioxx und andere Mittel. Das Wort Arzt eignet sich jedenfalls heute wie damals nicht

---

[46] Hübner-Schroll, S., Lebensretter, die Angst machen, Augsb. Allgemeine. 13. 5. 13

[47] Overbeck, P., Studie mit Zündstoff, Bringt der Stent wirklich Vorteile? MMW-Fortschr. Med Nr. 11 (2012), S. 17

mehr zur Erfüllung der perfekten Vater-Metapher. Je länger ich als Arzt gearbeitet habe, desto mehr habe ich unter der Verantwortung gelitten, der man nie ganz gerecht werden konnte. Nein, Arzt ist nicht der Name des *Namens,* der paternale logische *Signifikant.* Auch Priester nicht und auch nicht der UNO-Generalsekretär. Der Arzt ist heute ein guter Techniker, das ist viel wert, aber er sollte auch gleichzeitig Psychosomatiker und ein guter Freund sein.

Doch die Worte – so sie banale Namen sind - sind ja schon auf der Ebene der schlichten Wörter, der Vokabeln, nur in einem sehr komplexen Text-Zusammenhang zu verstehen. Selbst dann, wenn der Text-Zusammenhang sehr ausführlich, philosophisch, akribisch ist, ist noch lange nicht garantiert, dass das Wissen, das er enthält, auch wirklich übermittelt und somit begriffen wird. Und selbst wenn Lacan heute vom *Signifikanten* (Bezeichnenden) redet, der stets Subjekt für einen anderen *Signifikanten* ist, verstehen das die Leute aus Gründen zu hoher Sophistik nicht. Aus diesem Grund hat man früher (und auch noch vor hundert Jahren) allegorisch und analogisch gesprochen, doch war dies wiederum zu gut zu verstehen, also nur beschwichtigend, und so ist es heutzutage schwierig, einen vollkommen klaren, wissenschaftlichen, guten und transparenten Text zu schreiben. Deswegen auch wissen wir so vieles, verstehen alles und haben es doch nicht begriffen.

Während ich Hitler nicht sehr häufig gesehen, gesprochen und erlebt und auch Rudolf Heß kaum mehr als ein oder zwei Dutzend Male getroffen habe, war ich mit Bormann von 1938 bis 1945 laufend in Kontakt, mündlich, telefonisch, schriftlich. Ich glaube, über ihn kann ich mir aus eigenen Beobachtungen ein Bild machen, das der Wirklichkeit entspricht. Ich kenne Bormann allerdings nicht oder kaum in seiner Eigenschaft als Parteiführer. Ich war als Beamter zunächst abgestellt in den damaligen Stab des Stellvertreters des Führers, die spätere „Parteikanzlei" und in die Verwaltung Obersalzberg und hatte als Wirtschafts- und Baureferent, wie schon erwähnt, Aufgaben dieses Ressorts zu bearbeiten.

Allein durch die formelle Zugehörigkeit zu der Staatsrechtlichen Abteilung III des Stabes des Stellvertreters des Führers, der Parteikanzlei, und als Mitarbeiter der Verwaltung Obersalzberg sowie durch die enge räumliche Verbindung mit den Diensträumen Bormanns habe ich zwar nicht alles, aber vieles „mitbekommen", was nicht unmittelbar mein Wirtschafts- und Bauressort betraf. Ich stelle mit Bedauern und mit Verachtung fest, wie viele Deutsche, ich glaube sagen zu dürfen die meisten Deutschen, nach 1945 nicht müde wurden zu betonen, sie seien keine Anhänger der Partei gewesen, sie hätten „nichts gewusst". Man soll für das eintreten, was man getan, miterlebt und gebilligt hat. Alles andere ist feige und schäbig.

Bormann verstand es glänzend, die persönlichen Interessen, heute würde man sagen, die Hobbys Hitlers, positiv für sich auszunutzen. Recht deutlich zeigt dies der folgende Vorfall: Der Krieg war fortgeschritten, ich glaube, es war im Jahre 1943, als sich wieder mitten in der Nacht die Berghofzentrale meldete und ein Gespräch Bormanns vermittelte. Ich war dieses Mal nicht in München in meiner Wohnung, sondern am Obersalzberg. Bormann erklärte mir hastig am Telefon:

„Doktor, ich rufe vom Führer-Sonderzug aus an. Wir sind auf der Fahrt nach München und halten gerade in Halle (?). Sie wissen, dass der Führer jedes Mal, wenn er nach München kommt, die neu für die Führer-Galerie in Linz erworbenen Gemälde besichtigen möchte, aber ich habe vergessen, Herrn Professor Voß, nach München zu bestellen. Sorgen Sie dafür, dass Herr Professor Voß morgen um 10.00 Uhr spätestens im Führerbau in München ist. Wo Sie ihn auftreiben und wie Sie ihn hinbringen ist Ihre Sache. Ich rufe Sie wieder an, wenn der Sonderzug morgen früh in Nürnberg hält und wir wieder Anschluss an das Telefonnetz haben."

Nachdem das Telefongespräch mit Bormann ziemlich abrupt beendet worden war, meldete ich über die Berghofzentrale ein halbes Dutzend oder mehr sogenannter „Führungs-Blitzgespräche" an. Nach einer guten Stunde hatte ich Professor Voß am Apparat. „Herr Professor, Sie müssen morgen Vormittag um 10.00 Uhr im Führerbau sein, um dem Führer die neuesten Erwerbungen für die Gemälde-Galerie in Linz zu zeigen. Sie werden im Laufe der Nacht oder am Vormittag noch angerufen." Bei der Wetterlage, insbesondere den vereisten, damals teilweise nicht geräumter Autobahnstraßen, war es völlig unmöglich, Professor Voß mit Sicherheit - und auf sie kam es an - von Wiesbaden in der Nacht nach München zu bringen. Es blieb mir nichts anderes übrig, als die sogenannte „Führer-Staffel" einzuschalten, derer Kapitän Goldy ich glücklicherweise kannte.

Nachtanruf bei Kapitän Goldy in Berlin: „Herr Kapitän, es tut mir leid, Sie mitten in der Nacht stören zu müssen, aber vielleicht beruhigt es Sie, mir ist es genauso ergangen. Ich muss dafür sorgen, dass Herr Professor Voß aus Wiesbaden morgen vor 10.00 Uhr im Führerbau in München bereitsteht, um dem Führer einen Vortrag zu halten. Können Sie ihn morgen in Wiesbaden mit dem Flugzeug abholen oder abholen lassen?"

Goldy war ein vernünftiger Mensch. Außerdem war er an solche Überraschungen gewöhnt. „Herr Doktor von Hummel, ich starte morgen, sobald es hell geworden ist von Berlin nach Wiesbaden, übernehme den Professor und bringe ihn nach München. Sie können sich darauf verlassen. Herr Professor Voß ist rechtzeitig in München." Gegen 6.00 Uhr morgens war alles erledigt und abgewickelt, als der zweite Anruf des Reichsleiters durchkam, der von Nürnberg aus mit mir sprach, wo der „Führer Sonderzug" halt gemacht hatte. „Doktor von Hummel, ich konnte die ganze Nacht kaum schlafen, weil ich mir Gedanken machte, ob es gelingen wird, Herrn Professor Voß rechtzeitig zum Führerbau zu bringen. Haben Sie es geschafft?"

Ich beruhigte: „Herr Reichsleiter, es ist alles klar. Nach zwanzig oder dreißig weiteren Gesprächen war alles erledigt. Professor Voß war sogar etwa zwanzig Minuten vor der Ankunft Hitlers im Führerbau erschienen und Reichsleiter Bormann meldete Hitler: „Mein Führer, Herr Professor Voß steht bereit, um Ihnen die in der Zwischenzeit für die Gemälde-Galerie in Linz angekauften neuen Werke zu zeigen."

„Sehr gut, Bormann", meinte Hitler, „dieses Mal nicht!"

Der ganze Aufwand war umsonst. Ich schildere diesen Vorfall, so belanglos und unwichtig er ist, weil er ein Musterbeispiel für die Tätigkeit Bormanns bildet. Er zeigt, wie viele Vorfälle ähnlicher Art, wie Bormann die Leiter nach oben stieg. Er verstand es sehr geschickt, sich der Probleme anzunehmen, für die sich Hitler besonders interessierte und die Hitler persönlich-menschlich besonders betrafen. Keine noch so unbedeutende Detailfrage wurde dabei übergangen, alles, was den Obersalzberg, was München, Linz, überhaupt die „Neugestaltung deutscher Städte" anging, wurde von Bormann bearbeitet, der mit den zuständigen Architekten Verbindung hielt, die Vorträge der Architekten bei Hitler vorbereitete und dafür Sorge trug, dass die auf diesem Sektor getroffenen Entscheidungen auch so schnell wie möglich in die Wirklichkeit umgesetzt wurden.

Vielleicht ist mein Versuch Politik von der Therapie her zu denken und sie von der Psychoanalyse als einer von „der Liebe unterstellten Wissenschaft" (Lacan) her zu thematisieren, auch nicht sinnvoller. Solche Versuche sind möglicherweise nichts anderes als der Ausdruck u n s e r e r Zeit für die gleiche Grund- oder Ur-Metapher, in der eben die Vielheit sich als eines denken lassen soll! [48] Soll, denn das Gegenteil ist der Fall, das menschliche Subjekt wird heutzutage von einer ausufernden Vielheit an Wissenschaften zu denken versucht. Dass aber Politik als eine Art von Therapie gedacht werden kann und vielleicht auch muss, ist in einem Artikel in der Süddeutschen Zeitung konstatiert worden. Dort schreibt M. Frank am 15.6.06:

Muss Europa auf die Couch? Was da an Missmut, Ängsten und Aggressionen umgeht, ist das mit den Mitteln der Diplomatie überhaupt noch zu meistern? Kinga Göncz, die neue Außenministerin der Republik Ungarn, ist keine gelernte Diplomatin. Dafür gilt sie, ausgewiesen durch wissenschaftliche Arbeiten und viele praktische Erfolge, als eine bewährte Konflikt-Mediatorin. . . .Die Allgemeinmedizinerin ist auch Psychiaterin und Psychotherapeutin.

Diese Vorbildung kam ihr in den Jahren als Ministerin für Soziales, Familie und Gleichstellung zustatten. Viele haben das ausgleichende Talent der Ministerin schätzen gelernt. Auch als Direktorin der ungarischen Filiale der US-Organisation „Partners for Democratic Change" war sie über Ungarn hinaus daran beteiligt, die neue demokratische Bürgergesellschaft mit einer Kultur der Konfliktlösung vertraut zu machen.

Leider hat sich in Ungarn inzwischen vieles geändert, ja dort sogar zum ziemlich Negativen. Görcz ist von den Rechtspopulisten abge-

---

[48] Mit dem Begriff einer ‚der Liebe unterstellten Wissenschaft' versuchen wir in der Psychoanalyse die Subjektbezogenheit auszudrücken, die neben einer notwendigen Objektivität für ein wissenschaftliches Vorgehen wichtig ist. Wir sprechen daher auch von einer „Wissenschaft v o m Subjekt", in der die subjektbezogene Vielschichtigkeit als psychologische ‚Einheit', und das heißt eben als Unbewusstes, das bewusst werden soll, gedacht werden muss.

löst worden. Vor kurzem sagte der ungarische Ministerpräsident V. Orban bezüglich der Flüchtlingskrise: „Wir brauchen keine Flüchtlinge, wenn die anderen Länder wie die Deutschen sie brauchen, so ist das deren Sache." Es ist ziemlich dümmlich, wie der Mann völlig den Wortsinn verdreht. Niemand braucht die Flüchtlinge, aber die Flüchtlinge brauchen uns!! Sie flüchten vor dem Kriegs- und Bombenterror der Russen und des Assadregimes, den neuen Kriegsverbrechern. Herr Orban benötigt nochmals Grundschulunterricht, um zu lernen, wie man einen sinnvollen Satz mit dem Wort ‚brauchen' formuliert. Die Gefahr des heutigen Rechtspopulismus ist nicht seine Radikalität, sondern seine Dummheit, die die Menschen leider meist zu spät bemerken.

Deswegen plädiere ich dafür, Therapeuten zu Politikern zu machen und umgekehrt, denn im Politiker ist es auf jeden Fall schwierig geworden sich die Vielheit als *eines* zu denken, während für die Psychotherapeutin, die gleichzeitig Politikerin ist, dies kein Problem darstellte. Denn sie hatte eine Vision, nämlich die, die Menschen bewusster zu machen, ihnen die unbewussten Motive des politischen Handelns nahe zu bringen. So sehr wir davon sprechen, dass ein Politiker eine Vision haben soll, wünschen wir uns doch nicht einen wirklich total visionären Politiker. Nicht einmal mehr einen Bismarck. Politiker mit zu starken Visionen erscheinen uns suspekt, obwohl wir – wie gesagt – stets so etwas Ähnliches fordern. Unsere Politiker heutzutage haben es hier wirklich schwer. Sie sollen nicht nur reine Administratoren sein, zu grandiose Vorstellungen in der Politik sollten sie auch nicht haben, ein bisschen Visionäres aber schon.

Ich will also in diesem Buch den ganzen Zusammenhang von Geschichte, Politik und Sozialwissenschaften von einer ganz anderen Seite her angehen und lösen: nämlich nicht von der letztlich politischen oder geschichtlichen her, sondern von einer selbstanalytischen, eigentherapeutischen und subjektbezogenen – also psychohistorischen – Seite her. Wir brauchen nicht immer politische oder erzieherische Tiraden, sondern einen Reformweg für das einzelne Individuum nach dem von mir schon erwähnten Grundsatz „wanted reformers not of others but of themselves". Von einzelnen Individuen her, die sich in ihrer Individuierung auch zu einem selbsttherapeutischen Ethos erheben (die Psychoanalyse kann uns dabei

Leitlinie sein). Der Soziologe und Lacankenner T. Lipowatz hat
hier wichtige Vorarbeit geleistet, auf die ich mich ebenfalls stütze.
Lipowatz warnt davor, „das Handeln des Menschen in sogenannten
Geschichtsprozessen aufgehen zu lassen, d. h. also in Historiker-
Analysen. Wie schon angedeutet, muss ich für mein Vorhaben
zwar die Geschichtswissenschaft und andere Wissenschaften verwenden, aber ich muss nicht diese Wissenschaften bedienen. Ich
schreibe nicht als Historiker noch als Politologe oder sonst etwas,
sondern aus der Perspektive der psychologischen Selbsterfahrung.
Wir selbst sind es, die die Frage nach Gut und Böse neu stellen
müssen, denn bis heute ist nicht wirklich klar, wie diese Frage be-
antwortet werden könnte.

Denn es kommt nicht (oder nicht so sehr) darauf an, was man *in-
haltlich sagt* (wie es z. B. die Domäne der Historiker ist), sondern
wie man den Diskurs (die Art des vermittelnden Gesprächs, die
Form des Schreibens etc.) *verwendet* (was die Domäne der Psychoanalyse ist). Ich denke, dass ich ihn kontrapunktisch, Pro und
Anti, Gegensätze aufzeigend verwende, indem ich Texte meines
Vaters und meine Aufzeichnungen kontrastiere. Das hat den Sinn,
dass zwischen den zwei Kontrapunkten jeder einzelne selbst s e i n
e n Punkt finden kann. So sehr waren mein Vater und so viele andere Menschen damals im Hitlerismus befangen. Wären wir –
durchschnittliche deutsche mittelständige Bürger und hätten wir
damals gelebt – es auch gewesen? Vielleicht ist dies alles noch zu
nah, um darauf ehrlich antworten zu können. Daher anders gefragt:
Wie hätten wir uns zur Zeit Karls des Großen verhalten, oder wie
werten wir ihn heute? Manche schildern ihn als Schlächter, andere
wiederum sehen den großen Kulturmenschen, der in hohem Umfang Bildung unter das Volk brachte und eine hochentwickelte
Staatsführung betrieb. Es ist unmöglich ihn wirklich gerecht zu beurteilen. Müssen wir nicht froh sein, wenn wir den Minimalanfor-
derungen an faire, ehrliche und gerechte Politik genügen können?
Aber nicht einmal das schaffen wir heute, ständig werden Steuer-
betrug bei hochgestellten Personen bekannt, ständig erhöhen sich
die Parlamentarier ihre Diäten selber und keiner traut sich den Chinesen die Wahrheit über Tibet und die Uiguren zu sagen, weil die
Wirtschaft dann etwas einbrechen könnte. Was sind wir für zivil-
couragierte Menschen!

1. 2 Der symbolische, imaginäre und der reale Vater.

Dieses 20. Jahrhundert muss anfänglich im sozialen Umgang schon eine sehr andere Zeit gewesen sein, und doch – wenn man sich die Geschichte generell ansieht, stellt man fest, dass ein paar Generationen meist keine so grundsätzlichen Änderungen bewirken. Noch waren damals die europäischen Mächte Weltmächte, sie besaßen weltweit Kolonien und das Schicksal der Welt entschied sich noch sehr stark in Europa. Zwischen Frankreich, England und Deutschland ging es immer noch um Fragen der Hegemonie. Das ist für uns heute unvorstellbar. Ein ernsthafter Streit zwischen Deutschland und Frankreich würde heute kindisch wirken angesichts der Weltmächte China und Amerika und der ganz anders gelagerten globalen Probleme. Die UNO würde Blauhelme an den Rhein, nach Paris und Berlin, entsenden, auch das ist einfach nicht vorstellbar. Reine Machtpolitik ist also zumindest innerhalb Europas lächerlich geworden – aber was ist dann überhaupt Politik?

Die Arbeit in dieser Abteilung (Staatsrechtlichen Abteilung III) war sehr interessant, zumal ich häufig nach Berlin fahren und dort Verhandlungen mit den zuständigen Herren des Reichs- und Preußischen Wirtschaftsministerium zu führen hatte. Alle Türen dort waren geöffnet. Ich hatte nicht nur mit Sachbearbeitern, Referenten und Abteilungsleitern, sondern häufig auch mit der Führung des Hauses zu verhandeln. Ich erschien nicht als wissenschaftlicher Hilfsarbeiter, als Assessor, sondern als Angehöriger des Stabes des Stellvertreters des Führers, mit dem zuammenzuarbeiten und gute Beziehungen zu erhalten, natürlich für die in Betracht kommenden Herren des Ministeriums zweckmäßig war.

Sachprobleme standen im Vordergrund, parteipolitische Erwägungen spielten im Großen und Ganzen keine entscheidende Rolle. Für die Partei selbst war die Abteilung II, die sogenannte „Parteiabteilung" zuständig, in der keine Beamten, sondern aus den Parteidienststellen abgeordnete Parteigenossen arbeiteten. Ihr oblag die Bearbeitung der von den Parteidienststellen und den angeschlossenen Verbänden vorgelegten Berichte und die Leitung der Partei und der angeschlossenen Verbände, soweit der Stellvertreter des Führers, Rudolf Heß, für eine solche Leitung zuständig war und die Zuständigkeit in Anspruch nahm.

Zwischen der Staatsrechtlichen Abteilung III, die so gut wie ausschließlich von qualifizierten Beamten beherrscht wurde, und der parteipolitischen Abteilung II, in der lediglich von Parteidienststellen abgeordnete Parteigenossen tätig waren, bestand eine dauernde Rivalität, um nicht zu sagen, eine dauernde Spannung. Die Beamten der Staatsrechtlichen Abteilung III wurden nicht als ganz „echte Nazi" von den Parteigenossen der Abteilung II betrachtet, die aber im übrigen ausbildungsmäßig nicht so geschult und den Sachbearbeitern der Abteilung III durchweg unterlegen waren. Man kann ohne Übertreibung sagen, dass den Mitarbeitern der Abteilung III, insbesondere auch ihrem Leiter, Ministerialdirektor Dr. Sommer, enges, stures, parteipolitisches Denken und Handeln fremd waren und dass eine auf die Sache als solche ausgerichtete Arbeit geleistet wurde, die sich oft über enge parteipolitische Vorstellungen hinwegsetzte und den in Betracht kommenden Reichsministerien ihre sachliche Arbeit erleichterte.

Bereits nach wenigen Wochen wurde ich Reichsleiter Bormann, einige Zeit später auch Rudolf Heß persönlich vorgestellt. Meine sachliche Arbeit fand offensichtlich bei beiden Herren eine gewisse Anerkennung; denn ich wurde öfters beauftragt, wirtschaftliche oder wirtschaftspolitische Probleme Reichsleiter Bormann, in einigen Fällen auch Rudolf Heß, mündlich vorzutragen. In zunehmendem Maße wurde ich dabei auch damit beauftragt, „Beschaffungs-, Bewirtschaftungs- und Versorgungsaufgaben" zu übernehmen. Diese Arbeiten wurden zunächst neben meinen Aufgaben in der Abteilung III (Wirtschaftsreferat) erledigt, nahmen dann aber - etwa ab 1941/42 - in einem Ausmaß zu, dass ich meine Tätigkeit in der Abteilung III zurückstellen und schließlich aufgeben musste, um sie zu bewältigen.

Bormann legte großen Wert darauf, die von ihm betreuten Bauvorhaben Hitlers, insbesondere die Bauvorhaben auf dem Obersalzberg, ungestört und ohne viel Aufsehen weiterbauen zu können, ohne dass der damals von ihm noch sehr gefürchtete „Generalbeauftragte für den 4-Jahresplan", Generaloberst, später Reichsmarschall Göring, durch diese Großbauvorhaben herausgefordert, den Weiterbau untersagen, erschweren oder sogar eine Entscheidung Hitlers selbst herbeiführen würde. Es kam also darauf an, alle auftauchenden Probleme im Wege der

„Geheimdiplomatie" zu erledigen, und das war oft nicht ganz einfach. Man bedenke schließlich, dass auf dem Obersalzberg zeitweise einige tausend Arbeiter, zwischen 3.000 und 4.000 Arbeiter, beschäftigt waren, die dort bzw. in der Umgebung versorgt und untergebracht werden mussten. Man vergesse ferner nicht, dass alle Baumaterialien, von Steinen, Sand und Zement angefangen bis zu den höchstwertigen Gütern Tag für Tag, Sommer wie Winter, auf den Berg gebracht werden mussten

Was ist überhaupt Politik, habe ich gefragt, und ich denke heute, dass es wohl immer schon und auch in der Zukunft nicht viel anderes als eine derartige Geheimdiplomatie war. Auch bei den bayerischen ‚Amigos' (Franz J. Strauß, Gerold Tandler, Gustl Lang und etlichen anderen) Ende des letzten Jahrhunderts ging es nicht anders zu. Edmund Stoiber, langjähriger bayerischer Ministerpräsident, machte noch schnell sein BMW-Geschenk rückgängig, als sein Vorgänger Max Streibl über diese korrupten Vorgänge stolperte. Doch die bayerische Striezl- und Spezl-Wirtschaft hat nie ganz aufgehört wie man bei dem Covid-19 Maskendeal und -skandal wieder erfahren konnte. Gut, sie gingen nicht so weit andere Menschen zu ‚homini sacres' zu erklären, wie sie der Philosoph G. Agambens nannte.[49] Damit war in der römischen Antike nicht die ‚heiligen Menschen' gemeint, sondern besonders die, die aus der Gemeinschaft gedrängt, ausgeschlossen und – noch schlimmer – jederzeit getötet werden durfte, ohne dass dies als ein Verbrechen geahndet oder als rituelles Opfer anerkannt würde. Das Wort sacer bedeutete ja nicht nur ‚heilig', ‚religiös', sondern auch das scheinbare Gegenteil, ‚verderbt'. Agambens meint nun, dass es also immer so einen Rest - Menschen in der Gesellschaft gab, der einfach nicht anders integriert werden konnte als dadurch, dass man ihn – wie eben auch in Auschwitz, in Srebreniza, in Dafur, in Ruanda, in Syrien – als etwas Absonderliches ansah und ihn gerade wegen dieser Enigmatik zum Töten freigab.

Dies hieß also nicht, dass man ihn grundsätzlich hasste oder töten wollte. Denn den homo sacer gab es immer und wird es vielleicht immer geben, philosophiert Agamben, schließlich hatte er ja auch

---

[49] Agamben, G., Homo sacer. Sovereign Power and bare Life, Stanford University Press (1998) Gemeint ist auch wieder der metaphorische Vater, der Ur-Name.

etwas ‚Religiöses' an sich. Er ist einfach ein Rest-Mensch, der manchmal gar nicht auffällt, ein solcher zu sein. Doch wenn dies die ganze Erklärung wäre, wären wir hier schon wieder am Ende. Gewiss waren die Juden im Dritten Reich homini sacres gewesen, sie waren schon seit langem Ausgeschlossene und in sich Eingeschlossene, kurz ‚Restmenschen'. S. Freud gibt in seinem Buch ‚Der Mann Moses und die monotheistische Religion' für diese Ausschließung eine einfache psychologische Erklärung. Die Juden haben immer so getan, als seien sie die Lieblinge des ‚Vaters', als hätten sie also einen besonders guten Zugang zu der gerade oben erwähnten Vater-Metapher, zu dieser ‚Geistigkeit', Universalität und Religiosität, und damit hätten sie seit jeher den Neid ihrer Umgebung herausgefordert. Den Christen sei es aber letztlich nicht anders ergangen, auch sie hätten wesentliche Aspekte der ‚Sinnlichkeit' der ‚Geistigkeit' opfern müssen.[50] Der auf körperliche Stärke und Sinnenhaftigkeit aufbauende Nationalsozialismus musste daher auch beide bekämpfen. Intellektualisierende Geistigkeit erschien ihm dekadent.

Auch Byung-Chul Han meint, es gäbe heute genauso wieder homini sacres, die jedoch nicht mehr vorwiegend Ausgeschlossene wären, sondern solche, die in ihrem System, nämlich in der heute übertechnisierten und hyperkommunizierenden Welt vollkommen Eingeschlossene sind.[51] „Die heutigen supervernetzten Gesellschaften und Staaten geben die Devise einer positiven Konsumwohlfahrt aus, deren reibungslose Wunderwelt gerade wegen ihres Glanzes in den Abgrund ständiger Verblendung führt. An die Stelle früherer repressiver Ordnung, also einer „disziplinarischen Orthopädie, treten jetzt Schönheitschirurgie und Fitnessstudios. Sexness und Fitness werden zu neuen ökonomischen Ressourcen, die es zu vermehren, zu vermerkten und auszubeuten gilt," so Byung-Chul Han weiter, und: allen wird Selbstoptimierung und entblößende Selbstdarstellung suggeriert, d. h. alles ist bereits zur Selbstversklavung emporgejubelt. Schlau wie wir sind, haben wir heutzutage längst diesen ‚Restmenschen' einen besonderen Minderheitenstatus zugestanden, sie besonders toleriert und in irgendeiner Ecke ‚sozial integriert'. Alle funktionieren gleich und manche eben noch

---

[50] Freud, S., GW Bd. XVI, Fischer (1999) S. 191-246
[51] Byung-Chul Han, Psychopolitik, Fischer (2016) S. 38

‚gleicher'. Sie werden nicht physisch, aber psychisch getötet. Von der Psychoanalyse her gesehen lässt sich sehr gut verstehen, dass der homo sacer nichts anderes ist als der Gegensatz, ja der Widerspruch zum überangepassten Normalmenschen. Dieser Widerspruch zieht sich bis tief ins Unbewusste hinein.

Der Obersalzberg und Linz waren die Domäne Bormanns, der wie erwähnt, auch die persönlichen Angelegenheiten Hitlers bearbeitete. Er kümmerte sich um Frau Bechstein, die Frau des bekannten „Bechstein-Flügel"-Fabrikanten, eine ältere, sehr charmante und feine Dame, die Hitler in der Kampfzeit protegiert und ihr "Wölfchen", wie sie mir einmal erzählte, in die Gesellschaft eingeführt hatte, und um Eva Braun, Hitlers Lebensgefährtin und - spätere - Frau. Er sorgte für die sogenannte "Führer-Wohnung" am Prinzregentenplatz 16 in München und nahm sich all der vielen kleinen und großen Aufgaben an, die erledigt werden mussten, um Wünsche Hitlers zu erfüllen.

Dabei muss zugegeben werden, dass Hitler persönlich bescheiden und zurückhaltend war, für sich selbst eigentlich nichts oder kaum etwas verlangte. Es ging um die vorstehend kurz erwähnten, speziellen Aufgabengebiete, für die sich Hitler besonders interessierte und Wünsche äußerte. Bormann, der zunächst nur Stabsleiter des Stabes des Stellvertreters des Führers, Rudolf Heß, gewesen war und nach dem berühmtberüchtigten England-Flug von Heß die Leitung der aus dem "Stab des Stellvertreters des Führers" entstandenen ‚Parteikanzlei" übernommen hatte, war besonders stolz darauf, als es ihm im Laufe des Krieges gelang, Hitler zu bewegen, ihn offiziell auch zu seinem "Sekretär" zu ernennen. . . .

Als Sekretär des Führers befand sich Bormann, von Ausnahmen abgesehen, ständig in der Umgebung Hitlers, gab Befehle und Anweisungen Hitlers weiter und gewann eine von allen Partei- und Staatsgrößen sowie den hohen Militärs gefürchtete Macht. "Ohne Bormann geht nichts." "Alles läuft nur über Bormann." Er bestimmte, wer zu Hitler vorgelassen wurde, soweit nicht besondere Anordnungen Hitlers vorlagen oder während des Krieges die Adjutantur des Führers besondere Termine für hohe Militärs vereinbarte. Hitler vertraute ihm völlig, und das, von seinem Standpunkt aus gesehen, mit Recht, weil Bormann es als seine Lebensaufgabe betrachtete, alle Wünsche Hitlers zu erfüllen und seinen Befehlen nachzukommen.

Die Frage nach der *Grund*-Metapher, die also irgendwie mit den Identitäts- und Losungsworten – mit dem Einen in der Vielheit und den Antworten auf die Fragen nach Politik und Kultur – zu tun hat, stellt sich neuerdings auch auf der Ebene der Anthropologie, der vergleichenden Religionswissenschaft und anderer akademischer und allgemein wissenschaftlicher Disziplinen mit gewohnter Heftigkeit. So etwa stellt der Ägyptologe im J. Assmann die Frage nach der Bestimmungslogik in Form einer „Gedächtnisgeschichte", das heißt nicht nur in Form einer faktischen Historie, sondern speziell in der kulturellen Überlieferung der bestimmungslogischen Funktionen im Gedächtnis der jeweiligen Menschen. Er spricht hier auch vom "kulturellen Gedächtnis".[52] Demnach bestand im alten Ägypten ein Kosmotheismus und weniger ein Polytheismus. Die paternale oder bestimmungslogische Funktion war verborgen in einem komplexen System der Schöpfung, in dem die sichtbaren Dinge, insbesondere aber auch Bezüge zum Sternenhimmel in einem Schöpfungs-Mythos mit zahlreichen Göttern verbunden war. Die mosaische Religion will sich dagegen – so Assmann – von dieser stark bildhaften, sinnenfreudigen, kosmotheistischen Religion unterscheidend absetzen. Die *Spricht*-Religion will sich sozusagen von dem *Strahlt*-Kult klar differenziert und als geistig höher eingestuft wissen, hat aber gerade dadurch den Streit in die Welt gesetzt, meint Assmann. Und damit ist der Pro / Anti – Pro – Komplex wieder in vehementer Form da.

Dieser Auffassung Assmanns widersetzte sich nämlich ganz entschieden der Judaistiker P. Schäfer. Er greift Assmann an, dass dieser letztlich einem Antisemitismus das Wort rede.[53] Wenn der jüdische Monotheismus nichts anderes ist als ein Feind des sinnenfrohen *Strahlt*-Theismus, dann werden den Juden wieder die Probleme in die Schuhe geschoben, weil ihre Religion generell eine überstrenge, puritanische Moral- und *Spricht*-Religion sei. Schäfer ist gläubiger Jude, und er ist der Auffassung, dass es die Tradition als solche ist, die auf ewig im Gedächtnis der Menschen erhalten bleiben sollte. Was Gott, der G, o und doppelt-t einmal gesagt hat, sollte immer gelten und der Ägyptologe ist so auf einmal wieder

---

[52] Der Begriff Kultur ist viel zu kurz gefasst, Kulturen überdauern gerade nicht die Jahrtausende, schon gar nicht im Gedächtnis des Gehirns.

[53] Schäfer, P. Das Jüdische Monopol, SZ, 11.8.04, Seite 12

der Feind des Judaistikers, der ägyptenfreundliche Deutsche der Feind des orthodoxen Juden. Und sie giften sich an wie eh und je.[54]

Auch im kulturellen Bereich finden sich die gleichen Probleme. Die Intendantin der Ruhrtriennale, S. Carp, wollte die propalästinensische BDS genauso wie die Leader der jüdischen Organisatinen zu einem Festival einladen. Mit dem Antisemitismusvorwurf wurde massiver Druck von der nordrheinwestfälischen Regierung auf die Intendantin ausgeübt, sie verteidigte sich jedoch klug mit dem Argument notwendiger, offener Diskussionsfähigkeit.[55] So ist also der alte Konflikt wieder da, der seit jeher zwischen einem Pro und Anti-Pro auf all diesen Ebene geherrscht haben soll, und der speziell unsere europäische Geschichte so schrecklich belastet hat und im Vorderen Orient immer noch belastet. Das Erstaunliche ist nur, dass er – wie gesagt – genauso mit gleicher Heftigkeit im rein wissenschaftlich-akademischen und kulturellen Feld ausgetragen wird wie früher im politischen. In einer neueren Arbeit verteidigt Assmann seine Thesen nunmehr speziell auch in Bezug auf Freud und die Psychoanalyse.[56] Nicht ganz zu Unrecht wirft er Freud vor, dass dieser das Gedächtnis vorwiegend biologisch auffasse. Doch nunmehr wird das Problem erst recht gravierend, denn biologisch ist nicht das ganz richtige Wort.

Bei Freud gibt es nämlich zwei Gedächtnisse und keines ist vorwiegend biologisch zu verstehen. Neben dem mehr dem Expliziten nahestehenden Alltags-Gedächtnis gibt es bei Freud noch dasjenige, das am besten seine Inhalte speichert, diese aber am schlechtesten erinnern kann (und das man eher dem Impliziten zuordnen muss). Was verdrängt wird, benötigt nämlich einen besonderen Aufwand und ist dadurch besonders gut (sozusagen ständig aktiv) gespeichert, wird aber nicht oder nur sehr schwer erinnert (was man in der Psychoanalyse Widerstand nennt). Nur die psychoanalytische Arbeit kann – vermittels ihrer generellen Wortnahheit –

---

[54] In seinem neuesten Werk ‚Exodus' versucht Assmann eine gewisse Kehrtwende, doch in einer neuesten Stellungnahme zählt er wieder die ‚puritanische Verschärfung' in der Religion zum Hauptverursachen von Gewalt (Osnabrücker Zeitung, 16. 1. 2017).

[55] Tholl, E., ‚Übertrieben und unverhältnismäßig', SZ vom 9. 8. 2018, S. 11

[56] Assmann, J., Siegmund Freud und das kulturelle Gedächtnis, Psyche Nr. 1, 2004

etwas aufdecken. Vom mehr bildhaften Anteil des impliziten Freud'schen Gedächtnisses bleibt jedoch immer etwas weitgehendst völlig unbewusst, das Ur-Verdrängte. Assmann hat also Freud nicht ganz richtig verstanden, wenn er auch sonst mehr auf dieser modernen wissenschaftlichen Seite steht.

Bei Assmann – könnte man vereinfachen – geht es fast eher um eine Erinnerungsmethode als um ein „Gedächtnis" (das man jetzt in Anführungszeichen setzen muss). Diese Erinnerungsmethode ist irgendwie in der Kultur verborgen. Doch auch die gebetartige Wiederholung und Deutung der Schriften wie sie der Judaistiker P. Schäfer propagiert, hat etwas von einem beschwörenden Erinnerungsverfahren an sich. Weder das Traditionelle der Schrift und auch das, was Assmann das "kulturelle Gedächtnis" nennt, sind für die Diskussion über Gedächtnis und Erinnerungsmethode, über Speichermedium und Ur-Verdrängung gut geeignet. Denn es existieren zweierlei Probleme. Einerseits geht es um das von Schäfer als durchaus richtig erkannte Problem, dass bei Assmann die *Strahlt*-Kultur der *Spricht*-Kultur entgegensteht, und beide kämpfen sozusagen darum, wessen „Gedächtnis" (Speichermedium? Erinnerungsmethode?) nun das bessere ist. Denn die jüdisch-christliche Tradition ist ja nichts Schlechtes. Doch es geht ja auch um das Problem des *Unbewussten*, insofern der Begriff „kulturell"

aber auch „traditionell" sich damit überhaupt nicht verträgt. Schon daran kann man sehen, dass der Pro- / Anti-Pro – Komplex etwas Unsinniges ist. Ohne etwas wirklich ‚Transsubstanziierendes' ist ein Gedächtnis und eine Erinnerungsmethode nur etwas Vordergründiges, um das ein sinnloser Streit tobt.

Mein Großvater Bartolomäus Rudolf Hummel [Bild oben] machte den Krieg 1866 Österreich gegen Preußen mit, zu seinem Glück nicht bei der österreichischen Nordarmee, die bei Königgrätz von den Preußen geschlagen wurde, sondern bei der österreichischen Südarmee, die gegen die Italiener siegreich operierte. In der Schlacht bei Custozza am 24. Juni 1866 hat mein Großvater

mitgekämpft. Er wurde wegen Tapferkeit vor dem Feinde ausgezeichnet . . . im Jahre 1878 zum Hauptmann I. Klasse beför-
dert . . . Kaiser Franz-Joseph erhob den verdienten Offizier im
Jahre 1892 in den Adelsstand.

Im Jahre 1895 erfolgten die Beförderung meines Großvaters
zum Oberst, 1897 die Ernennung zum Kommandanten des Österreichischen Infanterieregiments Nr. 98 „Erzherzog Ludwig
Salvator" und im Juli 1899 auf eigenes Ersuchen die Verset-
zung in den Ruhestand als Generalmajor und als Ritter des Or-
dens der kaiserlich-österreichischen Eisernen Krone, der dem
deutschen Orden „Pour le mérite" entspricht.

Das sind Worte über einen Großvater, oder vielleicht sogar über
einen *großen* Vater (gebräuchlicher ist der Begriff des großen
Mannes)? Und doch auch – obwohl ich die Zitate schon deutlich
gekürzt habe – Worte aus einer ganz anderen Welt mit einer ganz
anderen Wertung als wir sie heute haben? Mein Vater schreibt dies
alles mit Stolz und Wehmut, auch wenn schon zu seiner Zeit – gegen Mitte des zwanzigsten Jahrhunderts – manches nicht mehr so
stramm und knochentrocken konservativ gehandhabt wurde. Unserer heutigen Zeit gegenüber – über den Anfang des einundzwan-
zigsten Jahrhunderts hinaus – klingt dies alles total antiquiert, rigi-
de und unverstehbar. In den Parks und Straßen finden sich heute
die Partymeilen, viel Aktionismus in Kultur, Sport, Konsum und
den berühmten social media Kanälen. Ja warum nicht? Schließlich
sind Orden und militärische Verdienste irgendwie überholt.

Irgendwie, denn wenn man sieht, wie China heute einen total
strammen, starr durchorganisierten Staatsapparat aufbaut, der mit
Belohnungspunkten und Strafmaßnahmen durchsetzt ist und bei
der Hundertjahr Feier der chinesischen KP von der ‚großen Mauer
aus Stahl' spricht, den 1,4 Milliarden Chinesen darstellen, fühlt
man sich mehr als hundert Jahre zurückversetzt.[57] Ich werde im
Teil II meines Buches noch darauf zurückkommen. Und auch auf
den Historiker W. Laqueur werde ich noch zurückkommen, der auf
einer Tagung jüdischer Zeitzeugen im Mai 2012 im Schloss Elmau
sagte, dass die Menschen aus der Geschichte nichts lernen. Denn
tatsächlich, alle fangen wieder so an, als wüssten sie von nichts,

---

[57] Bericht aus der SZ vom 2. 7. 2021, S. 9

weil offensichtlich die zwei Gedächtnisse, die Freud postulierte, nicht zusammengebracht werden können. Ich erwähne jetzt mein Lieblingswort von der ‚Transsu . . . .' nicht, das mir wieder auf der Zunge liegt, aber anscheinend realitätsfremd ist.

Unmöglich also, diese Zeit meines Urgroßvaters irgendwie vollends darzustellen, es ist ein Stück entschwundener Geschichte. Wir können vorerst nur sehen, dass die unterschiedlichsten Welten nebeneinander immer schon bestanden haben und es auch weiter werden. Verstehen kann ich meinen Urgroßvater durchaus, der noch in der von einer nostalgischen Gloriole umschwebten Zeit der K & K – Monarchie lebte. Der Schriftsteller Joseph Roth hat das Ende dieser Glanzzeit seelisch nicht überwinden können, trotz seiner beruflichen Erfolge verfiel er depressiv dem Alkohol. Ich stelle mir vor, dass das Offiziersleben damals eingebettet war in die Gesellschaft noch mächtiger klassischer Werte und Symbole. In ihren prächtigen und farbigen Uniformen waren die Offiziere äußerst angesehene Leute. Hätte es so wie heute Meinungsumfrageinstitute gegeben, hätten sie weit bessere Umfrageergebnisse für das Ansehen der Offiziere ermittelt als heute für Universitätsprofessoren (die allerdings auch zunehmend schlechter abschneiden). Heutzutage stehen wir Ärzte ganz oben (gleich nach den Feuerwehrmännern), aber wenn unser Beruf weiter bürokratisiert wird und immer mehr Ärzte als Operations- und Chemiefixiert, und dazu noch betrügerisch und korrupt auffallen, wird sich dies ebenso ändern wie das Ansehen der Offiziere von damals.

Ich verstehe also meinen Urgroßvater, seine glänzende Karriere, seinen Ruhm und sein Umfangensein von einer noch in sich und seinen Werten gültigen großen Gemeinschaft (dem Bild einer Gloriole). Aber ganz begreifen kann ich die Geschichte des neunzehnten und zwanzigsten Jahrhunderts als einer Zeit, in der die europäische Vormachstellung in der Welt zugrunde ging, ich muss es wieder so sagen, allerdings nicht. War K & K eine phantastische Illusion, eine noch nicht ausreichend gewürdigte Höchstkultur, eine ästhetische aber eben auch morsche Pracht? Hat Europa sich nicht selbst zugrunde gerichtet? Und auch die damaligen Wissenschaften, einschließlich der Psychoanalyse Freuds, können wir heute nicht mehr so werten, wie damals, wenn auch die Vaterschaft, die Paternalität Freuds, nicht angetastet werden kann. War doch gerade die Missachtung des Vaters, ja der Vatermord, der ‚tote Vater' sein zentrales Thema. Man kann die Bestimmer nicht kaltstellen, ohne das neuzehnte Jahrhundert gäbe es das heutige Deutschland nicht und ohne Freud könnte ich dieses Buch nicht schreiben. Aus diesem Grund benutze ich für meine Argumentation diese grundlegende Metapher, diese Vater-Bestimmer-Logik, in der gleichen Weise wie den Begriff der Ur-*Übertragung* oder der ‚Transs . . . ,' Sie alle bezeichnen den Dreh- und Angelpunkt um den mein Schreiben in diesem Buch kreist. Für Lacan spielt der großzuschreibende *Andere* die gleiche Rolle, etwas, das innen und außen gleichermaßen wirkt. Doch nunmehr wiederum eine zeitlich vorgezogene Darstellung aus dem Buch meines Vaters.

Vorgestellt wurde ich Hitler ihm im Frühjahr 1939 in Linz, als er nach der Besetzung des Protektorats Böhmen und Mähren mit einem durch Flakgeschütze und militärische Begleitkommandos geschützten Sonderzug in Linz eintraf. Bormann hatte den für Linz zuständigen Architekten, den Reichsbaurat für die Stadt Linz an der Donau, Professor Roderich Fick, und mich nach Linz bestellt. Hitler wollte dort die wichtigen Pläne für die Neugestaltung der Stadt besprechen. An diesen Besprechungen hatte ich als der für den materiellen Sektor für die Realisierung dieser Vorhaben zuständige Mitarbeiter teilzunehmen. Die Vorstellung fand im Hotel "Weinzinger" statt, dessen Abriss bei dieser Gelegenheit definitiv beschlossen wurde. In unmittelbarer Nähe des Hotels sollte als Abschluss des Marktplatzes nach der Donau hin das Oberfinanzpräsidium treten, das später auch erbaut wurde. Für die Besprechung Hitlers im Hotel "Weinzinger", das ein etwas abgewirtschaftetes, um nicht zu sagen heruntergekommenes, aber immer noch als erstes Haus am Platz anerkanntes Hotel war, hatte man ein größeres Zimmer ausgeräumt und zu einem Besprechungsraum eingerichtet. Wie immer, wenn eine Besprechung über Architektur und Baufragen anstand, befand sich Hitler in der besten Laune. Er begrüßte Professor Fick sehr freundlich. Anschließend stellte mich Bormann vor:

"Mein Führer, darf ich Ihnen den Regierungsrat Dr. von Hummel vorstellen?"

Händedruck, Lächeln. Der "große" Augenblick war vorüber. Ich war persönlich dem damals mächtigsten Mann Europas,

vorgestellt worden. Anschließend traten wir in die Sachbespre-
chung ein, die im wesentlichen natürlich von Hitler und Professor Fick bestritten wurde. Nach der Vorstellung und der ersten
Besprechung in meiner Gegenwart wurden wir zum Mittagessen im Hotel "Weinzinger" eingeladen. Entweder bei diesem
ersten Mittagessen oder bei einem zweiten, bald darauf folgenden Mittagessen im Hotel "Weinzinger" sprach Hitler, der sich
während des ganzen Mittagessens über alle möglichen Themen ausgelassen hatte, über die sich seiner Ansicht nach ab-
zeichnende Kriegsgefahr. Ich erinnere mich dieses Gesprächs
noch genau. Das Thema wurde angeschnitten, als die Nach-
speise, frische Himbeeren, serviert wurden. Sinngemäß führte
Hitler dabei aus, mit der Erledigung der Rest-Tschechoslowakei
sei es nicht getan, die Westmächte rüsteten auf und von einem
bestimmten Zeitpunkt an würde der derzeit noch bestehende
Rüstungsvorsprung Deutschlands gegenüber den Westmäch-
ten immer geringer werden und verschwinden.

Mit großem Nachdruck wies er darauf hin, er würde nicht den-
selben Fehler machen, den man Wilhelm II. vorwerfen könne.
Wilhelm II. habe die Einkreisung Deutschlands erkannt, darauf
aber nicht rechtzeitig reagiert. Er hätte vor 1914 losschlagen
müssen, als die Entente cordiale noch nicht geschaffen worden
war oder sich im Anfangsstadium befunden hatte. Ein Schlag
gegen den Westen sei richtig gewesen, als Russland nach dem
verlorenen Krieg gegen Japan zu einem Krieg gegen Deutschland außerstande gewesen sei. Wenn es zu einer Auseinandersetzung kommen müsse, dann sei es notwendig, selbst den
Zeitpunkt zu bestimmen, zu dem sie durchgeführt werde. Man
dürfe diesen Zeitpunkt nicht der Gegenseite überlassen. Für ein
oder zwei Jahre würde Deutschland in der Rüstung noch führen, insbesondere in der Luft. Ab Beginn der vierziger Jahre
aber würde der Trend allmählich umschlagen. Außerdem müsse die Auseinandersetzung geführt werden, solange er noch in
den besten Jahren sei. Wenn er älter geworden sei, könne er
nicht mehr garantieren, eine solch schwierige Aufgabe zu lösen. Mit irgendeiner Passage brachte Hitler damals zum Ausdruck, er rechne für den Herbst 1939 mit einer kritischen Zu-
spitzung.

Man vergisst nach Jahrzehnten natürlich viel. Das gilt auch für
mich. Die Besprechung in Linz, als wir die frischen Himbeeren

aßen, der Hinweis Hitlers, es sei unbedingt notwendig, den Rüstungsvorsprung zu halten und notfalls selbst zu handeln, wenn der Rüstungsvorsprung verlorenzugehen drohe, die von ihm als besonders kritisch bezeichnete Periode im Herbst 1939 sind mir aber heute noch in Erinnerung, so als ob sich diese Ereignisse gestern abgespielt hätten.

Die Sprache meines Vaters ist gut zu verstehen (wohl besser als meine), auch wenn man nicht begreift, wie diese einfache politische Logik sich doch zu so ungeheuerlichen Ausmaßen wie dem Zweiten Weltkrieg entwickelt hat. Ich bin voll der Überzeugung, dass die Sprache der damaligen Zeit in weitesten Kreisen so strategisch, taktisch und machtpolitisch war. Wir würden heute so nicht mehr reden, im Gegenteil: die Gefahr, dass China zur größten Militärmacht werden könnte bringt niemanden zur Überlegung, wie man es heute schon strategisch, taktisch, machtpolitisch und evtl. sogar militärisch einkreisen müsste. Die UNO hat heute wesentlich mehr Macht als der Völkerbund damals und gegen den gesamten Rest der Welt hätte selbst ein hochgerüstetes China Schwierigkeiten. Für uns heute ist der Terrorismus fanatischer Gruppen ein viel größeres strategisches Problem als die Machtspiele ganzer Nationen. Dass Atomwaffen in die Hände von ein paar Radikalen gelangen könnten, ist bei der Reichweite und Explosivkraft dieser Waffen eine enorme Gefahr. Die Ausstreuung von Milzbranderregern, die Verteilung von Nervengas, die Lähmung elektronischer Netze und Attentate mit Sprengstoff oder gar Plutonium können ganz kleinen Gruppen gelingen, und so sind wir heute in völlig anderer Weise gefährdet als noch vor 75 Jahren. Ohnehin ist der brutale, meist islamistische, aber auch linker und rechter Terrorismus schon zum weltweiten Krieg von heute geworden.

Wie stand es eigentlich um Hitlers Vaterbezug und um sein Verhältnis zum matrilinearen Überich? Hitler soll nach einer Psycho-Biographie von M. Koch-Hillebrecht „Eidetiker" gewesen sein, also jemand, der in seinem Gedächtnis mehr Bild-Zeichen, Bild-Wirkendes verwandte und nicht so sehr Sprach-Zeichen, Wort-Wirkendes. D. h. er habe ein starkes bildhaftes, sogenanntes „ikonisches Gedächtnis" gehabt, und damit ließe sich – behauptet der Autor – vieles an seinen Wirkungen und Konzepten ausreichend erklären.[58] Demgegenüber hätte er nicht über eine tiefe, ernsthafte Beziehung zum *Wort,* zum fundierten, vielleicht sogar philosophisch durchdachten, Begriff, verfügt. Damit hätten wir schon ein gutes Beispiel für diesen Dualismus des *Wort-Wirkenden / Bild-Wirkenden,* des Es *Spricht* / Es *Strahlt.*[59] Hitler soll also von seinen Bildern beherrscht gewesen sein und gab ihnen nur eine simple Sprache.

Noch mehr als der etwas pauschale Begriff des Eidetikers treffen psychoanalytische Erkenntnisse auf das Wesen Hitlers zu. Koch-Hillebrecht stellt zu Recht schon die problematische Ausgangsposition von Hitlers Geburt auf dieser Basis dar. So war die Verbindung seiner Eltern durch eine „Inzucht in Inzestnähe" charakterisiert. Es handelte sich um eine Ehe von Onkel und Halbnichte aus schon seit Generationen verbandelten Geschlechtern aus dem niederösterreichischen Waldviertel. Für die Eheschließung musste sogar vom Papst ein Dispens eingeholt werden, so nah wurde von katholischer Seite her die Verwandtschaftsbeziehung der Eltern gesehen. Hitler war all dies zumindest unterschwellig bewusst, und es liegt nahe, dass so stark emotional besetzte Vorstellungen wie die von der „Blutschande mit fremden Rassen" auch eine Quelle von daher besitzen, nämlich dass er diese Herkunft abwehrte, sie ihm widerwillig war. Auch der wohl beste Hitlerbiograph J. Kershaw bemerkt diese neurotische „Heimlichtuerei" um „sein persönliches Leben, seine Herkunft und seine Familie", die ihn von Anfang an sehr bestimmt hat.

Auf jeden Fall tritt man hier in den Bereich starker früher Prägungen ein. „Es steht außer Frage, dass die früheste Kindheit eine tiefgreifende Wirkung auf ihn [Hitler] ausübte".[60] Die Vorstellung, dass der Charakter in dem vielschichtigen Geflecht der familiären Prägung in Adolfs Kindheit ‚wurzelt', bedarf wenig Phantasie: Zu nennen sind die spätere gönnerhafte Geringschätzung für die Fügsamkeit von Frauen, die Herrschsucht und das Image des ‚Führers'

---

[58] Koch-Hillebrecht, M. Homo Hitler, Psychogramm des deutschen Diktators, Siedler (1999)

[59] Ich verwende die Ausdrücke des Bild- und Wort-Wirkenden in Analogie zu Lacans imaginärem und symbolischen (verbalen) Signifikanten, die den Realbezug des Es *Strahlt* und des Es *Spricht* herstellen sollen.

[60] Kershaw, I., Hitler, DVA (1998) S. 43

als strenge, autoritäre [besser würde man sagen: autoritative] Va-
terfigur; die Unfähigkeit, enge persönliche Bindungen einzugehen .
. und der allumfassende Hass, der Ausdruck eines unermesslichen
Selbsthasses gewesen sein muss, versteckt hinter der Maske des
Gegenteils, eines extremen Narzissmus. . . Wenn wir das Wissen
um Hitlers Zukunft außer Acht lassen, dann rufen die familiären
Gegebenheiten zumeist Mitgefühl für das Kind hervor, das ihnen
ausgesetzt war"..[60] R. Binion versuchte, Hitlers Mission, „Mutter-
boden" für das „Vaterland" zu gewinnen, in dem Bedürfnis zu sehen, die Mutter in Gestalt Deutschlands zu retten und zu rächen.[61]

P., K. Matussek und J.Marbach haben in einem zum Anfang des
Jahrhunderts veröffentlichten Buch zur psychischen Verfassung
und Persönlichkeit Hitlers fundierter Stellung bezogen.[62] Dabei
kommen die Autoren zu ähnlichen aber doch differenzierteren
Feststellungen. Sie bezeichnen nur das, was ich mit Es *Strahlt* /
Spricht etwas schematisch ausgedrückt habe, anders. Sie meinen,
Hitlers „privates und öffentliches Selbst" sei nicht wie bei einem
normalen Menschen in einem ausgewogenen Verhältnis zueinander
gestanden, sondern extrem entstellt, gespalten und in ihrer Kombinatorik unangepasst gewesen. Dazu bringen sie einleuchtende Beispiele. So hat Hitler im privaten Umgang mit vielen Menschen, vor
allem auch Frauen, eine Gefühlsarmut und Verklemmtheit gezeigt,
konnte wahrscheinlich überhaupt nie richtig intim werden, während er umgekehrt bei öffentlichen Auftritten so tat, als sei dies die
intimste Begegnung, die es für ihn gab (dann auch kam er mit den
Frauen wieder gut zurecht). Aus vielen nuancierten und gut beleg-
ten Beobachtungen heraus kommen die Autoren daher zu dem
Schluss, Hitler sei schizophren gewesen, aber es habe sich um eine
Schizophrenie gehandelt, die nicht völlig ausgebrochen sei. Die
Krankheit sei von seiner Umgebung und dem „Entgegenarbeiten"
seiner Bewunderer aufgefangen worden, so dass sie nicht klinisch
ganz manifest werden musste.

Dieses Resultat ist natürlich nicht ganz befriedigend. Man versteht
zwar, was die Autoren meinen, dass es sich bei Hitler um eine psy-

---

[61] Binion, R., Hitler´s Concept of „Lebensraum": the Psychological Basis, Hist. Child. Quarterly I (1973) S. 216-258
[62] Matussek, P., Matussek, K., Marbach, J, Hitlers Wahn, (2000)

chotische Struktur gehandelt habe, die sozusagen rein aus ihrem pathologischen Gerüst bestand, aber nur versteckt zum Ausbruch und zur äußerlichen Darstellung kam. Aber ist dann der Begriff Schizophrenie nicht etwas zu extrem, zu knallig? Gerade in der Wiener Zeit, wo Hitler das typische Alter für den Ausbruch einer Schizophrenie gehabt hätte und auch die äußeren Umstände für Hitler extrem psychosefördernd (Obdachlosigkeit, Kontakt- und Beziehungsarmut, etc.) waren und noch absolut niemand da war, der seine Symptome hätte auffangen oder gar ihm "entgegenarbeiten" können, waren nicht die geringsten Spuren einer manifesten Geisteskrankheit zu erkennen. Eher war er zu dieser Zeit ein eigenbrötlerischer, schizoider Psychopath, der diese trostlosen Jahre „ganz unten" erstaunlich gut überstand, wenn sie auch strukturbildend für vieles Spätere und Negative, waren. Auch später, in zahlreichen Verhandlungen mit Politikern, Generälen und den verschiedensten Persönlichkeiten diplomatischen, kulturellen und künstlerischen Lebens, behielt er klaren, wenn auch oft sehr pragmatisch einfachen Verstand. Viel eher war er moralisch böse, als schizophren.

Meine These, die ich dem bisher Gesagten entgegenhalten möchte, ist vielmehr die, dass Hitler eigentlich ein psychopathischer Durchschnittsmensch war, ein verklemmter Spießer, einer von Tausenden zum Teil gehemmten, z. Teil extrovertierten Männern, die sich ein gewisses Spezialgebiet angeeignet und eine politische Besonderheit gefunden haben und nun damit reüssieren. Ein banalperfider Mensch, der – wie H. Arendt es ausdrückte – perfekt die Banalität des Bösen verkörperte. Er war ein von Eitelkeiten und Geltungssucht getriebener extremer Spieler der Macht, und es ist schwer zu sagen, ob er durch und durch kriminell war. Er war böse und das Böse kommt eben oft im Gewand scheinbarer Alltäglichkeit daher, und alle Versuche, es als inkarniert in Monstern und sichtbaren Verbrechern zu schildern sind geradezu gefährlich! Deswegen ist es auch völlig verfehlt, Hitler als schizophren hinzustellen, weil wir dann durch eine einfache medizinische Diagnose das Problem des wirklich Bösen überdeckt und aus der Welt geschafft und verschleiert haben würden. Hitler würde als schuldunfähig gelten, eine verrückte Paradoxie.

Wenn man schon eine klassische psychiatrische Diagnose stellen will, dann müsste man sagen, dass Hitler an einer „dissoziativen Störung" gelitten hat, d. h. dass eine Dissoziation (Spaltung) zumindest ein wichtiges Charakteristikum einer evtl. mehr „schizotypischen Persönlichkeitsstörung" war.[63] P. Fiedler beschreibt diese Diagnose folgendermaßen: „Bei der schizotypischen Persönlichkeitsstörung können dissoziative Zustände einschließlich körperbezogener Illusionen beobachtet werden". „Sie ist gekennzeichnet durch `ein tiefgreifendes Muster sozialer und zwischenmenschlicher Defizite, . . das sich in mangelnder Fähigkeit zu engen Beziehungen zeigt. Weiterhin treten Verzerrungen der Wahrnehmung oder des Denkens und eigentümliches Verhalten auf' (Saß, Wittchen & Zaudig, 1996)".

In einer derartigen Diagnose finden nämlich auch eine gewisse, zeitweise Normalität und sogar kognitive Sonderleistungen ihren Platz, wie sie für Hitler typisch waren. Die Machtverhältnisse des damaligen Europa durchschaute und nutzte er perfide genial. Fiedler erörtert auch unglaublich reiche differentialdiagnostische Bezüge gerade zur Borderline-Neurose oder zur Schizophrenie und die Überschneidungen in diesen Bereichen. Andererseits ist Matusseks Gegenüberstellung eines privaten und öffentlichen Selbst, das bei Hitler geradezu vertauscht erscheint, sehr eindrucksvoll belegt und sicher zutreffend. Hitler hat sich tatsächlich bei öffentlichen Auftritten gebärdet, als führe er eine intime Handlung mit dem gesamten Auditorium durch (die starke Erregtheit, das Überschlagen der Stimme etc.), während er im privat intimen Bereich zweifellos gehemmt-schizoid war.

„Wie erklären wir", fragt sich auch I. Kershaw, „dass ein Mensch mit so geringen geistigen Gaben und sozialen Fähigkeiten, der außerhalb seines politischen Lebens wenig mehr als ein herrenlos auf den Wellen treibendes Boot war, . . der offenbar zu echter Freundschaft nicht fähig war und ohne den Hintergrund aufwuchs, der einen zu hohen Ämtern befähigt, . . wie konnte ein solcher Mann eine so gewaltige historische Wirkung entfalten, dass die ganze Welt den Atem anhielt? Vielleicht ist die Frage zumindest teilweise falsch gestellt. Denn erstens war Hitler sicherlich ein Mann mit

---

[63] Fiedler, P., Dissoziative Störungen und Konversion, Beltz (1999)

Scharfsinn, der sich auf sein ungeheuer gutes Gedächtnis verlassen konnte. Mit seiner raschen Auffassungsgabe gelang es ihm nicht nur, seine Entourage zu beeindrucken, . . sondern auch kühle, kritische und erfahrene Staatsmänner".[64] Auch Kershaw hält Hitler nicht für einen wirklich pathologischen Fall, er führt vieles in der Person Hitlers auf die Kindheitsentwicklung zurück und sieht einen starken Selbsthass und Narzissmus als grundlegende Charakteristika an.

In den Gutshäusern meiner großmütterlichen Familie, der bereits erwähnten mennonitischen Familie Janson in der Pfalz, gab es das sogenannte „Juddestübbche", das Judenstübchen. Die jüdischen Händler, insbesondere die jüdischen Viehhändler, in deren Händen weitgehend der Handel mit landwirtschaftlichen Produkten konzentriert war, wurden in diese Stuben geführt, die im Gutshaus nahe dem Haupteingang lagen. Dort wurden – mit vielen Scherzen und „Anfrozzeleien" durch meinen sehr witzigen und lebensfrohen Großonkel gewürzt – verhandelt, gehandelt, und anschließend wurde der jüdische Viehhändler, der im Monat ein- oder zweimal vorsprach, reichlich und nach den Vorschriften seiner jüdischen Religion bewirtet, wie mir meine Großmutter erzählte. Man achtete sich gegenseitig, blieb aber für sich und vermied allzu engen Kontakt, wie die Einrichtung des Judenstübchens bewies, dem man so eine Art „extraterritorialen Status" beilegte.

Die Auffassung, das Judentum in seiner Gesamtheit übe in bestimmten Sparten und Sektoren einen zu großen Einfluss aus, hatte nichts zu tun mit einer Abneigung oder gar einem Hass gegen den einzelnen Juden. Ich selbst war in meiner Studentenzeit einmal mit einem jüdischen Mädchen und einmal mit einer Halbjüdin befreundet und habe von rassischen Vorurteilen damals bestimmt nichts gehalten. Die wenigsten von uns, die später Nationalsozialisten aus Überzeugung wurden, sind zum Nationalsozialismus gestoßen, weil er in seinem Programm den Antisemitismus vertrat. . . . Von „Rasse" und „Rassenfragen" verstanden wir nichts und wollten auch nichts verstehen, weil wir sie nur als verworrene, überspannte Heilslehren betrachteten.

---

[64] Kershaw, I., Hitler, DVA (1998) S. 21

Auch von den wirtschaftlichen Ideen der NSDAP hielt ich nicht viel. Sie waren damals wirklich konfus, insbesondere die Thesen über die "Brechung der Zinsknechtschaft" und dergleichen mehr. Der Antisemitismus war für mich, und ich möchte hinzufügen, für die meisten meiner Bekannten und Freunde, ebenfalls nicht d e r Grund, sich der neuen Partei zuzuwenden. Wie bereits zugegeben, waren wir alle keine Philosemiten, im Gegenteil, ein gewisser Antisemitismus war latent vorhanden, hatte uns aber niemals zu irgendwelchen politischen Entscheidungen veranlasst.

Ich verweise auch dazu auf die . . .Ausführungen von Franz Oppenheimer, eines jüdischen Autors, der sehr dezidiert diese Meinung vertritt und begründet![65] Es war nicht der Antisemitismus, es war die Idee der "Volksgemeinschaft", die die meisten von uns gefangen nahm. Es war der damit verbundene Appell der Nationalsozialistischen Deutschen Arbeiterpartei an die Jugend, Opfer zu bringen, der zündete. Sicher gab es unter den Anhängern der Partei manchen, der aus Opportunismus, aus Berechnung und Selbstsucht zu ihr gestoßen war und sich materielle Erfolge von seiner Mitgliedschaft in der Partei versprach. Die Masse der Jugend aber war nicht gekommen, um für sich wirtschaftlich, materiell etwas zu erreichen. Sie hatten der Glaube, der Appell an die Opferbereitschaft, das Versprechen, für Ordnung, Sauberkeit und Gerechtigkeit zu sorgen, zu der Bewegung geführt. Wir waren begeistert, als wir feststellten, dass sich die NSDAP nicht nur an die bürgerlichen Kreise, sondern auch, vielleicht darf man sogar sagen in erster Linie, an die Arbeiterschaft wendete und versuchte, die völlig unter dem Zwang des Marxismus stehende Arbeiterschaft für den Gedanken des Vaterlandes und der Volksgemeinschaft zu gewinnen.

Mit Genugtuung erkannten wir, dass die neue Partei mit diesen Bemühungen Erfolg hatte. Anfangs noch sehr zögernd, mit der Zeit aber in immer größeren Scharen strömten auch Arbeiter, Arbeitslose in die NSDAP. . . Während die damalige "Deutsch-Nationale Volkspartei" sich aus dem Großgrundbesitz, dem Adel und den im Kaiserreich herrschenden Schichten zusammensetzte, die "Deutsche Volkspartei" aus dem nationalen, die "Deutsche Demokratische Partei" aus dem liberalen Teil der

---

65 FAZ vom 14.5.1986 Seite 10

früheren National-Liberalen des Bismarck-Reichs stammten, das "Zentrum" die katholischen Teile des Volkes erfasste und die "Sozialdemokratische Partei Deutschlands" sich als reine Arbeiterpartei deklarierte, setzte sich die NSDAP aus allen Schichten des deutschen Volkes zusammen. Neben dem Studenten, dem Akademiker, stand der Bürger, der Handwerker, der Bauer, der Arbeiter und der Arbeitslose. Die NSDAP war die erste echte Volkspartei, die sich nicht bestimmten Interessen eines Teiles des Volkes verschrieben hatte, sondern für das ganze Volk eintreten wollte. (Das "Zentrum" erfasste zwar auch alle Volksschichten, aber nur Katholiken!)

Ich glaube, dass mein Vater das alles so empfunden hat und wohl zu spät – erst gegen Ende des Krieges – die Verbrechen, den Genozid an den Juden und den Wahnsinn des Krieges (vor allem des Russlandfeldzugs) erkannt hat. Heute sind wir freilich klüger, was nicht heißt, dass wir auch selbstkritischer, politologischer denkend oder gar weiser sind als die Menschen damals. Es ist sehr schwer sich ein bisschen differenzierter und einfühlender zu äußern, weil man sehr schnell in eine zumindest halbrechte Ecke gestellt werden kann, von dessen heutiger Form ich noch weniger halte, weil sie einfach total aus der Zeit gefallen ist und mit dem derzeitigen Globalismus übethaupt nicht zurecht kommt. Später noch einmal mehr dazu.

1. 4 Das Es *Strahlt* und das Es *Spricht*

P. Mishra hat in seinem Buch ‚Aus den Ruinen des Empires' klargelegt, wie sehr Europa und der sogenannte ‚Westen' Asien und
den Orient verkannt hätten und dies bis heute noch tun.[66] Er zitiert
R. Tagore, der 1913 den Nobelpreis für Literatur erhalten hatte und
überall auf der Welt als Weiser, Mystiker und Mahner zu ‚Spiritua-
lität' und Ethik gefeiert wurde. Tagores Urteil über den Westen
drückte sich darin aus, „dass ihre [der westlichen Gastgeber] moderne, auf dem Kult des Geldes und der Macht basierende Zivilisation ihrem Wesen nach destruktiv sei und der Mäßigung durch die
spirituelle Weisheit des Ostens bedürfe," schreibt Mishra. Dass Japan als Vertreter des Ostens 1905 zum ersten Mal die westliche
orientierte russische Armee besiegte, wurde laut Mishra in ganz
Asien und im Orient jubelnd gefeiert. Seit vierhundert Jahren west-
licher imperialer Kolonisation war nun ein Zeichen gesetzt worden,
das der Osten sich wehrte und eigene Ansprüche anmelden konnte.

K. Okahura, einer der Philosophen Japans, schrieb damals: „Asien
ist eins. . . Arabische Ritterlichkeit, persische Poesie, chinesische
Ethik und indische Philosophie, alles spricht von einem einheitlichen, friedvollen Asien, wo eine gemeinsame Lebensweise entstand."[67] Militaristische Widerstände gegen den Westen wie der
Taiping-, Boxer- und Sepoy-Aufstand zeigen auf andere Weise die
Problematik dieser beiden Welten, die mit den Begriffen wie Ost
und West nur unklar gekennzeichnet sind. Freilich ist zudem nicht
zu übersehen, dass Tagore und viele andere Verkünder östlicher
Lebensweisen große Schwärmer und Romantiker waren, die einsehen mussten, dass sie – auch wenn sie die großartige Geheimnis-
welt Asiens beschworen – umgekehrt die aufklärerische, intellektuelle Welt Europas nicht als ebensolches, jedoch als entzaubertes
Geheimnis respektieren sollten. Das letzte Wort in diesem Kultur-
oder Werte-Kampf ist also noch lange nicht entschieden. Es ist eine Frage des Diskurses, also der sprachlichen Vermittlungsart, wer
oder was gewinnen wird bzw. wer oder was gewinnen soll.

---

[66] Mishra, P., Aus den Ruinen des Empires, Die Revolte gegen den Westen und der Wiederaufstieg Asiens, Fischer (2013)
[67] Okahura, K., Die Ideale des Ostens, Insel-verlag (1922)

Der Kulturwissenschaftler S. Weidner hat in ähnlicher Weise mit einer aktuellen Veröffentlichung den Versuch gemacht, die kulturell-politische Auseinandersetzung zwischen Ost und West zu begreifen, um so einen Weg zu finden, wie die beiden konkret zusammengeführt werden könnten. [68] Der Autor hebt den Philosophen Francis Fukuyama hervor, der die westliche liberal-demokratische und wissenschaftliche Lebensform als weit überlegen ansieht und meint, man solle den Osten mit seiner mythisch verfassten Kultur nicht kritisieren, sondern ihn seinem Schicksal überlassen, bis er selber merken würde, welchen Vorteil der Westen bietet.[69] Dieser Art schweigsamer, mutistischer Erpressung ist wirklich der Gipfel einer subtilen, abendländischen Diktatur. Grund ist wohl die Angst vor dem Fremden. Daran ändern auch humanitäre und dem Osten mehr positiv zugewandte Dichter und Philosophen nichts, so Weidner. Selbst Goethe, Hegel, ja die gesamte westliche Literatur finden beim Autor kein Gehör. Dabei lehnt er den Westen und seine wissenschaftlichen Fortschritte nicht ab. Sie haben in seinen Augen jedoch wenig Wert, und es scheint, als würde er dem Osten fast den Vorzug geben. Doch letztlich betont er seinen Willen, eine übergeordnete Kultur- und Narrativ-Form zu finden, einen Kosmopolitismus, der beide Seiten versöhnen und verbinden würde.

Weidner stützt seine Argumentation hauptsächlich darauf, dass alles letztlich nur in der Form eines Narrativs zu fassen ist, also in Diskursen, in Arten des erzählerischen, gesprächsorientierten Austauschs. Die Spannung reicht vom Master-Narrativ (worin ich ein aus dem Unbewussten stammendes Es *Spricht* erkenne) bis zum Leer-Narrativ (worin ich das unbewusste Es *Strahlt* sehe), das der Autor speziell in der indischen (wiederum!) Bhagavatgita und den Lehren Gandhis verwirklicht glaubt.[70] Doch wie könnte nun ein übergreifendes, Ost und west zusammenbringendes, kosmopoliti-

---

[68] Weidner, S., Jenseits des Westens. Für ein neues kosmopolitisches Denken, Hanser (2018)

[69] Fukuyama, F., Das Ende der Geschichte, Kandier Verlag (1992)

[70] Ich muss hier einmal grundsätzlich erklären, dass für mich das Es Strahlt dem Freudschen Wahrnehmungs- bzw. Schautrieb zugehörig ist, also auch der unbewussten Schaulust, und das Es Spricht dem Entäußeruings- bzw. Sprechtrieb, der unbewussten Sprechlust.

sches Narrativ aussehen? Man müsste es wohl, so meint er, unter
das Dach einer ‚transzendenten Instanz‘ stellen, die nicht Gott sein
soll, sondern nur – einem Ausspruch der Philosophin H. Arendts
folgend – ein Recht auf Rechte oder gar eine allen zugehörige ‚reine Sprache‘. Doch die ‚reine Sprache‘ ist die des Übersetzers,
schreibt Weidner, insbesondere dann, wenn dieser eben von der
anderen Seite der Welt herkommt. Denn er vereint beide Sichten.
Nur, was heißt hier Übersetzer? Es müsste ja einer sein, der nicht
nur sprachlich-symbolisch, sondern auch imaginär-bildlich übersetzt, und wie macht man das? Wie anerkennen beide Seiten die
‚transzendente Instanz‘? Wie finden sie den gleichen Kosmopolitismus? Ein kosmopolitisches Narrativ würde Thema für Schön-
geister auf aller Welt sein, die sich mit ihren Phantasien beflügeln,
aber wohl nicht mehr. Und was die jenseitige Instanz angeht:
Selbst Weidners positiver Buchkritiker A. Kühle frägt sich, ob es
nicht doch auch ohne Transzendenz gehen würde, denn diese ist ja
wieder nur ständig Verführerin zu allen möglichen Ideologien und
Einseitigkeiten.[71] Das ‚große Gespräch‘, das übergeordnete Narrativ, wer führt es wann und wo? Dem interessanten Buch von S.
Weidner fehlt einfach ein Hinweis auf die praktische Durchführung, auf eine logische Praxis, auf eine direkte, erfahrbare Vermittlung, die für Ost und West gleichermaßen gelten würde. Denn dann
wäre sie auch eine Lösung für mein Problem mit der Kombination
des real Symbolischen (*Spricht*) und real Imaginären *(Strahlt)*, wie
ich es in der Fußnote 69 auf das Freudsche Trieb-Struktur-Konzept
bezogen habe.

Nun wird dieser Kultur- oder Werte-Kampf und der für ihn zuständige Diskurs meiner Ansicht nach auch nie entschieden werden,
wenn man in den Veröffentlichungen stets nur den einfachen, all-
gemeinverständlichen und den universitären, herkömmlich wissenschaftlichen Diskurs heranzieht. Nach Lacan gibt es nicht nur die
zwei, sondern vier Arten des Diskurses. Als erstes den Herren-
Diskurs, in dem das bestimmende Subjekt (S1) sich setzt als ein
„ich palavere, spreche, diktiere, also bin ich“ (es gibt stets eine
Mehr-Lust, ein *Mehr*-Sprechen, das nur selbstbestätigende Lust
ist). Damit – mit dieser Art Losungsvokabel – hat das verbale
Kommunizieren begonnen. Dem steht der Diskurs des/der Neuroti-

---

[71] Kühle, A., Der dritte Weg, SZ Nr. 113 vom 18. 5. 18, S. 15

schen gegenüber, der/die sich immer auf zwei Ebenen vermittelt, der des eigenen Wissens (S2) und der des anderen Geschlechts, mit dem er/sie sich identifiziert (Es gibt also eine Spiegelungslust, an dem man sich durch ein stetes *Mehr*-Spiegeln orientiert). Der Diskurs der Universität dagegen stellt sich – wie von mir schon erwähnt – als ein „savoir pour savoir" dar, ein Wissens-Sprechen, das durch die *Mehr*-Lust des immer *Mehr*-Wissens verlängert wird, und das von der Frage, was denn nun die Wahrheit über das Wissen ist, nie eingeholt werden kann (Das *Strahlt / Spricht* ist nicht fair, nicht wahrhaft, wahrheitsrelevant kombiniert).

Deswegen muss es letztlich als vierten den Diskurs des Analytikers geben, bei dem das Wissen am Platz der Wahrheit selbst auftauchen muss und es kein *Mehr*, keine ständige *Mehr*-Lust mehr gibt. Der Analytiker muss selbst das Objekt jedes *Mehr's* sein, das man auf ihn projiziert und überträgt. Er muss der Knoten, die Durchschlingung des Diskurses selber sein, der eine Antwort nur entsprechend der Gesetze des Sprechens, der offenen / geschlossenen Mengen, des Bild-Wort-Wirkenden, des Es *Strahlt / Spricht* als einer gelungenen Kombinatorik selber gibt. Denn es ist klar, dass beim Diskurs der Universität das Agens beispielsweise das Wissen ist, das sich am Platz des Anderen befindet und so als *Mehr*-Wissens-Lust den ewigen Schüler produziert, der er nie alles so ganz genau wissen wird wie der Professor). Am entscheidenden Platz der Wahrheit kommt der Professor als Herren-Signifikant (S1), hier noch in der Form des „ich weiß, also bin ich", nunmehr auf der etwas erhöhten Ebene des „du kannst auch wissen, denn dann bist du" seinem Schüler entgegen. Beim analytischen Diskurs dagegen sitzt der Knoten dieser zwei *Mengen*, nämlich *Wissen / Begreifen*, oder des Es *Strahlt / Spricht* am Platz der Wahrheit. Man muss es sich selbst erkämpfen, wie Wissen und Wahrheit zusammenhängen, indem man dem Analytiker alles erzählt, alles frei äußert, alles gesteht woraus sich für einen die Möglichkeit ergibt, seine Wahrheit, seine Entscheidungen, sein endgültiges *Selbst* zu finden, indem er die profunde Wahrheit des nur vordergründig reifen Wissens erfährt.

Damit rückt wieder das ,Transsubstanziative', die universale Vater-Metapher, der *Andere,* bzw. der Diskurs des Analytikers in den Vordergrund, der jetzt nicht eine Sache der historischen und politi-

schen Vermittlung ist, sondern der Vermittlung einer Psychoanalyse des Politischen per se, des Psychohistorischen, des Unbewussten
zum Bewussten des eigenen, reifen, nicht mehr nur bestimmungslogischen, sondern selbstbestimmungslogischen *Selbst*. Innerhalb
der Psyche Hitlers ist diese Vermittlung offensichtlich völlig ge-
scheitert. Umso mehr kann ich jetzt meine Forderung entwickeln,
wie man in Zukunft jeden Einzelnen und insbesondere Politiker,
Wissenschaftler und Künstler im Sinne eines selbstanalytischen,
bestimmungslogischen Vorgehens weiterhelfen kann, bei der das
Wort psychologische Behandlung, Psychotherapie, nicht so im
Vordergrund steht, denn es sehen sich ja alle zuerst einmal als
normal an.[72] Das von mir entwickelte Verfahren der *Analytischen
Psychokatharsis* bietet jedoch einen gewissen Schutz vor der An-
rüchigkeit einer Krankheitsvermutung und ist doch Therapie. Auch
die gesündesten Leute können es anwenden und Vorteile daraus
ziehen. Diese Vorteile sind vor allem für den Historiker wertvoll,
denn er kann ganz im Sinne des analytischen Diskurses die generelle Historie mit seiner eigenen, ihm noch zum Teil unbewussten
Historie verbinden: Psychohistorie, echte ‚Transsubstanziation'.

Dabei wird ihm zudem bewusst werden, was ich mit der Erwäh-
nung von P. Mishras und Weidners Buch betonnen wollte. Mein
Verfahren hat auch meditative Wurzeln. Es verwendet zwar wissenschaftliche, westliche, psychoanalytische Auffassungen und
Begriffe, verbindet sie aber mit den Aspekten, die man aus der
Welt, die Mishra so hervorhebt. Religiöse, mythisch oder geistes-
wissenschaftlich vorgefasste Meditationen sind nicht mehr gefragt,
aber der Psychoanalyse entlehnte wissenschaftliche Zugänge zu
Methoden, die mehr durch Weglassen als durch Anhäufen von ge-
danklichem Wissen funktionieren, stehen mehr im Vordergrund.
Sie würden allen und eben besonders den Historikern durch ‚Eigenhistorie' eine bessere Basis ihres Vorgehens verschaffen, und
sie respektieren die andere Welt des Ostens, die auch in der Psychoanalyse anders vorgeht und die mehr das „Rhythmisierende",

---

[72] Ich gehe davon aus, dass man um eine gewisse Anpassung, Normie-
rung, nicht herumkommt, auch wenn der sich ständig Anpassende etwas
von einer Zwangsneurose an sich hat. Mehr dazu später.

das innerliche ‚Gefühlt' und ‚Getast' betont (kinästhetische Semantik).[73]

Der Psychoanalytiker S. Leikert kommt von der Musik her. Während das präzis Sprachliche ein Objekt repräsentiert, suggeriert die Musik eine unbestimmbare, aber umso intensivere, intimere Präsenz. Mit der Deutung rhythmischer, kinästhetischer Vorgänge im Unbewussten kann man so auf Heilung reflektieren und nicht nur auf Einsicht und Erkenntnis wie in der herkömmlichen Psychoanalyse. Erneut ist der Unterschied des rhythmisch kristallinen *Strahlt* und des linguistisch präziseren *Spricht* zu sehen. Es geht also um den Weg vieler Einzelner, die zuerst für sich den selbst diesen eigenwissenschaftlichen Prozess in Form der *Analytischen Psychokatharsis* durchlaufen, um dann auch gemeinsam und für andere den Weg weiter zu befördern, der in der gelungenen, reifen, fertigen Kombination des Es *Strahlt/Spricht* besteht, die es bisher nicht gibt.

Als es während meiner Referendarzeit im Jahre 1934 zur Niederschlagung der sogenannten "Röhm-Revolte" kam, als Hitler damals ohne jedes Verfahren eine größere Zahl von SA-Führern in Wiessee und München erschießen ließ und als in diesem Zusammenhang auf Veranlassung Görings und anderer "Führer" der Bewegung Menschen auch in anderen Teilen Deutschlands, unter ihnen der frühere Reichskanzler und Reichswehrgeneral von Schleicher, erschossen wurden, waren wir empört und entsetzt. Diese erste, ganz offensichtlich ungesetzliche Aktion hatte unser aller Widerspruch herausgefordert. Ich kann mich noch an Gespräche mit meinem Bruder, mit meinen Freunden, den Kollegen Lahm und Schäfer erinnern. Wir waren alle übereinstimmend der Meinung, wenn hier wirklich akute Gefahr für den Bestand des Reiches vorgelegen hätte, wie Hitler behauptet hatte, wäre die Einsetzung von Standgerichten, von Sondergerichten möglich gewesen, die die Reichsregierung aufgrund der ihr erteilten Ermächtigung ohne jeden

[73] Leikert, S., Schönheit und Konflikt, Umrisse einer allgemeinen psychoanalytischen Ästhetik, Psychosozial Verlag (2012) Der Philosoph D. Roazen hat in gleicher Weise argumentiert: Roazen, D., Der innere Sinn, Archäologie eines Gefühls, Fischer (2012)

Verzug hätte einführen können. Dieses Verbrechen hatten wir als Verbrechen empfunden.

Man kann es uns vorhalten, aber es ist so gewesen, dass wir solche verbrecherischen Entgleisungen einer in Gang befindlichen Revolution nach geschichtlichem Vorbild, dem Vorbild der Englischen, der Französischen und der Russischen Revolution für mehr oder weniger unvermeidlich hielten und, wenn auch mit Widerwillen, uns schließlich damit abfanden, angesichts der zweifellos damals festzustellenden positiven Leistungen des Regimes. Die Beseitigung der Arbeitslosigkeit, die im Sommer 1934, zur Zeit des Röhm-Putsches, mit den Händen zu greifen und- offensichtlich war, erschien uns noch wichtiger als dieses bedauerliche, durch nichts zu entschuldigende Verhalten Hitlers in der Röhm-Revolte. Alle negativen Vorfälle und Erscheinungen, die viele von uns, die wir grundsätzlich absolut positiv zum Nationalsozialismus standen, bedauerten und ablehnten, traten in ihrer Bedeutung zurück hinter den positiven Ereignissen, . . die heute zu leugnen unehrlich und töricht ist. Ein Stück nach dem anderen wurde aus dem Versailler Diktat herausgebrochen. Das deutsche Reich hatte seine Wehrhoheit wieder, wie sie jeder andere Staat, jedes andere Volk auch besaßen. . . . Die "Entmilitarisierung" des Rheinlandes war verschwunden. Deutsche Truppen waren, von der Bevölkerung mit einem unvorstellbaren Jubel, mit Blumen und Fahnen begrüßt, über die Rheinbrücke in das links des Rheins gelegene Deutschland eingezogen, und ich erinnere mich, wie wir damals in der Familie an die grauen Novembertage 1918 zurückdachten, als die deutschen Truppen, "im Felde unbesiegt", mit ihren Fahnen in der entgegengesetzten Richtung nach Osten marschiert waren. Die Bauern wurden entschuldet. Das Erbhofgesetz wurde eingeführt, dessen rechtliche Bestimmungen durchaus vernünftig und annehmbar erschienen, jedenfalls nichts enthielten, was gegen allgemeine Gesetze, gegen die Menschenwürde verstoßen hätte. . . .

Im Übrigen darf aber darauf hingewiesen werden, dass die Entgleisungen, die verwerflichen Taten, die Verbrechen des Nationalsozialismus in dieser Zeit, in den ersten Jahren nach der Machtübernahme vor Ausbruch des Zweiten Weltkriegs in ihrem Umfang und in ihrer Art nicht verglichen werden dürfen mit dem, was später folgte. . .

Was die Eigenhistorie des Historikers angeht ist gerade das Auseinandertriften der Historikermeinungen bezüglich des Versailler Vertrages von 1918 interessant und bedarf einer helfenden Vermittlung. Bekanntlich gibt es einerseits die Einstellung, dass es hauptsächlich ein Schmachvertrag mit maßlos übertriebenen Forderungen der Alliierten gewesen sein soll, und er somit als der Bodenbereiter für den zweiten Weltkrieg gilt. In einem gewissen Maße sehen das die meisten Historiker so. Eine dem Versailler Vertrag jedoch eher etwas positiv gegenüberstehende Historikerin ist M. MacMillan – vielleicht weil ihr eigener Großvater einer der recht aggressiven Teilnehmer in Versailles war, nämlich Lloyd George als Vertreter Englands. Hundertneunzehn Männer und Frauen seien zur Versailler Konferenz gekommen, „jeder mit einer eigenen Agenda", wie es im Umschlagstext heißt.[74] Jeder wollte etwas für sich haben, so MacMillan weiter und schildert dann „das Aufeinanderprallen der unterschiedlichen Interessen, die Überheblichkeit der Amerikaner, die Rachegelüste der Franzosen, die Annexionswünsche der Engländer, die missachteten Erwartungen der Kolonialvölker, die Eitelkeiten der versammelten Staatsmänner, die demütigende Behandlung der Deutschen, das Geschacher um den Nachlass der zusammengebrochenen Großreiche. Nicht nur für die deutsche Geschichte hat der Versailler Vertrag eine Rolle gespielt, sondern für die ganze Welt". MacMillan wird gefeiert als die Historikerin der Versailler ‚Friedensmacher'. Ist das Wort ‚Friedensmacher' vielleicht auch ironisch zu verstehen?

Denn ihr Landsmann, der bekannte Wirtschaftswissenschaftler J. M. Keynes, der sogar der britischen Delegation der Versailler Vertragspartner angehörte, „ist entsetzt über die harten Bedingungen, die Deutschland aufgezwungen werden, und prophezeit, dass die wirtschaftliche Zerstörung des Deutschen Reiches schwerwiegende Folgen haben wird, z. B. erneut Krieg. Als Warnung verfasst er seine Schrift The *Economic Consequences of the Peace*, mit der er großes Aufsehen erregt".[75] G. Seibt schreibt dazu in der SZ vom 4.4. 2014, dass nicht die Alliierten am katastrophalen Vertrag von Versailles schuld waren, vielmehr seien „die Wahrnehmungsmuster auf so einen Fall wie Hitler nicht eingestellt gewesen." Wahr-

---

[74] MacMillan, M., Die Friedensmacher, Propyläen (2015)
[75] Hesse, H., in Denkanstösse 2018, Piper) S. 204

nehmungsmuster? Seibt erklärt nicht, was Wahrnehmungsmuster sind, denn mit so einem diffusen und wissenschaftlich nicht bewiesenen Begriff wohl neuropsychologischer Art kann man freilich alles erklären. Als ob man nicht wüsste, dass es grausame Despoten und wahnsinnige Tyrannen und deren Wahrnehmungsmuster schon seit jeher gibt. Haben im so historienbewanderten Europa die Politiker und Historiker die notwendigen Wahrnehmungsmuster nicht gehabt, und waren daher die Gehirne schuld, nicht die Menschen? Genau deswegen glaube ich, dass Politiker wie Historiker wenn schon nicht Therapie im medizinischen Sinn, so doch im selbsterfahrungsbezogenen und selbstanalytischen Sinn dringend brauchen.

W. Laqueur, der deutsch-jüdischer Abstammung ist, führt für die Entstehung des Hitlerschen Faschismus folgende Gründe an: Eine gesellschaftlich und technisch hoch organisierte Massengesellschaft, in der alte Standesideale und Religiosität keinen entscheidenden Platz mehr hatten".[76] Diese neuzeitlichen Gesellschaften Europas waren keineswegs moralisch minderwertig, wenn man bedenkt, dass die Affäre gegen einen jüdischen Offizier (Dreyfuß) in Frankreich ganz Europa empören konnte. Überhaupt bestand im Europa ein Hegemonialstreben bei fast allen größeren Staaten und ebenso – wie auch am Beispiel Dreyfuß zu sehen war – ein zumindest unterschwelliger Antisemitismus. Jedoch waren in Deutschland „nationalistischer Groll" nach verlorenem 1. Weltkrieg, „akute Ängste vor wirtschaftlichem Zusammenbruch und gesellschaftlicher Zerrüttung", hohe Reparationsleistungen, mangelndes Verständnis und Kenntnis einer wirklich funktionierenden Demokratie – so Laqueur – einfach übermächtig. Will man es auf einen Nenner bringen – was sicherlich pauschal ist - so waren es außer dem Ende alter ständischer und religiöser Werte in den modernen, durch Zeitung und Radio bereits als Mediengesellschaften gekennzeichneten Massen, vor allem auch die Gegnerschaft zum Bolschewismus, durch die Hitler und auch andere Faschistenführer einen idealen Nährboden für ihre Ideologie fanden. Und gerade die Legitimierung durch Massenabstimmungen machte alles noch idealer – und eben auch alltäglichst banal böse.

---

[76] Laqueur, W., Faschismus, Propyläen (1996) S. 23 -35

R, Spitzy, der zeitweise zweiter Sekretär bei Ribbentrop war und später in einem mehr oder weniger passiven Widerstand gegen Hitler arbeitete, könnte als ein Vermittler des Pro und Contra der ‚Hitlerzeit' und der Beurteilung des Versailler Vertrages gelten.[77] Er, selbst Österreicher, wusste am besten, dass es vor allem seine Landsleute waren, die am enthusiastischsten für Hitler votierten, denn schließlich litten sie am meisten unter den Versailler Verdikten, da sie die meisten Gebiete verloren und die so herrliche K und K - Gloriole ins Nichts stürzte. Spitzys Bericht ist deswegen interessant, weil er Durchblick hatte und sehr früh merkte, dass Hitler die großnationale Idee eigentlich verriet und er daher versuchte, seine diplomatischen Beziehungen für einen vorzeitigen Friedensschluss einzusetzen. Aber Spitzys Bedeutung war zu gering, dass er etwas hätte ausrichten können, und sein Denken kreist nur um gegenseitige Kriegsbündnisse, er ist selbst banalster Herrendiskurs. Dass man nämlich den Russen Mittelsüdasien gegen Finnland, Bulgarien und die Dardanellen schmackhaft hätte machen sollen, und „nach dem Gelingen eines solchen Plans könnten wir dann, den Rücken im Osten durch Land, Leute Material, Raum . . . gestärkt, die Angelsachsen in das ihnen zugedachte Herrschaftsgebiet der Ozeane zurückzwingen". Das hört sich doch an wie wenn Götter die Welt unter sich aufteilen und nicht nach dem Bericht eines Widerständlers gegen den NS-Tyrannen.

Aber so ist es eben, wir können uns diese Zeit und ihre Art so vorwiegend machtpolitisch zu reden und zu denken, einfach nicht mehr vorstellen. Spätestens seit dem Golfkrieg der neunziger Jahre[78] werden territoriale Veränderungen nicht mehr unmittelbar erreichbar sein, weil die internationale Gemeinschaft darüber peinlicher wacht als je zuvor (Ausnahme: die Annexion der Krim durch Russland im März 2014). Wenn heute noch jemand so denkt, dass man sich gegenseitig Macht über Territorien zuschiebt, verrät er nicht doch genauso ein chauvinistisches, nicht mehr zeitgemäßes Denken, wie es der Historiker E. Nolte 1974 in seinem Buch „Deutschland und der Kalte Krieg" publizierte.[79] Nolte prägte den

---

[77] Spitzy, R., So haben wir das Reich verspielt, Langen Müller (1986)
[78] Der Irak hatte Kuweit besetzt, das bald von den Amerikanern wieder befreit wurde.
[79] Nolte, E., Deutschland und der Kalte Krieg, (1974)

fatalen Begriff einer „Pluralität der Hitlerzeit", was heißen sollte, dass es ein komplexes Gewebe flexibel-kultureller und statisch-geschichtlicher Einflüsse gegeben hat, die aus sich selbst all das, was letztlich im 3. Reich geschehen ist, erklären kann.

Aber Nolte fiel mit dieser pauschalen Entlastungsargumentation in Ungnade. Nachdem er ein umfassendes Werk zum Wesen und der Geschichte des Faschismus vorgelegt hatte, das ihm international von allen Seiten her Ruhm einbrachte, geriet er durch weitere Bücher mit hölzernen Argumenten zur Entschuldung der Deutschen in den Verdacht einer doch nicht geringen Rechtslastigkeit. Er rechtfertigte sich jedenfalls in einigen Nachschriften.[80] Aber genau das war sein Fehler. Denn wer sich rechtfertigt, klagt sich an, schuld war er selber. Im ganz Kleinen, Subtilen, war er eben doch nicht ganz fair, objektiv, neutral, sondern wohl ein bisschen rechts und damit als Historiker nicht mehr tragbar.

Auf jeden Fall sollte man mehr Aufhebens über Hitler und seine Entourage gar nicht machen, denn dies verdient es ja gar nicht. Viel wichtiger wäre es gewesen, hätten die Väter ihre schrecklichen Kriegserlebnisse weiter erzählt. Doch waren sie selber von ihnen meist zu tiefst getroffen und brachten die Essenz dieser Erlebnisse nicht so herüber, dass die Kinder daraus hätten lernen können (oder sie erzählten zu viel davon, zu betroffen, zu lärmend, aber nicht gehaltvoll genug, nicht pädagogisch). Sie waren oft selbst nicht die Väter ihrer Zeit und verleugnen die Schattenseiten. Ich konnte bei einem Aufenthalt in Usbekistan von vielen Seiten her erfahren, dass Timur, der Nomadenfürst Zentralasiens im fünfzehnten Jahrhundert, kein grausamer Herrscher gewesen sei. Er gilt allen Usbeken als das größte Vorbild. Von den Massenabschlachtungen, die in unseren Geschichtsbüchern stehen, sei nichts bewiesen, behauptet man dort. Mit Sicherheit hat Timur viele Tausende getötet und werden falsche Erinnerungskulturen nicht helfen.

Ich muss auf einen Faktor eingehen, der mit Sicherheit zu Missverständnisse führen wird, den ich aber im Interesse einer objektiven Schilderung der damaligen Verhältnisse nicht übergehen kann: Da die Juden von den auf der rechten Seite angesiedelten Gesellschaftsschichten, insbesondere dem Adel, dem

---

[80] Nolte, E., Was ist bürgerlich?, Klett-Cotta (1979)

Offizierscorps und dem Bürgertum, weitgehend abgelehnt wurden, da sie sich aus diesen und anderen Gründen anderen politischen Richtungen angeschlossen hatten und kraft ihrer Intelligenz, ihrer Geschicklichkeit und ihres Fleißes bald zu der Spitze dieser politischen Gruppierungen aufgestiegen waren, wurden sie für die Rechte der besondere Gegner, der Intimfeind, den es in erster Linie zu bekämpfen galt. Dazu kam, dass diese in Politik und Kunst führenden jüdischen Kräfte die auf der anderen Seite des politischen Spektrums stehenden Parteien, Tradition und Ideale der hier vertretenen Bevölkerungskreise mit laufenden, oft üblen Angriffen attackierten. Vielleicht waren diese Angriffe aus einer Verteidigungsposition aus gestartet, auf jeden Fall, sie waren da und sie waren keine einmaligen Erscheinungen. Man konnte sie vielmehr laufend, tagtäglich überall erkennen. Führende Zeitungen der damaligen Zeit - ich will nur erwähnen die "Frankfurter Zeitung", die „Vossische Zeitung" - griffen nicht nur die nationalen, auf der rechten Seite stehenden Parteien und Schichten des deutschen Volkes an und sie gaben dem in nichts nach, was die rechten Politiker ihnen selbst zufügten.

Ich selbst kann mich aus den zwanziger und den ersten dreißiger Jahren noch sehr gut an solche Artikel, Reden, Vorfälle erinnern, die uns, auf der rechten Seite stehenden Kreise, nicht nur verletzten, sondern die auch zur Ablehnung und zu Hass führten. Das war sicher ein Fehler, und man tut sich heute, angesichts des den Juden später zugefügten Leids schwer, davon zu reden, dass auch Juden Fehler machten, aber, wie erwähnt, es gibt gute und schlechte . . . .

Dass es Gute und Schlechte gibt, hat schon G. E. Lessing betont. Dieser den Juden so sehr gewogene Autor – man denke nur an seinen „Nathan den Weisen" und an sein Werk mit dem Titel „Die Juden" – war der Auffassung, dass die Juden eine bestimme Art von Selbsteinengung betreiben.[81] Mit dem Begriff der Selbsteinengung wollte Lessing ein spezielles, gar nicht religiöses, sondern mehr soziales Pro des Judentums charakterisieren. Darin sind nicht nur die Zwangshandlungen eingeschlossen, die alle Orthodoxien betreffen, sondern auch dieser besonders und wohl unbewusste enge Bund, eine Selbsteinengung aus Gründen einer eingeschwore-

---

[81] Hildebrandt, D., Lessing, DTV, (2003) Seite 184

nen Gemeinschaft, die nicht schwer zu verstehen ist und die ich ja als einen sehr alten, auf eine genetisch-sozial-kulturelle und religiöse Mischstruktur beruhenden Diskurs beschrieben habe. Kaum ein anderer kann in diese Gemeinschaft eintreten, kaum einer wirklich aus ihr entlassen werden. So eine Gemeinschaft gibt Halt und weckt sicher den Neid vieler Menschen, die nicht so ein starkes Wir haben.

In der ersten Auflage dieses Buches habe ich noch viel über das deutsch-jüdische Beziehungsproblem geschrieben, aber es war nur allgemeines Bla Bla. In der zweiten Auflage habe ich all die Argumente, die in Debatten über den Holocaust stattgefunden haben, sie wie z. B. die Goldhagen-Debatte, die Walser-Debatte, die Finkelstein-Debatte und all die Folgedebatten, wieder gelöscht. Denn etwas Signifikantes ist dabei nicht herausgekommen. Doch als ich jetzt das Buch ‚unorthodox‘ von D. Feldman gelesen und den dazugehörigen Film gesehen hatte, habe ich vieles wieder unter einem neuen und authentischen Blickwinkel sehen können.[82] D. Feldman wuchs bei den als ultraorthodox geltenden Satmarer Chassiden in New York auf. Diese jüdische Gruppe war mir schon früher bekannt, weil sie die erstaunliche These vertritt, Gott habe keinen jüdischen Staat gewollt. Satmarer Chassiden lehnen den Zionismus ab und behaupten auch, der Holocaust sei die Strafe für die Juden derart weltliche Dinge gewollt zu haben. Noch mehr als bei anderen jüdischen Gruppierungen existiert eine Unzahl an Ritualen und Geboten, unter denen D. Feldman schon in der Kindheit und Jugend gelitten hat. Die schließlich von den Eltern organisierte Ehe erwies sich als eine Katastrophe. Letztendlich verlies D. Feldman die Familie und zog mit ihrem dreijähringen Sohn nach Deutschland.

Für die chassidische Familie war dies ein harter Schlag und ein schrecklicher Verrat. Nun gibt es inzwischen zahlreiche Kommentare und Rezensionen zum Inhalt der ganzen Geschichte in unterschiedlichsten Formen. Die meisten verstehen gut, dass D. Feldmann fliehen musste. Sie hatte schon vorher moderne Literatur gelesen, Filme gesehen, vermehrt Englisch und Klavier spielen gelernt, alles Unternehmungen, die bei den Satmarern streng verboten

---

[82] Feldman, D., ~~unorthodox~~, btb-Verlag (2016)

waren und die sie heimlich unternehmen musste. War jetzt der Konflikt wirklich so gravierend oder eben nur ein von Anfang an ungewöhnlicher und eben rebellischer Verlauf? Als im Film, der in vieler Hinsicht anders gestaltet war als das Buch, der chassidische Ehemann sie dringend bat, wieder zum ihm zurück zu kehren, als er weinte und sich zum Beweis, dass er den ultrastrengen Glauben relativieren könnte, sich die Schläfenlocken abschnitt, tat er mir schrecklich leid. Opferte er für sie eine der wichtigsten Glaubensregeln? Ich fand ihn als die eigentlich emotional glaubhafteste Person in diesem Familien- und Seelendrama.

Freilich war die Kluft schon zu tief und die Macht des Satmarer Clans zu groß, zu dominant, um jemanden halten zu können, der Gegensätzlichkeit der völligen Freiheit gerochen hat. Doch vielleicht war D. Feldman auch zu krank, sie litt an einer somatoformen Störung. Aber ich verstand plötzlich bei diesem chassidischen Clan auch seine Schönheit, seine heimatliche Emotionalität, seine Stärke in der fest zusammenhaltenden Großgruppe, Großfamilie, die sich ja auch auf die Jahrtausende alten Schriften der mündlichen Tora in Form des Talmud stützen. Solch alte Texte kann man nicht einfach einer geschäftstüchtigen und machtgierigen Politik opfern. Es fehlt eine bessere Übersetzung der alten Lehren in die heutige Zeit und das Leben in den westlichen Zivilisationen. Viele Zeitzeugen, die D. Feldmans Familie kannten, bestätigten, dass ihr Mann und andere Personen aus ihrem Umkreis nette Leute waren. Sie wird dies auch sicher nicht bestreiten, auch wenn und gerade auch weil ihr Entschluss zu gehen und über alles zu schreiben richtig war. Buch und Film sind nicht umsonst millionenfach gelesen und gesehen worden. Mir hat er das Judentum noch einmal näher gebracht.

D. Feldmans Buch und Film, aber auch die mehr ulkige Darstellung jüdischen Lebens in der israelischen Serie ‚Shtisel' genügen, so finde ich, das jüdische Leben verstehen, einordnen und in Ruhe lassen zu können. Denn das ist notwendig und dann bräuchte es weder einen Antisemitismus, noch einen Anti-Antisemitismus, bezüglich dessen ich schon geschrieben habe, dass er zu künstlich, zu aufgepfropft und zu wenig effektiv ist. Ich besuchte auch das Jüdische Viertel in Krakau und in Lemberg, heute Unkraine, das eine hohe jüdische Kulturstadt war und einen großen (300000 Gräber)

interessanten Friedhof besitzt, der einen wegen seiner faszinieren-
den Grabmäler wehmütig macht. Auch dorthin sollte man Schul-
klassen führen, weil man dadurch etwas begreift, was irgendwie
wehmütig macht und für immer verloren ist, dass man aber gerade
deswegen nicht bekämpfen muss, sondern eher betrauern kann.

Im KZ Dachau werden Schülergruppen täglich durch das ganze
Gelände geführt und es wird ihnen seine durch viele Diskussionen
erarbeitete Standardhistorie vorgetragen. Allerdings hören viele
Schüler gar nicht mehr hin. Ich hatte lange Zeit eine Patientin, die
derartige Schülergruppen durch das KZ Dachau führte. Sie beklag-
te stets die zu bürokratische Handhabung einer so wichtigen und
authentischen Stätte. Wenn z. B. ein Kind in Dachau Fragen über
die Uniformen der Lagerleitung äußerte, erstarrten alle. Hatten sie
Rangabzeichen auf den Schultern? Entsetzlich! Wo bleibt die Erinnerung an die Opfer! Man will unbedingt den Kindern ein be-
stimmtes Geschichtsbild vermitteln und dadurch sperrt man sie
schon wieder ein bisschen ins KZ ein. Warum lässt man nicht alle
erst einmal durch das Gelände gehen wie sie wollen, um dann zu
reden, was jeder einzelne gesehen oder nicht gesehen hat?

Die Stiftung ‚Gedenkstätte Buchenwald‘ diskutiert das gleiche
Problem, nämlich ob überhaupt „der Besuch von Orten der NS-
Verbrechen nachhaltig wirkt“.[83] Es ist ein Beweis, dass das Anti-
Anti nicht die beste Methode ist. Natürlich muss man etwas gegen
Antisemitismus sagen, so wie man auch hinsichtlich eines Antia-
merikanismus und anderer Antiismen Stellung beziehen muss.
Aber andere Wege, wie der einer Psychohistorie, könnten besseres
leisten. Man sollte die Kinder erst in zweiter Linie durch ein KZ
führen und ihnen anfänglich mehr die Kulturstätten der Juden zeigen, die so bewegend sind. Wer jüdisches Leben von seiner ergrei-
fenden Kultur her erleben kann, wie nie ein Antisemit sein.

---

[83] SZ vom 9. 8. 2018, S. 7

1. 5 Der verfälschte Diskurs

Es ist also immer gut, sich über Diskurs-Vergleiche zu verständigen. Der Politologe G. Steingart meint, dass wir heute ganz andere Wege gehen, weil die Normalität, so wie es sie früher gegeben hat, nicht mehr existiert. Ähnlich wie ich es bereits von der Zivilokratie gesagt habe, schreibt er, dass „das Ende der Normalität kein für alle beglückender Vorgang ist.[84] . . . Das, was wir früher als Großes und Ganzes wahrnahmen, zerfällt nun in viele Bindestrich-Gesellschaften, die Arbeits-Gesellschaft und die Freizeit-Gesellschaft, die Wissens- und Dienstleistungs-Gesellschaft, die Hartz-IV-Gesellschaft, die Parallel-Gesellschaft, die Spaß-Gesellschaft, die Zivil-Gesellschaft usw. . . . Die Chancen-Gesellschaft und die Absteiger-Republik haben sich nicht viel zu sagen. Die Gesellschaft, wie wir sie bisher kennen, hört auf zu existieren."

Denn wir leben jetzt in der Smartphon- und Selfie-Gesellschaft. Steigt man heute in eine U-Bahn, findet man ca. Zweidrittel der Fahrgäste in ihr Smartphon vertieft. Die einen wischen schnell die Seiten nach links oder rechts, die anderen spielen Geschicklichkeits- oder Aktionsspiele, manche wiederum telefonieren. Jeder ist mit sich allein. „Das Smartphon ist eine digitale Devotionalie, ja die *Devotionalie des Digitalen* überhaupt. Als Subjektivierungsapparat fungiert es wie der Rosenkranz, der in seiner Handlichkeit auch eine Art Handy darstellt. Sie dienen beide der Selbstüberprüfung und Selbstkontrolle. Die Herrschaft steigert ihre Effizienz, indem sie die Überwachung an jeden Einzelnen delegiert. *Like* ist ein digitales Amen. Während wir *Like* klicken, unterwerfen wir uns dem Herrschaftszusammenhang. Das Smartphon ist nicht nur ein effektiver Überwachungsapparat, sondern auch ein mobiler Beichtstuhl. Facebook ist die Kirche, die Synagoge (wörtl. Versammlung) des Digitalen."[85]

Und weiter: „Die smarte, freundliche Macht operiert nicht frontal

---

[84] Steingart, G., Das Ende der Normalität, in Denkanstöße 2012, Piper, S. 78-84

[85] Byung-Chul Han, Psychopolitik, Fischer (2016) S. 23

gegen den Willen der unterworfenen Subjekte, sondern steuert den Willen zu ihren Gunsten. Sie ist eher jasagend als neinsagend, eher seduktiv als repressiv. Sie ist bemüht, positive Reaktionen hervorzurufen und sie auszubeuten. . . Die smarte Macht [deren idealstes Instrument also das Smartphon ist] schmiegt sich der Psyche an, statt sie zu disziplinieren. . . Sie erlegt uns kein Schweigen auf. Vielmehr fordert sie uns permanent dazu auf, mitzuteilen, zu teilen, teilzunehmen, unsere Meinungen, Bedürfnisse, Wünsche und Vorlieben zu kommunizieren und unser Leben zu erzählen. . Sie entzieht sich jeder Sichtbarkeit." Sie ist der „Kapitalismus des Gefälltmir." All diese versteckten, unterschwellig wirkenden, mit Überfreiheiten verdeckten Machenschaften können einem schon Angst einflößen. Doch notfalls nimmt man die Selfiestange und lichtet sich zur Selbstbestätigung wieder einmal ab.

Ähnliches schreibt auch W. Laqueur in seinem neuen Buch über das Ende des alten Europas. „Griechenland siecht dahin, Spanien kämpft ums Überleben und Frankreich, die zweitgrößte Wirtschaftsmacht Europas, verliert sein Triple A. Der Niedergang Europas scheint besiegelt zu sein. Was als Wirtschaftsunion vielversprechend begann, verheddert sich mangels gemeinsamer Werte und Identität in nationalstaatlichen Interessenskonflikten. Anstatt aktiv am Wandel zu arbeiten, ist Europa in Lethargie verfallen, es fehlt an Neugier und Dynamik, an der Fähigkeit, den Kontinent zu verjüngen. Stattdessen herrschen Starrheit und Erschöpfung in den Systemen und global bilden sich neue Kräfteverhältnisse, die Europa ins Abseits schieben könnten."[86] Laqueur schildert auch die Schwierigkeiten der Integration muslimischer Gesellschaften in Europa, die von einem gegenseitigen Nicht-Verständnis gekennzeichnet ist. Es schaut nicht gut aus, wir wissen das, aber begreifen es nicht, begreifen anscheinend nicht den Ernst der Lage.

Ob es geht, zu irgendeiner letztlich gültigen Politik/Therapie-Aussage zu kommen, in der wenigstens durchschimmert, dass begriffen worden ist, was man alles wusste, ist fraglich, aber diesbezüglich soll mein Verfahren der *Analytischen Psychokatharsis* eine Hilfe sein. Heute kommen zur Theorie von Geschichte und Politik

---

[86] Laqueur, W., Die letzten Tage von Europa, List (2010)

jährlich hunderte von neuen Büchern heraus. Es gibt auch bereits Bücher über uns Kriegs-Kinder, aber auch dazu möchte ich nichts mehr sagen. Eher ist es interessant noch kurz etwas über die Täter–Kinder zu schreiben. Wie haben sie es verkraftet und wie sind sie psychologisch damit umgegangen, Kinder großer Verbrecher zu sein. An den Kindern der wirklichen definitiven Naziverbrecher kann man nämlich diese Dopplung, Spaltung, Dualität des menschlichen Wesens sehen, um die es hier geht. M. Bormann junior löste das Problem der Sohn einer der größten Nazis zu sein nicht ungeschickt durch eine zweifache Sichtweise. Seinem Vater als Familienoberhaupt, seinen leiblichen, sozialen Vater, schreibt er, könne er nichts anlasten. Er hat ihn als liebevoll und positiv in Erinnerung.[87]

Was aber die politische, die offizielle, die verbrecherische Seite angeht, so meint Bormann junior, sei dies eine Sache Gottes und des göttlichen Richterspruchs. Denn M. Bormann war zum Kriegsende fünfzehn Jahre alt, flüchtete zu einem Bauern und begann sich für Theologie zu interessieren. Schließlich wurde er Priester, die beste Berufswahl, um aus dem Täterkinder Konflikt heraus zu kommen. Zu Recht, meint Bormann jr., habe man Anklage gegen seinen Vater als „Hauptschuldigen" erhoben. Aber ob er durch seinen Tod bereits gebüßt hat, ist Gottes Sache. So zu sprechen ist sicher legitim für M. Bormann junior, den selbst Unschuldigen, der eben Priester geworden ist, und daher alles in Gottes Hände legen konnte. Schließlich ist das als gläubiger Mensch und Priester seine wirkliche Überzeugung. Aber wie hätte er argumentiert, wenn er das nicht wäre?

Denn zweifellos spürt man, dass es da noch eine Kluft, eine Spaltung gibt, die sich für uns Außenstehende noch nicht ganz geschlossen hat. Wenn Bormann jr. diese religiösen Argumente nicht hätte, und er somit, so wie ich in diesem Buch, versuchen würde, politisch wissenschaftlich zu argumentieren, was würde er dann sagen? Wie würde er den „emotionalen Grundkonflikt" ausdrücken, wie S. Lebert diesen Sohn/Vater-Konflikt nennt, den er zusammen mit seinem Vater in einem Buch über die Kinder promi-

---

[87] Bormann, M., Leben gegen Schatten, Bonifatius (1996)

nenter Nazis veröffentlicht hat.[88] „Mein Vater war ganz nahe dran gewesen an einer Täter-Biographie", schreibt S. Lebert, der Sohn. „Er [der Vater] erzählte oft, wie er, ein begeisterter Hitlerjunge, Fähnchen in die Weltkarte steckte, in die vielen Länder, die Hitler zu Anfang des Krieges erfolgreich überfallen hatte... Wenn er ein Täter gewesen wäre?! Ich denke, ich hoffe, ich hätte die Kraft gehabt, mit ihm zu brechen", schreibt er. „Sicher bin ich mir nicht. Ich ahne, was da in einem zurückbleibt, welche Bilder da miteinander konkurrieren... Wie fühlt man sich eigentlich, wenn man auf die große Ähnlichkeit mit dem Vater angesprochen wird, wenn dieser ein Massenmörder war"? S. Lebert meint, es müsse so sein wie im Film „der dritte Mann", wo ein Freund seinen Freund, der inzwischen Verbrecher geworden ist, verfolgen und töten muss, weil er begriffen hatte, was er wusste. Man kann es Bormann jr. nicht übel nehmen, dass er nicht ganz begreifen will, weil er nicht alles weiß, wissen will und als Theologe vielleicht auch nicht wissen musste. S. Lebert tat sich da leichter.

Keiner der Nazi-Kinder, die Vater bzw. Sohn Lebert interviewt hat, hat das Problem wirklich gelöst. Mir scheint, nur die älteste Tochter von A. Speer – in Leberts Buch nicht erwähnt – hat einen Weg gefunden. Sie hat den Vater als Vater nicht in schlechter Erinnerung behalten, hat selbst Familie und Beruf, und hat, was den politischen und eben auch emotionalen Konflikt angeht, eine Organisation zur Rückgabe jüdischen Eigentums gegründet, in der sie sich engagiert. So hat sie einen Dialog in ihrer Seele geschaffen, den sie ausklingen lassen kann. Sie hat nichts gerechtfertigt, aber auch nichts absolut verdammt. In Wirklichkeit ist es natürlich so, dass wir ohne Identifikationen nicht leben können und dass wir unsere zwangsneurotischen Ich-Ideale gegenseitig zumindest etwas anerkennen müssen. Wir haben alle irgendwo versteckt noch rechtes oder linkes Denken, und wenn wir gleichzeitig Historiker sind, ist dies natürlich problematisch. Doch wie sollen wir die Welt unserer Väter verstehen, wenn nicht auch mit Hilfe von Historikern? Speers Tochter hat den vielschichtigen Dialog mit ihrem Vater, mit den Deutschen und den Juden zugleich aufgenommen. Damit hat sie als eine der wenigen eine wirkliche Metapher gefunden, eine im

---

[88] Lebert, N., Lebert, S., Denn du trägst meinen Namen. Das schwere Erbe der prominenten Nazi-Kinder, Blessing (2000)

wortwörtlichsten Sinne Vater-*Metapher.* Sie hat dem Wissen, das sie über den Vater vorgefunden hat, eine wirkliche Sprache gegeben. Sie hat – wenigstens zum Teil – begriffen, was sie schon wusste. Sie hat eröffnet und erhöht wie es der Deutsch-Jude J. Wassermann gefordert hat, der sein Leben lang in einem abstrusen deutsch-jüdischen Konflikt lebte.

Der Sohn Niklas Frank des Generalgouverneurs in Polen Hans Frank, hat entsetzlich mit der Geschichte seines Vaters gehadert. Hans Frank wurde als Hauptkriegsverbrecher 1946 hingerichtet und sein Sohn versuchte mit Hass und Beschimpfung, mit perverser Befriedigung vor dem Bild des Gehenkten und Flüchen seine Abstammung von einem Massenmörder zu bewältigen. Doch in seinem Buch „Der Vater, Eine Abrechnung", und in einem ausführlichen Interview in der ZEIT vom 14. 3. 2014 stimmt er differenziertere Töne an. Man kann sagen, dass Niklas Frank sich in zum Teil selbstquälerischer Manier aber auch Verständnis suchender Art umfassend mit dem Los des Täterkindes auseinandergesetzt hat. Er hat – zumindest fast – erkannt, dass – wie Lacan sagt – der Sohn die Sünden seines Vaters bis ins Detail wiederholen muss – zwangsläufig, unbewusst. Eine allgemeine, für alle verbindliche Lösung gibt es nicht.

Verbindlicher allerdings handelt der junge Historiker Per Leo diese Thematik der Nazifolge-Generationen ab. Verzweifelt und depressiv quält er sich im Alter von etwa 23 Jahren mit privaten und beruflichen fehlenden Perspektiven ab, als ihm zufällig durch seine Großmutter schriftliches Material seines SS-Großvaters und Großonkels in die Hände fiel.[89] „Das Einzige, was irgendwie funktionierte", schrieb er anfänglich, „war Nazis jagen . . genauer gesagt, einen toten Nazi. Zeit meines Lebens hatte mir mein Großvater kaum etwas bedeutet. Aber jetzt, als toter Sturmbannführer, wurde er mein treuer Begleiter, eine echte Stütze in der Not." Und später, als er die Dokumente über seinen SS-Großvater gelesen hatte, bekannte er: „Es war allein die Vergangenheit, die mir einen gewissen Halt gab. Einen Nazi in der Familie zu haben, das hatte ich in den letzten zwei Jahren gelernt, war doch etwas ziemlich Handfes-

---

[89] Per Leo, Flut und Boden, Roman einer Familie, Klett Cotta (2014)

tes. Und auch auf die Frage nach meinem Berufswunsch hatte ich nun zumindest eine provisorische Antwort. Historiker, sagte ich."

Eines Abends traf ich .. einen alten Kollegen. aus Worms. , Er frug mich damals, was ich denn eigentlich in Berlin mache?" Ich erwiderte ihm sinngemäß: "Ich bin beim alten Herrn Schacht, dem Reichs- und Preußischen Wirtschaftsministerium als Wissenschaftlicher Hilfsarbeiter und bearbeite dort die Einfuhr aus der Schweiz." "Das ist ja heller Wahnsinn", meinte mein Bekannter, "Sie mit Ihren Zeugnissen und als alter Parteigenosse in einem Ministerium. Kommen Sie doch zu uns, Sie werden bei uns nicht als 'Wissenschaftlicher Hilfsarbeiter', sondern sofort als Regierungsrat übernommen und haben die größten Chancen für Ihre Weiterentwicklung." Auf meine erstaunte Frage, worum es denn eigentlich gehe und wo er speziell tätig sei, erklärte mir mein Gesprächspartner: "Es handelt sich um das Reichssicherheitshauptamt der SS, eine der wichtigsten und mächtigsten Organisationen im Reich."

Mein Bekannter machte mir die Funktionen, die speziellen Aufgaben des Reichssicherheitshauptamts klar und führte aus, die geheimsten und wichtigsten Vorgänge liefen über seine Dienststelle, man erfahre alles, ich könne sofort anfangen. Ich schloss das Gespräch mit der Erklärung, ich müsste mir die Sache überlegen, und suchte am nächsten Tag den Leiter der Personalabteilung im Reichs- und Preußischen Wirtschaftsministerium, den bereits erwähnten Ministerialdirigenten Dr. Tettenborn, auf, dem ich sinngemäß erklärte, ich wüsste, dass von den 100 Assessoren des Hauses nur etwa 10 Prozent endgültig übernommen werden könnten, die anderen 90 Prozent müssten versuchen, eine geeignete Stelle in der Wirtschaft oder sonst irgendwo zu finden, mir sei von einem Bekannten das Angebot gemacht worden, in das Reichssicherheitshauptamt der SS überzuwechseln. Wenn ich wüsste, dass ich eine Chance hätte, im Reichs- und Preußischen Wirtschaftsministerium zu bleiben, wo ich mich sehr wohl fühlte, würde ich dieses Angebot ablehnen. Sollte eine solche Chance aber ausscheiden, dann bäte ich zu verstehen, dass ich mir das offensichtlich sehr aussichtsreiche Angebot des Reichssicherheitshauptamtes doch noch einmal näher überlegen und eventuell akzeptieren würde.

Ministerialdirigent Dr. Tettenborn antwortete mir sinngemäß: "Herr Dr. von Hummel, Respekt vor der Art, wie Sie die Sache behandeln. Diese offene, klare und sachliche Art schätze ich, und ich teile Ihnen mit, die nächste und die übernächste Stelle sind bereits für andere Assessoren vorgesehen, den dritten Platz, der frei wird, erhalten Sie. Damit dürften Sie in ein bis spätestens zwei Jahren rechnen." Aufgrund dieser Erklärung des Leiters der Personalabteilung im Reichs- und Preußischen Wirtschaftsministerium sagte ich meinem Wormser Bekannten ab, und das war mein großes Glück; denn dieser alte Bekannte aus Worms war in der Abteilung Ohlendorf des Reichssicherheitshauptamtes der SS eingesetzt, bekleidete dort offensichtlich eine höhere Charge und wurde später von SS-Gruppenführer Ohlendorf nach Ausbruch des Russland-Feldzugs beauftragt, eine der bekannten Einsatzgruppen der SS in Russland zu leiten, denen die Verhaftung, und Liquidierung rassisch oder politisch unerwünschter Menschen oblag. Er wurde nach dem Kriege zu lebenslanger Freiheitsstrafe verurteilt.

Mein Glücksfall: Hätte Ministerialdirigent Dr. Tettenborn bei meiner Rücksprache anders reagiert und mir aus persönlichen oder sachlichen Gründen eine andere Antwort erteilt, wäre ich wahrscheinlich auf das Angebot meines Wormser Bekannten eingegangen, während des Kriegs in einer der in Russland eingesetzten Gruppen beschäftigt und mit den verbrecherischen Aufgaben dieser Gruppen konfrontiert worden. Ich nehme zu meinen Gunsten an, dass ich vom ersten Tage an versucht hätte, so schnell wie möglich dort wegzukommen. Wahrscheinlich hätte ich mich sofort zur Front gemeldet, aber das alles war so einfach damals nicht. Es hätte sicher einige Zeit gedauert, bis mein Gesuch genehmigt worden wäre, wenn es überhaupt die Zustimmung der vorgesetzten Behörde gefunden hätte.

In den letzten Jahren gab es in der Bundesrepublik mehrere Prozesse gegen NS-Verbrecher. Viele waren schon weit über neunzig Jahre alt und die Verbrechen, die man ihnen zur Last legte, waren auch nicht mehr so schwere Vergehen wie gegen etliche der Haupträdelsführer in früheren Prozessen. Ich fand es dennoch richtig, dass man so gut es ging versuchte, Rechtsprechung bezüglich der Mordmaschinerien auch spät noch zum Zug kommen zu lassen. Zwar war deutlich, dass man sich bemühte, die vielen Versäumnisse nicht zur Rechenschaft gezogenen Täter früherer Jahre jetzt noch durch Prozesse wegen kleinere Vergehen und bei sehr alten

Personen auszugleichen, dennoch brachte die Art der Anklage und die der Verteidigung noch einmal die Vorgänge zur Sprache, die etwa in Auschwitz an der Tagesordnung waren. Manch einer der Angeklagten hatte sich nämlich tatsächlich bemüht oder mit dem Gedanken getragen, sich von der prekären Stellung an der Rampe oder im Wachdienst an die Front oder woanders hin versetzen zu lassen und sich damit verteidigt, dass dies oft kaum möglich war.

Mich erinnert dies auch wieder an heute, wenn es um Überlegungen geht, wie man als junger Mensch, der an Drogen geraten ist, wieder aus der Falle der Sucht, die stets mit kriminellen Handlungen verbunden ist, herauszukommen. Während meiner Tätigkeit in der psychiatrischen Abteilung des Westkrankenhauses in Augsburg, baute ich dort mit Hilfe des Stadtrates eine Drogenberatungsstelle auf und konnte sehen, dass nur wenige den wirklichen und notwendigen Ausstieg schafften. Ich verweise wieder auf Welzers ‚Rahmenbedingunen‘, die auch in anderen Bereichen des heutigen Lebens ihre Geltung haben, und hinsichtlich derer Verführungen unsere Hilfe in der Drogenberatung nur manchmal das erreichen konnte, was mein Vater seinen ‚Glückfall‘ nannte. Auch ich hatte das Glück, nach meiner Approbation zum Arzt eine psychoanalytische Ausbildung machen und mich zudem mit Yoga und Meditation beschäftigen zu können.

Der Arztberuf allein hätte mich zu sehr belastet, wäre von lästigen Routinearbeiten durchkreuzt gewesen und hääte mir vor allem bei meinen eigenen Problemen nicht geholfen. Ich wäre kein schlechter Arzt gewesen (und war dies ja auch viele Jahre), wäre aber an der einseitigen Routine abgestumpft und unbefriedigt geblieben. Ich wäre dem verfallen, dem heute sehr viele meiner Kollegen verfallen sind, dem Geld, das einen für die Frustrationen, die Bürokratie und den Verantwortungsdruck entschädigen soll. Es ist schwierig über all diese Verhältnisse von damals und auch verschiedene von heute, etwas Wahres zu sagen. Nicht nur, dass man die Wahrheit nie wird ganz sagen können, man wird sie deshalb nicht ganz sagen können, weil man, erfasst man sie auch nur annähernd, oft nur depressiv werden - oder, was Ausschwitz angeht, eigentlich nur weinen kann. Und von da aus, von man verzweifelt ist oder weint, wo man Schwermut, Verzweiflung und Weinen i s t, kann man dann gar nichts mehr sagen.

Schon gar nicht die Wahrheit. Letztlich ist dies Freuds Entdeckung. Da, wo man seine Verletzung, sein Trauma sehen könnte,
bleiben einem die Worte tief im Hals und in der Brust stecken,
bringt man nichts mehr heraus. [90] Früher hatte man dafür das Ge-
bet. Im Mittelalter, als die Leute noch beten konnten, war das Ge-
bet wie eine Katharsis, in der man nur zwei, drei Worte zu flehen
vermochte, die aber dafür echt waren. Irgendwann habe ich gelernt,
über eigene Verletzungen zu weinen, denn es erleichtert und zugleich kommen einem die Bilder all dieser Gräuel. Ich sehe das
Bild eines kleinen Mädchens aus dem Kongo der Kolonialzeit, dem
man wegen irgendeiner Kleinigkeit den Fuß abgehackt hat und der
neben ihr lag! Oder das Kinderbein, das nach den Bombardements
in Syrien aus dem Schutt von Aleppo herausragte, aber Herr Putin,
der dafür verantwortlich ist, diniert auf internationalen Empfängen.
Ist er und Assad nicht ein Kriegsverbrecher?

Ja, zweifellos tragen auch wir, die Täterkinder, historische Verantwortung, aber nicht eine juristische oder moralische Schuld wie
es noch K. Jaspers gemeint hat. Vielmehr handelt es sich um einen
Schuld / Scham-Komplex, der grundlegend für den Menschen
überhaupt ist, und der sich für uns heute – insofern wir alle noch
ziemlich direkte Beziehungen der NS-Zeit haben – auch in die
Form einer Auseinandersetzung mit eben dieser Zeit kleiden muss.
Wie Hannah Arendt sagte, muss man nicht von einer Kollektiv-
Schuld, sondern einer Kollektiv-Verantwortlichkeit reden.[91]Wir

---

[90] Die Diskussion um das Freud'sche Trauma wird heute weder im Sinne
eines Realtraumas noch eines „nachträglich" mit viel Einbildungskraft
konstruierten Traumas gesehen, sondern als ein insistierendes Symbol,
eine ständig nachdrängende Bedeutung, Mahnung, Infragestellung, Be-
schämung, Verdächtigung und Verrat. Trauma gibt es vom ersten Tag eines jeden Lebens an bis zum Ende, das man dann – hat man es begriffen
– nicht mehr als traumatisch erlebt.

[91] Hier müsste man die schon bestehende Wissenschaft der „Psychohistorie" erwähnen, wäre diese nicht bis heute ein recht sonderbarer Verein geblieben, der allen historischen Personen und Geschehnissen pauschale Freud'sche Komplexe überstülpt. Besser ist es eben, in solch einem unsicheren Feld den kausalen Zugang gegen einen finalen zu ver-
tauschen, indem jeder Einzelne ‚seine Psychoanalyse' in einer vertieften
Form aufgreift, was ihn Historie grundlegender verstehen lassen wird.

stehen alle in der Kollektiv-Verantwortlichkeit, wir sind alle von der psychopolitischen Erbsünde bedroht.

Der frühere israelische Parlamentspräsident Avraham Burg wirft seinen Landsleuten und Glaubensbrüdern vor, sie „monopolisierten den Holocaust".[92] Der Publizist Rotem Sella erzählte, dass in Israel das Wort Shoah schon zur Alltagsfloskel verkommen ist. Wenn etwas schlecht, der Urlaub z. B. verregnet war, sagt man „er war Shoah". Und wenn einer zu pedantisch wird, sagt man: „Sei kein Nazi!"[93] Wir missbrauchen die Sprache, wir haben keine ‚Diskursethik' wie es der Philosoph J. Habermas forderte. Genau das wäre nämlich gefragt: Diskursethik! Die Menschen wissen nicht, dass sie – im Hintergrund, im Unbewussten – alle gespalten sind. „Das Subjekt konstituiert sich um den Preis einer Spaltung. . .Das Begehren ist Phänomen dieser Spaltung, nämlich des Appetits auf Befriedigung einerseits und des Liebesanspruchs andererseits".[94] Freud hat gut gezeigt, wie z. B. der Witz diese Spaltung des Subjekts mit sich selbst treffend erhellt. Wir werden im Witz von einer grausamen oder obszönen Seite von uns selbst überrascht, können uns aber mit dem Herausplatzen einer Erleichterung, eines Lachens, wieder fangen.

In der Zeit meines Studiums, d.h. in der Zeit von 1930 bis 1932 hatten sich die innenpolitischen Verhältnisse in Deutschland zugespitzt. Nach dem großen Bankenkrach 1929 in der Wallstreet war die Wirtschaft in Deutschland und anschließend in der gesamten Welt zusammengebrochen. Die Reichsregierung war nicht imstande, mit den wirtschaftlichen Problemen fertigzuwerden. Post festum lässt sich heute leicht der Stab über sie brechen und sagen, die Regierung habe damals eine falsche Politik, nämlich eine Politik der Deflation betrieben, die der Wirtschaft immer mehr Mittel nahm, sie immer mehr einzwängte und zu einer immer größer werdenden Arbeitslosigkeit führte.

Der Schock der Inflation im Jahre 1922/23 war jedoch so groß und hatte so weite Kreise des deutschen Volkes erfasst, dass niemand wagte, der schwächer werdenden Wirtschaft im Sinne

---

[92] Schult, C., Wir sind ein wütendes Volk, DER SPIEGEL 9 (2009) S. 114-15
[93] Bericht über T. Vermes, "Er ist wieder da" in der FSZ vom 28.2.16. S. 6
[94] Lacan, J., ecrits, edition seuil (1966) S. 689-91

der heutigen Wirtschaftspolitik zusätzliche Geldmittel zuzuführen. Durch Einsparungen an allen Ecken und Kanten, durch Herabsetzung von Löhnen, von Beamtengehältern (!) versuchte man, der Schwierigkeiten Herr zu werden. Eine große Firma nach der anderen ging in Konkurs. Die Arbeitslosigkeit wuchs von Jahr zu Jahr man kann ohne Übertreibung sagen, von Monat zu Monat oder von Tag zu Tag. Es war schwer, teilweise vielleicht unmöglich, Lösungen zu finden, und es muss zugegeben werden, dass es für die damaligen Regierungen Deutschlands nicht leicht war, mit allen diesen Belastungen fertig zu werden und einen Modus vivendi zu finden. Gewissen Erfolgen, insbesondere in der Außenpolitik, wie beispielsweise dem Locarno-Vertrag, der zu einer Befreiung des Rheinlandes und zu einem Abzug der Besatzungstruppen geführt hatte, standen immer größer werdende Misserfolge in der inneren und insbesondere in der Wirtschaftspolitik gegenüber.

Es war nicht gelungen, das Reparationsproblem wirklich zu lösen, auch wenn gewisse Erleichterungen erzielt werden konnten. Wenn utopische, praktisch niemals zu realisierende Forderungen gestellt und diese Forderungen etwas zurückgenommen, aber immer noch in unrealistischer Höhe gehalten wurden, kann von einer "Lösung" dieses Problems keine Rede sein. . . Es fehlte vor allen Dingen auch Zuversicht, Optimismus und Glauben an die wirtschaftliche und politische Zukunft Deutschlands, Faktoren, die auch im Wirtschaftsleben eine große Rolle spielen. . . . Wen kann es wundern, wenn unter diesen Umständen viele Angehörige der jungen Generation in ihrer wirtschaftlichen Not und in ihrer Verzweiflung und Hoffnungslosigkeit zu den extremen Parteien fanden, zu der Kommunistischen Partei auf der einen Seite, zu der Nationalsozialistischen auf der anderen?

Für mich war der Gedanke der Beseitigung des Klassenkampfes, des Hasses der Schichten, Stände und Klassen gegeneinander der ausschlagende Grund, mich der neuen Bewegung anzuschließen. Ich musste nach meiner Rückkehr aus Wien [1931] . . von Worms aus öfters nach Frankfurt fahren, wo ich immatrikuliert war, und an den Übungen teilnehmen, um die zu dem Referendarexamen notwendigen „Scheine" zu erhalten. Diese Fahrten waren für mich mit dem Erlebnis verbunden, das in erster Linie dazu beitrug, in die Nationalsozialistische Deutsche Arbeiterpartei als Mitglied einzutreten. Ich musste Worms am frühen Morgen verlassen . . Solange morgens um 4.00 oder 5.00 die Sonne noch nicht aufgegangen war, die Passagiere noch etwas verschlafen in den halbdunklen Waggons saßen, konnte ich mit meinen Mitreisenden, in erster Linie bestehend aus Arbeitern und Lehrlingen, ganz vergnügt und normal sprechen und mich über alle möglichen Themen unterhalten. Als ich aber in Goddelau-Erfelden umsteigen, etwas warten . . musste, hatte sich die Situation, ich möchte beinahe sagen, schlagartig, verändert. Es war mittlerweile hell geworden. Die mitreisenden Arbeiter erkannten an meinem Äußeren, mit wem sie es zu tun hatten, offensichtlich mit einem Studenten, noch dazu mit einem Studenten aus einer schlagenden Verbindung. Gleichgültigkeit, wenn es gut kam, meist aber Aggression, wenn nicht Hass waren dann festzustellen, und es wurde mir klar, wie tief die Kluft zwischen den einzelnen Deutschen geworden war. Für mich war die Erkenntnis wesentlich, dass der Klassenkampf von unten nach oben, aber nicht weniger auch der Klassenkampf von oben nach unten überwunden und durch eine echte wirkliche Gemeinschaft des Volkes ersetzt werden musste, wenn Deutschland aus seinem Elend herauskommen sollte.

Wie gesagt, die Diskurse sind verflochten und der feministische Diskurs beispielsweise, selbst wo er durch die Universität gestützt ist, kann Elemente des Neurotischen meist nicht abweisen. So schreibt die Professorin für Wissenschaftsgeschichte D. J. Haraway z. B. : Seit Mitte des 20. Jahrhunderts organisierten sich biomedizinische Diskurse mehr und mehr um eine Reihe völlig anders gearteter Technologien und Praktiken, wodurch die symbolische Vorherrschaft des hierarchisch organisierten, lokalisierten organischen Körpers destabilisiert wurde. Parallel dazu . . . destabilisierte die Frage der >Differenzen< humanistischer Befreiungsdiskurse, deren Grundlage Identitätspolitik und substantielle Einheit waren. . . . Sprachen, die auf Begriffen wie Arbeit, Lokalisierung und markierte Körper aufbauten, wurden in solche übersetzt, die mit Codes, Dispersion, Vernetzung und fragmentierter postmoderner Subjektivität arbeiten. . ... Körper sind zu Cyborgs geworden, zu kybernetischen Organismen, in denen sich technoorganische Körperlichkeit und Textualität auf hybride Weise verbinden".[95]

---

[95] Haraway, D.J., Die Neuerfindung der Natur, Campus (1995) S. 174-76

Alles richtig und doch seltsam verdreht. Gerade am letzten Wort wird es deutlich: Textualität, insofern wirklich die ganze Sprache und volles Sprechen dahinterstehen, also das volle Symbolische, das *Spricht*, kann man nicht einfach vermischen mit dem feministischen Blick auf Körperlichkeit, den Bildern, den Körpern, dem *Strahlt*. Da ist ein aufgerichteter Stricht (*Strahlt/Spricht*) dazwischen, ein vielleicht etwas männlich betonter Strich. Lacan meint, dass die Feministinnen oft verleugnen, dass „der *Phallus* ein *Signifikant* ist".[96] Er ist nicht eine Tatsache, es geht nicht um seine Realität, sondern um ihn als ein wesentliches und verdrängtes Diskurselement. Er taucht im Diskurs gerade als nicht-gesprochen, aber eben doch bedeutungsmachend auf. So freudianisch oder lacanianisch muss man es jedoch gar nicht sagen. Sprachen haben nie auf Begriffen wie Arbeit, Lokalisierung und markierten Körpern aufgebaut – vielmehr ist es umgekehrt. Es ist die Sprache – und dies ist sicher die zentrale These der Psychoanalyse – die den Körper markiert. Es geht um eine semantische, bestimmungslogische und nicht um eine biologische Anatomie.

Das Unbewusste ist sprachlich verfasst, gewiss anders sprachlich als wir üblich Sprache verwenden, und insofern hat Haraway auch eben wieder Recht. Die moderne Biomedizin macht uns zu kybernetischen Organismen, aber die Frage ist, ob es uns wirklich hilft, es so zu sagen. Es braucht den analytischen Diskurs. In ihm muss sich der Analytiker selbst zum Objekt der Ansprüche, des Begehrens, der Projektionen und Irrtümer machen. Er muss der sein, der – obwohl er begreift, nicht wissen darf. Er muss ein ‚formales Unwissen' mitbringen, d. h. dem *Anderen*, der Sprachinstanz, der Begriffslogik in seinem Patienten, ermöglichen, selber zu wissen, sein je eigenes Wissen zu entdecken und auszudrücken. Weil der Analytiker sich mit seinem Wissen profund zurückhält, kann der Patient sein eigenes Wissen entdecken und zum Begreifen verwenden. Nur das wirkt! Nur das ist Wahrheitsfindung.

Freud hat betont, dass wir „einsehen müssen, dass für die Beurteilung seelischer Vorgänge die Kategorien oben / unten oder normal

---

[96] Der *Phallus* als symbolischer hat beim Mann die Bedeutung eines inkonstanten Habens, bei der Frau aber die eines weiblichen, jedoch konstanten Genießens. Lacan, J., Seminaire XVIII, ed. seuil (2007) S. 67

/ pathologisch ebenso unzureichend sind wie die früher alleinherr-
schenden Kategorien gut / böse"?[97] Es gibt keine festen Definitio-
nen. Vor kurzem berichtete die New York Times, dass man wohl
aus diesem Grund in Amerika die Diagnose „Neurose" aus dem
Krankheitsregister gestrichen habe. Es seien eben alle Menschen
inzwischen irgendwie neurotisch und so handle es sich halt nur
noch um Charaktereigenschaften, von denen jeder andere habe. Im
Leben muss sich jeder trotz seiner eigenen auch mit den Eigenhei-
ten der anderen befassen und die Pathologisierung all dieser vielleicht skurrilen Charaktere macht dann keinen Sinn mehr. Es handelt sich um das gleiche „Buchhalterprinzip der ausgeglichenen
Summe", das ich eingangs bei der Schuldfrage hinsichtlich Krieg
und Bösartigkeit erwähnt habe. Alle haben Verantwortung auf sich
geladen, und die Summe aller Neurotizismen ist schon von vornherein ausgeglichen. „Aller Unsinn hebt sich auf", sagte auch schon
der paranoide Patient G. Schreber, dessen Buch „Denkwürdigkei-
ten eines Nervenkranken" Freud und Lacan ausführlich kommentiert und gewürdigt haben.

Mit dem Begriff Perversion ist es ähnlich. Homosexualität ist heute
offiziell keine Perversion mehr, aber Lacan sagt zu Recht, dass es
immer noch die „père-version" gibt, die „Vater-Verdrehung", also
genau die „Anders-Herum-Drehung" der von mir ständig evozier-
ten Grund- bzw. Vater-Metapher. In diesem Sinne ist auch ein he-
terosexueller Mann „père-vers", wenn er ständig eine andere Frau
braucht. „Der Papa braucht nur eine Frau", sagte ein Kind einmal –
für seine Situation – sehr treffend ausgedrückt, denn um der einen
zu genügen, reicht Papas Leben ohnehin nicht aus. Manchmal halten mich Patientinnen in der Psychotherapie für einen heterosexu-
ellen Mann. Ich sage dann meist, dass ich hier nicht als heterose-
xueller Mann dasitze, sondern als monogamer Psychoanalytiker.
Vielleicht gibt es irgendwo auch noch ein bisschen Heterosexuali-
tät im Raum, aber die steht ja in der Sitzung nicht unbedingt bei
mir persönlich zur Rede. Freilich darf man auch nicht ein Papa-
Söhnchen sein, eins also, das dem Vater alles nachmacht und niemals irgendwas ein wenig in eine neue Richtung dreht. Meist sind
die Normopa-then, die ich vorhin die Angepassten nannte, solche
„fils-à-père". Strukturell gibt es also die immer noch, jede Sexua-

---

[97] Freud, S., GW, Nachtragsband, Fischer (1987) S. 690

lität hat sozusagen irgendwo den ihr eigenen ‚père-versen' Schatten,[98] nur politisch – als Ausdruck der modernen Gesellschaft – gibt es sie richtigerweise nicht mehr.

Ähnliches gilt für die LGBTIQ-Community, die zu Recht heute gleiche Toleranz und rechtliche sowie politische Akzeptanz genießt. Das hindert aber nicht, sich die Frage zu stellen, was Transgender beispielsweise wirklich bedeutet. Zur Transgenderproblematik habe ich woanders (Vater seiner Selbst, BoD, 2020) ausführlich Stellung genommen, hier nur kurz Folgendes: der Transgender will nicht das andere sexuell bestimmte Geschlechtswesen sein, er will nur geschlechtlich ‚anders herum' *normal,* und in dieser Normalität anerkannt sein, da er in der primären Identität diese Anerkennung nicht bekommt. Trotzdem ist die genetische und vor allem auch die durch frühes Bild-Wirkendes im Unbewussten, die auch als COO „concrete original object" bestimmte geschlechtliche Identität ein Hindernis. Gemeint sind speziell Spiegelungen im eigenen Körper, also das starke uns von Anfang an bestimmende ‚Körper-Spiegel-Selbst'.[99]

Hier, in solch einer umgedrehten Spiegelung könnte ja das Problem des Transgender liegen, auch wenn es vielleicht nicht anders zu lösen ist als durch hormonelle du chirurgische Intervention. Was ich aber nicht verstehe, warum am Cristopher Street Day Bürgermeister oder andere Honoratioren vorne auf den queeren karnevalsartigen Wagen stehen und winken. Ich denke, es hat damit zu tun, dass man – ähnlich wie beim Schuld-Kult – gegenüber der LGBTIQ-Community einen Scham-Kult entwickelt hat, weil die Menschen in dieser Community Jahrhunderte lang unterdrückt worden sind. Jetzt schämt man sich für sie und versucht dies durch Zugehörigkeits-Demonstrationen wieder auszugleichen.

---

[98] Deswegen passt hierher auch der heterosexuelle Mann, der ständig eine andere Frau braucht oder zehn weitere im Kopf hat. Auch der frühere Bundeskanzler G. Schröder hat jetzt die sechste Frau, doch er sieht die Frauen vorwiegend als Sexual-Objekt, obwohl sie gerade auf dieser Ebene alle gleich sind. Er hat noch nicht verstanden, dass, um nur einer zu genügen, das Leben meist nicht ausreicht, und man daher, spätestens bei der zweiten, Bescheid wissen müsste.

[99] Ferrari, A. B., From the Eclipse of the Body to the Dawn of Thought, London: Free Association Books (2004)

Vielleicht kann man das Ganze vom Denken her verstehen, also davon, dass es offensichtlich zweierlei Denken gegeben hat, obwohl es in den gleichen Menschen Platz hatte. Mehr und mehr aber trat das eine Denken in Gegensatz zum anderen, bis es so aussah, als könne nur noch eines von beiden überleben, als müsste das eine auf Kosten des anderen verschwinden. Das eine Denken unterliegt der Faszination an der Macht des Denkens, das andere ist selbst das Denken der Macht, um sie als solche letztlich auszuüben (Byung-Chul Han nennt das erstere das ‚spielende‘, das zweite das ‚arbeitende Denken). Beides läuft auf das Gleiche hinaus, nämlich auf den Irrglauben, der Gedanke könnte transparent sein, und wir könnten denkend und danach handelnd die Welt im Griff haben. In der Psychoanalyse ist Denken jedoch nur ein Umweg, der letztlich im Dienste eines Wunschstrebens steht. Die „Denkidentität“ will die „Wahrnehmungsidentität“ ersetzen, aber sie bleibt der Befriedigungssucht verbunden – im Grunde genommen eine Allerweltsweisheit.

Dennoch glaube ich, dass ein bisschen zu begreifen, was wir von dieser Zeit (1900 bis heute) wissen, durch die Darstellung zweierlei Denkens noch besser gelingt, als nur durch historische Bemerkungen oder reine Psychologie. Auch wenn der Begriff des Eidetischen (was etwas mit der gerade zitierten „Wahrnehmungsidentität“ zu tun hat) nicht mehr moderner Wissenschaftlichkeit genügt, er hilft uns ein bisschen diesen so wichtigen Vorgang der Ur-*Übertragung* als einen Vorgang von eidos zu eidos (vom Objekt-Bild zum Verstehens-Bild) besser zu erfassen und damit weiter zu kommen. Er beschreibt etwas, das die moderne Hirnforschung mit der Betonung der Rechtshirnigkeit, neuro-psychologischer Vorgänge, die mehr in der rechten Hirnhälfte lokalisiert sind, zu charakterisieren versucht und was auch Bezug zur Leikert´schen Kin- bzw. Koenästhetik, also zum bildhaften Unbewussten hat.

„Die linke Hemisphäre ist eher verantwortlich für die sozial korrigierte (Sympathie) und wenigstens zum Teil kontrollierte Affektivität [also „Denkidentität“], die rechte eher für spontanere und sozial weniger adäquate (Antipathie) Affektivität“.[100] Rechtshirnige

---

[100] Oepen, G., Psychiatrie des rechten und linken Gehirns, Dt. Ärzte-Verlag (1988) S. 229

„Bildinformations-Verarbeitung", die weniger umfangreich und systematisch ist, wird von der linkshirnigen „symbolischen und lexikalischen Informationsverarbeitung", die aufwendiger ist, unterschieden. [101] Es läuft also alles wieder auf mein *Strahlt* und *Spricht* hinaus, auf das ich noch zurückkomme.

1937 wurde ich eines Tages völlig ahnungslos zu Ministerialdirigent Dr. Tettenborn bestellt. Dort wurde mir eröffnet, der Stellvertreter des Führers, Rudolf Heß, suche für die Bearbeitung der das Reichswirtschaftsministerium betreffenden Fragen sowie für wirtschaftliche, wirtschaftspolitische Aufgaben und vor allem für die Betreuung besonderer Bauvorhaben Hitlers einen juristisch vorgebildeten Mitarbeiter, der „etwas von der Wirtschaft verstünde" und über „Organisationstalent verfüge". Heß habe sich an das Reichs- und Preußische Wirtschaftsministerium gewandt und um Abstellung eines geeigneten Herrn gebeten. Seine Abteilung beabsichtige, zwei andere Assessoren des Hauses und mich vorzuschlagen, damit der Stab des Stellvertreters des Führers eine Entscheidung unter mehreren Kandidaten treffen könne. Von dem Stellvertreter des Führers und seinem Stab hatte ich natürlich eine Vorstellung. Ich war nicht so ahnungslos wie bei dem seinerzeitigen Vorschlag des Reichssicherheitshauptamtes. Ich bat aber Dr. Tettenborn, auf meine Benennung zu verzichten, er wisse, dass ich mich im Hause sehr wohl fühle, dass mir die Arbeit große Freude mache und dass ich auf eine spätere Übernahme als Regierungsassessor und Regierungsrat warte.

„Machen Sie sich deshalb keine Sorgen, Hummel! Ich weiß, wer Sie sind und was Sie wollen. Sie bleiben formell Angehöriger des Reichs- und Preußischen Wirtschaftsministeriums. Sie werden in kurzer Zeit Regierungsassessor und dann nach Ablauf einer weiteren Periode Regierungsrat. Sie werden nur „abgeordnet". Ihr Stamministerium bleibt aber unser Haus." Da mich damals aber nicht nur berufliche, sondern, ebenso wie seinerzeit in Worms, „zarte Bindungen" an Berlin festhielten, bat ich trotz dieser beruhigenden Erklärungen, auf meine Benennung nach Möglichkeit zu verzichten. Herr Dr. Tettenborn erklärte mir sinngemäß:

---

[101] Fischer, H., Entwicklung der visuellen Wahrnehmung, (1995) S. 342

„Sie kennen die Aufgaben des 'Stabes des Stellvertreters des Führers'. Alle Gesetze und Verordnungen, sogar alle Ernennungen und Beförderungen höherer Beamten müssen von seiner zuständigen Abteilung III genehmigt werden. Wir legen Wert darauf, dass ein Mann nach München bzw. auf den Obersalzberg kommt, der 'nicht schräg spielt', sondern auf den wir uns verlassen können und der im Herzen bei uns bleibt. Deshalb sind gerade Sie der Richtige, und ich hoffe, der Stab Heß wählt Sie aus."

Was konnte ich unter diesen Umständen anderes tun? Ich stellte mich mit den beiden anderen von dem Ministerium benannten Kollegen in der Berliner Dienststelle des Stabes des Stellvertreters des Führers vor. Die Wahl fiel auf mich, und ich übersiedelte im Herbst 1937 nach München. Dort erhielt ich in der von Ministerialdirektor Sommer geleiteten sogenannten „Staatsrechtlichen Abteilung III" unter dem Unterabteilungsleiter, Oberregierungsrat Dr. Bärmann, das Referat „Wirtschaft", das alle Gesetze, Verordnungen und Fragen bearbeitete, die von dem Reichs- und Preußischen Wirtschaftsministerium ausgingen oder mit diesem Ministerium zusammenhingen. Meine Kollegen waren ebenfalls Beamte, die von anderen Ministerien abgeordnet waren, der für die Bearbeitung landwirtschaftlicher und Ernährungsfragen zuständige Sachbearbeiter von dem Reichsernährungsministerium, der Verkehrsfragen zu bearbeiten hatte, vom Reichsverkehrsministerium. Es gab dieselben Sachbearbeiter für das Justizministerium, für das Finanzministerium usw. Alle diese Sachbearbeiter waren von ihrer Behörde „abgestellte" Beamte. Wir hatten die uns übertragenen Aufgaben in der Weise zu erledigen, dass, eventuell nach Einholung von Gutachten zuständiger Parteidienststellen, insbesondere betroffener Gauleitungen, ein Bericht, eine sogenannte „Vorlage" angefertigt, über den Unterabteilungsleiter dem Abteilungsleiter, Ministerialdirektor Dr. Sommer, vorgelegt und von ihm entschieden oder an den „Stabsleiter" des Stabes des Stellvertreters des Führers, Reichsleiter Martin Bormann, weitergeleitet wurde. Ganz besonders wichtige Vorgänge entschied der Stellvertreter des Führers, Rudolf Heß, persönlich, der aber im Gegensatz zu seinem Stabsleiter sich relativ selten in die Arbeit seines Stabes einmischte, soweit die Arbeit der Staatsrechtlichen Abteilung III in Betracht kam.

Wie kann man trotz sehr, sehr viel Wissens nicht begreifen? „Sie wussten genug, um zu wissen, dass es besser ist, wenn man nicht noch mehr weiß", zitiert der SPIEGEL den Historiker D. Bankier. Schließlich galt: Krieg ist Krieg, und für die Nazis, meint der Historiker P. Longerich, „bildeten Krieg und Genozid eine Einheit". Man hatte nicht begriffen, dass es diese Einheit nie geben darf und man am besten den Krieg genauso wie den Genozid vermeiden müsste. In dem ausführlichen Bericht über die Kenntnis der Deutschen zur Judenverfolgung schreibt P. Longerich daher, dass die Vorgänge des Holocaust extrem abgeschirmt wurden, dennoch die meisten Deutschen darüber wissen konnten und auch mussten.[102] Beweis: alliierte Flugblätter und Radio waren sehr verbreitet. Doch – so Longerich weiter – „erfassten dies die meisten `Schwarzhörer´ nur bruchstückhaft". Weil auch das Wie der Vernichtung meist nicht genau bekannt war, wurde vieles nicht ernst genommen. Die deutsche Propaganda informierte zwar absichtlich, aber „äußerst verschleiert".

Zudem gab es abschreckende Urteile über die Leute, die Judenvernichtungen anprangerten und letztendlich wurden Informationen bagatellisiert, „je wahrscheinlicher die [Kriegs-] Niederlage wurde" und je „mehr Flucht in Ausweglosigkeit" und somit weitgehende Verdrängung resultierte. Zwar „wuchs der Unwille der Bevölkerung" auch über die Judenmorde, „konnte aber keine Öffentlichkeit erreichen." Immer mehr entstand „Indifferenz und Passivität gegenüber der Judenfrage" und Longerich schließt mit Bemerkungen über eine generelle „Grauzone zwischen Wissen und Unwissen", „Gerüchten und Halbwahrheiten". Gewusst haben speziell die, die es wissen wollten wie Widerstandsgruppen, bürgerlich Konservative sowie etliche Juden. Auch das Ausland habe viel gewusst, natürlich auch viele einzelne, die Nachrichten von der Front bekamen oder sonst irgendwie Zugang hatten. Ist die Frage „was haben die Deutschen gewusst" zu pauschal gestellt? Denn sie klingt danach, dass d i e Deutschen alle Deutschen sind. Wird uns das Wissen der Historiker, die wir an diesen Morden nicht beteiligt, ja gar nicht auf dieser Welt waren, die Wahrheit nie ganz herüberbringen können?

---

[102] Longerich, P., „Davon haben wir nichts gewusst", Siedler (2006)

Nur wenn es uns gelingt, die Veräußerungen, die Extrovertiertheit erst einmal im kleinen, persönlichen Kreis ausreichend und fundiert zu lösen und zu praktizieren, könnte man – und auch dann noch äußerst vorsichtig – Politik betreiben. Nur wenn wir das private und öffentliche Selbst (Matussek) in einer idealen Kombinatorik halten, werden wir im besseren Sinne politisch sein. Dazu genügt aber nicht eine diffuse Orientierung durch das Wort „situationsangepasst", wie Matussek meint. Eher könnte man sich an Vorgänger wie H. D. Thoreau, Gandhi und M. Luther King halten. Jeder sollte sich zuerst selbst reformieren, war Thoreaus Meinung, bevor man andere zu reformieren versucht. „Freiwillige Selbstreform" und –therapie" sollte am Anfang stehen, dann wäre eine ganz neue und andere, bessere Politik möglich.[103] Vor der Transzendenz-Erkenntnis steht die Selbsterkenntnis.

Es ist hier vielleicht die Stelle, um ein paar Worte zum Obersalzberg selbst vorzutragen, dessen Bedeutung oft nicht richtig erkannt wird. . . Die Partei als solche hatte auf dem Berg nichts zu sagen. Parteifunktionäre waren am Berg nicht zu sehen. Nur hin und wieder erschienen . einmal ein Gau- oder Reichsleiter, persönlich zu Hitler bestellt oder persönlich von Hitler eingeladen, der um sich im Berghof, außer seinem engeren Mitarbeiter- und Bekanntenkreis, möglichst wenig Menschen zu sehen wünschte. Mehr als die Partei trat der Staat auf dem Berg in Erscheinung, der auch während Hitlers Erholungszeit auf dem Berg „regiert" werden musste. Hier spielte Reichsminister Lammers eine besondere Rolle, der die Reichskanzlei in Berlin leitete und in Berchtesgaden eine An Filiale unterhielt, durch die er oder über die er den Kontakt mit Hitler auf dem Berg wegen der laufenden Regierungsarbeit hielt. Im Krieg erschienen natürlich, wenn Hitler auf dem Berg lebte, laufend höhere Offiziere der Wehrmacht. Auch Staatsgäste waren vor dem Krieg und während des Krieges häufig auf dem Berg zu sehen. Ab 1943 wurde auf dem Berg für das Oberkommando der Wehrmacht und den obersten Befehlshaber der Wehrmacht selbst ein unterirdisches, verbunkertes Führerhauptquartier gebaut, das bereits erwähnt wurde.

---

[103] Klumpjan, H. D. und H., Thoreau, Rowohlt (2000) S. 78

In diese Zeit meiner Tätigkeit in der Staatsrechtlichen Abteilung III, im Stabe des Stellvertreters des Führers, fiel der Anschluss Österreichs an das Deutsche Reich im März 1938. Wir alle erlebten diese Tage, als ein Volk in Not und Verzweiflung den Anschluss an das „alte Vaterland", das „Reich", fand und voll Begeisterung und Freude, geradezu in einem Glückstaumel in das „Reich zurückkehrte", wie es damals hieß. Die einmarschierenden deutschen Truppen wurden von Männern und Frauen mit Blumen überschüttet, oft mit Tränen in den Augen begrüßt und umarmt.

Es ist eine Verfälschung der geschichtlichen Wahrheit, wenn man heute Österreich als das „erste Opfer des Nationalsozialismus" hinstellen will, wie es vor allen Dingen in Österreich selbst aus naheliegenden Gründen geschieht. Ich bin wenige Tage nach dem Einmarsch deutscher Truppen in Österreich gewesen, das damals noch für Reichsdeutsche grundsätzlich gesperrt war aufgrund des bekannten „1.000 Reichsmark-Erlasses", der die Ausreise nach Österreich mit dieser „Gebühr" belegt und in den Jahren vor dem Anschluss der damaligen österreichischen Regierung große wirtschaftliche Sorgen bereitet hatte. Ich habe bei meinem Besuch in den ersten Tagen nach dem Anschluss die Reaktion der österreichischen Bevölkerung miterlebt. Sie war selbst für uns unfassbar. Die Menschen wussten tatsächlich vor Begeisterung nicht, was sie taten.

Teil II, Gegenwart

2. 1 Die Natur des Politischen als Wahrheit des *Anderen*

„Immer mehr Daten über uns und die Welt zu sammeln, erklärt die Welt nicht besser, ja, es ist nur ein sinnentleerter Dataismus. Die heutige Datensammelwut betrifft nicht nur die NSA. Sie ist der Ausdruck eines neuen Glaubens, den man Dataismus nennen könnte. Er erreicht im Moment fast religiöse oder totalitäre Züge. Auch die Big-Data-Euphorie huldigt diesem Glauben des digitalen Zeitalters. Daten werden heute für jeden Zweck gesammelt. Nicht nur NSA, Acxiom, Google oder Facebook haben ungezügelten Hunger nach Daten. Auch Anhänger des Quantified Self sind dem Dataismus verfallen. Sie versehen ihren Körper mit Sensoren, die alle körperlichen Parameter automatisch aufzeichnen. Gemessen wird alles, ob Körpertemperatur, Schritte, Schlafzyklen, Kalorienzufuhr, Kalorienverbrauch, Bewegungsprofile oder sogar Gehirnwellen. Auch bei der Meditation werden noch Herzschläge protokolliert. Selbst bei der Entspannung zählt also Leistung und Effizienz, eigentlich ein Paradox. Aus Daten allein, wie umfassend sie auch sein mögen, ergibt sich keine Erkenntnis. Sie beantworten jene Fragen nicht, die über die Leistung und Effizienz hinausgehen. In dieser Hinsicht sind die Daten blind."[104]

Und weiter: „Daten allein ergeben weder Sinn noch Wahrheit. Sie allein machen die Welt auch nicht transparenter. Im Gegenteil, sie wirkt gespenstischer denn je. Uns fällt auch schwer, das Wichtige vom Unwichtigen zu unterscheiden. Wir sind fast automatischen Prozessen ausgeliefert und optimieren uns, ohne wirklich zu wissen wofür. Das Data-Wissen ist eine beschränkte, rudimentäre Form des Wissens. Es kann nicht einmal einen Kausalzusammenhang erkennbar machen. Big Data suggeriert ein absolutes Wissen. In Wirklichkeit fällt es mit dem absoluten Unwissen zusammen. Sich in Big Data zu orientieren, ist unmöglich. Wir kommunizieren intensiv, fast zwanghaft. Eine Lücke in der Kommunikation erscheint uns unerträglich. Sie offenbart eine Leere, die durch mehr Kommunikation, durch mehr Information überbrückt werden muss. Der Dataismus geht wohl mit einem Nihilismus einher. Der Data-

---

[104] Byung-Chul Han, ZEIT-online vom 27. 9. 2011

ismus ergibt sich aus Verzicht auf Sinn und Zusammenhänge, die Daten sollen die Sinnleere füllen. Die ganze Welt zerfällt in Daten, und wir verlieren dabei größere, höhere Zusammenhänge immer mehr aus dem Blick. In dem Sinne sind Dataismus und Nihilismus zwei Seiten einer Medaille."

Wir sind also nicht mehr wir, wir sind zu nur oberflächlichen *Strahlt/ Spricht*-Daten geworden und treffen statt auf andere Menschen auch wieder nur auf andere Daten. All das hat etwas mit dem Gedächtnis bzw. der Erinnerung zu tun. Um die Vergangenheit zu verstehen und die Zukunft richtig deuten zu können, muss man eine Wandlung in der Seele durchmachen, im Gedächtnis, im Substanziellen, was Daten allein natürlich nicht vermögen. So wiederholt P. Renn in einer ganz aktuellen Version die neuropsychoanalytische Auffassung des sogenannten „implizit / prozeduralen" Gedächtnisses und dessen Gegensatz zum expliziten normalen Alltagsgedächtnis. [105] Wieder haben wir den Gegensatz vom *Strahlt* (das implizit ist und nur ganz gering Symbolisch-Prozedurales enthält) und das *Spricht* (das psychosemantische, linguistische nach außen gerichtete Strebungen enthält) vor uns. Die normale Geschichtswissenschaft weiß nicht genug von diesen Gedächtnissen. Sie versucht aus Dokumenten und Aussagen, aus glaubhaften Überlieferungen und Archiven, die Vergangenheit darzustellen. Durch ausgelagerte Gedächtnisinhalte wird unser eigenes Gedächtnis ersetzt, was sich alles vorwiegend im expliziten Bereich abspielt. Auch so kann man Dataismus betreiben und beschreiben.

Bei der ‚Transsubstanziation' aber geht es weniger um Daten eines lexikalischen Übersetzens, ums Wort-Wirkende wie es im klassischen, mehr sprach-, verbalbezogenen psychoanalytischen Vorgehen der Fall ist, sondern mehr um ein Vorgehen von Analytiker-Kreativität zu Patientenkreativität, wie ich es mit S. Leikerts Auffassung schon erklärt habe. Bei Leikert werden frühe Wahrnehmungselemente „transformativ", rhythmisch-gestalterisch, quasi melodisch übersetzt. Es geht also mehr um das Bild-Wirkende, das die klassische Psychoanalyse nicht so beachtet. Beides zusammen

---

[105] Renn, P., The Silent Past and the Invisible Present. Memory, Trauma and Representation in Psychotherapy, Routledge (2012)

ergäbe ein Übersetzen von bildhaft unbewusstem Gedächtnis zum
worthaft unbewusstem Gedächtnis. Von impliziter Erinnerungssubstanz zu worthafter Erinnerungssubstanz, aber auch vom Chaos
zur Ordnung und wieder zurück. Um so etwas geht es in meinem
Verfahren der *Analytischen Psychokatharsis,* d. h. es geht mehr
um diesen kreativen Teil, und ich biete hier exakt eine solche Erinnerungssubstanz an.

Sie hat laut Lacan die Form eines wirklichen ‚linguistischen Kristalls‘, nämlich eine topologische Buchstaben-Verknotung, die man
in der Psychoanalyse Lacans – wie ein Koan im Buddhismus oder
ein Rätselwort aus einem Traum in der Psychoanalyse – meditieren
kann. Damit löse ich endgültig ein, dass mein Diskurs kein univer-
sitärer Wissensdiskurs ist, der ein Wissen einfach nur weitergibt,
sondern einer, der eine echte Gedächtnishilfe für das eigene Unbewusste ist. Wir benötigen ein solches Gedächtnis heute mehr und
mehr. Mein therapeutisches Verfahren kann dazu helfen, das da-
tenhafte Pro / Anti-Pro aufzulösen, indem es formalisierte Lo-
sungsworte einführt, die ich *Formel-Worte* nenne. Ich hatte darauf
hingewiesen, dass in allen Kulturen Losungs-, bzw. Identitätsworte
am Anfang standen. Sie waren jedoch nur Ausdruck des Herren-
diskurses, jetzt sind sie Teil des analytischen Diskurses, indem ihre

Hier (in der Abbildung unten) – vorerst lediglich zu Anschauungs-
zwecken – mein Beispiel des „linguistischen Kristalls". In ihm befinden sich mehrere der lateinischen Sprache entnommene Kurzs-
ätze oder knappe Formulierungen, die so ineinander geschachtelt
sind, dass von verschiedenen Buchstaben
aus im Uhrzeigersinn gelesen, eine andere
Bedeutung herauskommt.[106] Genau so ist
auch das Unbewusste aufgebaut, nämlich
durch mehrere Bedeutungen „überdeterminiert", so dass die eigentliche und letzte
Bedeutung eben unbewusst bleibt. Meditiert man nunmehr jedoch umgekehrt und
aktiv durch gedankliches Wiederholen ein
derartiges kristallines (strahlenförmig auf-
gebautes) und linguistisches (bezogen auf die normale Sprache)

---

[106] Details der Bedeutungen im Anhang.

Formel-Wort, wird man im Unbewussten gerade jede zutiefst versteckten Bedeutungen wecken, um sie so ins bewusste Leben integrieren zu können. Dies ist jetzt nur eine kurze und ungenügende Erklärung. Im Anhang will ich die Methode der *Analytischen Psychokatharsis* vorwiegend in ihrer praktischen Handhabung darstellen, denn ich denke, an Theorie habe ich genügend davon vermittelt.

Ich habe argumentiert, dass all das Gerede nichts nützt, egal ob es von Historikern, Philosophen und evtl. auch den herkömmlichen Psychoanalytikern ausgedrückt wird. Selbst die Psychoanalyse ist zu einseitig, zu sehr aufs Wort-Wirkende bezogen, ihr fehlt das Bild-Wirkende, der Blick ins Gesicht des Anderen. Für damals wie für heute gilt, dass wir im Gesicht des Anderen nicht sehen, dass man nicht töten soll, wie der Philosoph E. Levinas es forderte. Aber dieses Gesicht vermittelt leider nicht den Anspruch, das Bild, den Konsens einer Bedeutung. Die Schatten des Herren- oder des universitären savoir-pour-savoir-Diskurses oder die einer heute üblich gewordenen Gleichgültigkeit liegen auf diesem Gesicht genauso wie auf dem Blick dessen, der schaut, aber nichts sieht. Nicht ganz zu Unrecht haben die Psychoanalytiker Angst vor der Verwirrung durch den Blick, weshalb sich Freud von vornherein hinter der Couch verbarrikadierte, auf der sein Patient lag.

Die gleiche Blickverwirrung gilt für die Übertechnisierung, Anonymisierung, Kälte und Übersachlichkeit unserer Welt. Wir haben heute nicht mehr nur e i n e n „Mann ohne Eigenschaften", wie Musil sein bedeutendes Buch nannte, sondern bereits sehr viele, wenn nicht sogar die Mehrheit. Und weil man nicht jeden in eine Psychoanalyse schicken kann, damit er Diskursethik lernt, plädiere ich für die Selbstanalyse, in der dem Bild-Wirkenden, dem Blick, eine größere Wichtigkeit zukommt. Um seiner Verwirrung auszukommen, muss der Blick eine Orientierung erhalten, die freilich nicht umgekehrt wieder nur e i n Bild, einen Blick favorisiert, wie das in autoritativen Ideologien üblich ist. Damit er aber eben auch nicht zu frei in Richtung der Verwirrung gehen kann, ist der ‚linguistische Kristall' notwendig. Der Sprache und Blick, *Spricht* und *Strahlt*, in seiner kompaktest möglichen, fast mathematischen Form bündelt (wie in der Abbildung des *Formel-Wortes* gezeigt, aber erst im Anhang hinsichtlich seiner einzelnen Bedeutungen ganz erklärt). Der Blick durch diese kreisrunde Röhre (von Lacan als défilés signifiantes, signifikante Engführung) bezeichnet, ist det Blick in tiefere Schichten des Unbewussten als in der Psychoanalyse möglich.

Er wird die Transsubstanziation einleiten, die dann durch diese erste Übung mit dem *Formel-Wort* in Richtung auf das entsprechende Bild-Blickliche angeregt wurde und in der zweiten Übung durch ein Nach-Innen-Hören als Ton, als Phrase oder eben als *Pass-Wort*, Identitätswort, direkt aus dem Unbewussten auftauchen kann. Auch hierfür ein Beispiel. Einer meiner Probanden, der die *Analytische Psychokatharsis* schon einige Zeit übte, wäre fast dabei eingeschlafen, als er doch noch im letzten Moment den wie von fern und aus der Tiefe kommenden Gedanken vernahm: „Der eigentliche Flughafen gesperrt". Was sollte das heißen? Eigentlich? Welcher Flughafen? Und doch wusste er sogleich, um was es ging. Denn er war ja gerade dabei in der meditativen Übung in Richtung Katharsis abzuheben, doch sein Unbewusstes bemerkte schneller als er, dass er im Begriff war in Richtung Schlaf abzudriften. Eigentlich wollte er die Übung machen, doch dieser Abflughafen schien schon gesperrt zu sein, nur der andere, uneigentliche in Richtung Schlaf, war noch offen. Nur im letzten Moment konnte er den Ablauf drehen.

Nun war dies nicht das tiefsinnigste *Pass-Wort*. Ich werde noch andere Beispiele zeigen, in denen deutlicher herauskommt, warum die *Analytische Psychokatharsis* eine Methode ist, sich selbst zu transformieren, zu ‚transsu . . . .' Und damit ist sie ein Weg, wenn viele ihn gehen, der auch politisch interessant werden könnte. Schließlich betrifft es nicht nur die Praxis der Übungen, sondern auch die damit erweiterte Psychoanalyse, die in Kombination mit all diesen bedeutenden Wissenschaften wie es eben auch die Historie ist, die Politologie, aber auch die Literatur und andere Bildung, die wichtig ist. Nur reicht sie bisher immer noch nicht aus, eine vollständige Sublimierung der Triebe zu erreichen. Immer wieder gibt es Durchbrüche aggressiver oder sexueller völlig unkontrollierter Triebe, die noch ein bisschen selbstanalytische Durcharbeit benötigen. Aber man braucht in der von mir inaugurierten Methode kaum noch einen Therapeuten neben sich sitzen zu haben.

Auch wenn ich jetzt hier im Teil II die Gegenwart, also die Zeit nach dem Krieg betonen will, zitiere ich die letzten Kriegstage in den Schilderungen meines Vaters noch weiterhin, weil ja auch entsprechende Gegenstimmen zu Wort kommen werden:

Obwohl er in den letzten Monaten des Krieges keine Divisionen, geschweige denn Armeen, mehr bewegen und einsetzen konnte, . . war Hitler bis zum Schluss von dem „Endsieg" überzeugt. Nur der völlige Mangel an Realitätssinn hatte so etwas möglich gemacht, allerdings verbunden mit seinem Glauben, der vom „Herrgott" auserwählte und gesandte Erneuerer des deutschen Volkes zu sein, wobei der Glaube . . nichts mit unserem Glauben an Gott zu tun hat, jedenfalls ein inneres Verhältnis zu Gott, eine Unterwerfung unter Gott, eine Demut vor Gott nicht zum Inhalt hatte. . Ich habe dieses persönliche Urteil gewonnen aus einzelnen Bemerkungen Hitlers in meiner Gegenwart. . und aus Berichten zahlreicher Freunde, insbesondere des von mir so oft genannten Professor Gießler. . Hitler war von sich selbst so überzeugt, überzogen, dass ihm eine . .Kritik an ihm selbst nicht in den Sinn kam. . „Sieh nach den Sternen, gib acht auf die Gassen", sagt Raabe. . Hitler sah nur nach den Sternen.

Einige Zeit nach dem Anschluss Österreichs eröffnete mir Bormann, Hitler habe, wie mir persönlich bekannt sei, ein enges persönliches Verhältnis zu der Stadt Linz, wo er seine Jugend verlebt, seine ersten Pläne als Architekt geschmiedet und sich oft ausgemalt habe, wie diese Stadt an der Donau neugestaltet und ausgebaut werden müsse. Er habe diesbezüglich dem Führer mich vorgeschlagen, ich solle mich neben dem Reichsarchitekten Professor Fick um alles kümmern, was nicht die Architektur als solche allein betreffe. Außerdem solle ich eine Gesellschaft gründen, am besten eine Gesellschaft mit beschränkter Haftung, der die Aufgabe zukomme, ein großes Führerhotel an der Donau zu bauen. Die Gesellschafter dieser GmbH sollten interessierte Kreise, insbesondere größere Firmen aus Linz und der Umgebung sowie der Gau Oberdonau werden.

In dieser Zeit 1938/39 waren die bereits erwähnten Verknappungserscheinungen sichtbarer und in ihren Auswirkungen folgenschwerer geworden. Ich hatte jetzt nicht nur für die Großbaustellen auf dem Obersalzberg, sondern für die Bauvorhaben in Linz zu sorgen, gründete zu diesem Zweck eine „Durchführungsstelle des Reichsbaurats für die Stadt Linz an der Donau" und verhandelte als Geschäftsführer der in der Zwischenzeit ins Leben gerufenen Hotel-GmbH nicht nur mit dem Reichs- und Preußischen Wirtschaftsministerium und den anderen Reichsministerien in Berlin, sondern häufig auch mit Professor Speer, der damals noch nicht Rüstungsminister und Bauminister, aber „Generalbevollmächtigter" für die Reichshauptstadt Berlin und für besondere Parteibauten in Nürnberg war.

Die Ereignisse, die ich im einzelnen schildere, sind als solche unwichtig. Ich bin aber überzeugt, dass man aus der Schilderung an und für sich belangloser Vorfälle der beruflichen Tätigkeiten und der Privatsphäre manchen Rückschluss auf den Menschen ziehen kann, um den es geht. Die Rivalitäten und oft schlecht abgestimmten Aktionen zwischen Speer, Fick, Hitler, Bormann und etlichen anderen zeigen, was früher, aber auch noch heute gang und gäbe ist.

Und so sind die Diskussionen im heutigen Bundestag sind erfreulicher als es die Attacken der Nazigrößen im Reichstag waren, dennoch haben sie oft den Charakter hemmungsloser Rivalitäten und eines pennälerartigen Schlagabtausches. Man redet dort zwar parlamentarischer, aber nicht wirklich miteinander. Es geht fast nur um Parteipolitik, wo jeder nur um seine eigenen Wählerstimmen kämpft. Die Jugendkriminalität im Land steigt, an den Schulen prügelt man sich gegenseitig und vor allem auch: man hasst sich von rechts nach links oder vom Querdenker bis zum Regierungsbeteiligten, vom Nachbarn zum Nachbarn! Depressionen, Drogensucht und Konsumwahn drücken dies treffend aus. Eine große, ein ganzes Land er- und umfassende Gemeinschaft wie es mein Vater träumte, müsste tatsächlich etwas Wunderbares sein. So sehr mein Vater in der Nazi-Zeit gegen die Kirchen war, später gestand er ihnen eine wichtige Funktion hinsichtlich allgemeiner ethischer Fragen und eines gewissen Konservativismus zu. Doch seit den Missbrauchsskandalen in allen kirchlichen Organisationen kann man sich eine solche wichtige Rolle nicht mehr so richtig vorstellen.

Die Kirchen fußen auf einer aufgeblasenen ideologischen Struktur für die Massen, dogmentheoretisch überlastet, und das Schwenken lilafarbener Tücher auf Kirchentagen kann sie daraus nicht herausreißen. Für die Jugend sind das schöne Tage der Begegnung und eines internationalen Treffens. Gegen zu extreme Linkstendenzen und Piratenexperimente sind sie genauso wenig ein Bollwerk wie gegen die technisch, materialistisch und kriminell arbeitende Finanzmafia. Das einzige, was helfen könnte – schreibt T. Lipowatz in einem anderen Buch – bestünde darin, eine psychoanalytische Dimension ins Politische zu integrieren.[107] Dabei hat Lipowatz auch einen religiösen Aspekt im Sinn: Gott muss einen neuen Namen bekommen, der aus intensiven geistes-wissenschaftlichen und psychoanalytischen Diskursen zu gewinnen ist. Und dieser Name ist eben eine besondere Art der Transzendenz, die ich jedoch so verstehe, dass sie nicht über uns ist, sondern in uns. Nur aus seinem tiefsten Ich-Es heraus kann der neue Name kommen.

Auch ich habe es zuerst mit Politik versucht. Noch als Schüler ging ich zu den Jungdemokraten, später kandidierte ich mit meiner Frau ohne Parteizugehörigkeit in der Gründerzeit bei der Grün-Alternativen-Liste zur Münchener Landtagswahl 1978. Wir gewannen nicht ganz 3% und schafften somit nicht die 5% - Hürde. In der Folgezeit hatte ich immer mehr das Gefühl, dass jeder in dieser noch jungen Gruppe ein kleiner Opportunist war und nur seine Ziele verfolgte. Die Grünen waren anfänglich noch nicht so rein links-ökologisch ausgerichtet, es gab auch sogenannte „schwarze bzw. rechte Grüne" wie der Ökobauer B. Springmann. Springmann war zur Gründerzeit der Grünen schon über 60 Jahre alt und vertrat eine Art von Naturreligion im Sinne einer ökologischen Unitarierbewegung. 1980 verließ er jedoch die Grünen wohl aus ähnlichen Gründen wie ich: sie wurden zu sehr fundamentalistisch und rückten zu weit nach links. Als ich auf einem Diskussionsabend vorschlug, man solle nach der Ökologie die „Dritte-Welt-Politik" noch vor der Sozialpolitik aufs Programm setzen, erntete ich Unverständnis und Nichtbeachtung. Dabei ging es doch den Armen weltweit zigmal schlechter als unseren Sozialhilfeempfängern.

Ich bin also keiner Partei beigetreten, weil mir immer mehr klar wurde: nie politisch tätig sein innerhalb oder durch eine Partei!

---

[107] Lipowatz, T., Der Fortschritt der Geistigkeit und der Tod Gottes, Königshausen & Neumann (2005) S. 152

Parteipolitisch tätig sein ist eine ganz eigene Sache. Man muss sich einem Kreis anschließen, der die Fragen des Lebens nicht grundsätzlich und radikal selbstkritisch angeht, sondern stets nur durch die Brille einer bestimmten politischen Anschauung, eines ideologischen Wir zu sehen versucht. Politiker meistern nicht zuerst ihre eigenen Probleme und dann die der anderen, sondern vernachlässigen ihre eigenen, indem sie denken, wenn sie sich nur den anderen genügend zuwenden, genügen sie allen beiden. Schließlich aber vermischt sich die Struktur eigener Problematik mit der anderer, und so kommt für sie irgendwann einmal die Stunde der Wahrheit, in der sie sich zu sehr anpassen oder den Kreis der sogenannten Gleichgesinnten (die nie wirklich gleich gesinnt sind) verlassen müssen.

„Wer nämlich das Brot der Wahrheit mit seinesgleichen bricht, teilt die Lüge aus", sagte Lacan. Unter seinesgleichen, und das heißt politisch Parteigleichen, wird die Wahrheit gerne verkürzt und einseitig, nämlich angepasst aufs gleiche Niveau oder die gleiche Ideologie, gesehen. Die Wahrheit sollte immer auch das Brot-Brechen mit dem *Anderen*, Unbewussten, Fremden sein, und das gerechte Verteilen kann somit nur in der Verbindung von nunmehr zwei „Wahrs" zu einem Dritten möglich werden. Warum nicht im engsten Kreis, an sich selbst und zuerst einmal, durch Individuierung und Liebe zur Transzendenz, wie T. Lipowatz sagte, wahr und politisch tätig sein? Aber was heißt das konkret? Und könnte sich so eine Gemeinschaft, ja gar Staatsgemeinschaft oder gar übergreifende Gemeinschaften organisieren? Mit Sicherheit nicht in nächster Zeit, aber grundsätzlich, warum nicht?

Einen Versuch in diese Richtung unternahm in den 80ger Jahren des letzten Jahrhunderts der Öko-Politiker E. Schumacher. Seine Devise war das „Small is beautiful". Er fing im ganz Kleinen zu Hause an und versuchte die Zeichen aus dem griechischen Wort polis (Stadt) und dem tik dahinter zu retten, indem er es als Miniaturformat für jeden einzelnen empfahl. Jedermann sollte ganz individuell politisch arbeiten. Aber Schumacher war auch Ökonom. Eine Studie über ein neues Verrechnungssystem für Devisen brachte ihm sogar den Ruf ein, einer der Väter des Euro zu sein. Die "Produktion von lokalen Betriebsmitteln für die lokalen Notwendigkeiten ist die rationalste Weise des Wirtschaftens", war eine seiner entscheidenden Aussagen. Small ist nicht nur beautiful sondern auch efficient.

Doch die Methode Schumachers hat sich in der heutigen globalisierten Welt nicht bewährt, so ideal sie auch formuliert ist. Und auch die Grünen konnten bisher eine derartige elementare Bewegung von innen und unten her nicht errichten. So etwas wie eine Vater-*Metapher* war ihnen urfremd, und Schumachers politische Ökologie war eine solche. Zu früh haben sich die Grünen dem linken Lager verschrieben und als ich einmal auf einer weiteren Versammlung sagte, dass man als Grüner eigentlich vegetarisch leben müsse, bekam ich wiederum keine Resonanz, sondern erntete Befremden.[108] Ich lebe seit damals selbst vegetarisch und der Begriff der „viriditas", der seelischen „Grünheit" (Ehrlichkeit, Offenheit, Frische und Bescheidenheit) wie sie von der Heiligen Hildegard von Bingen postuliert wurde, hätte der Partei doch eigentlich gefallen müssen. Aber davon wollten meine politischen Freunde nichts wissen. Dabei wäre „viriditas" doch d a s ideale Logo für die Grünen gewesen, die Grund-Metapher für die Gesinnung einer Ökopartei!

Im Krieg kam meiner Funktion, alle benötigten Bau- und Hilfsstoffe, alle notwendigen Güter zu besorgen, eine immer größere Bedeutung zu. Von Kriegsausbruch an gab es praktisch überhaupt nichts mehr, es sei denn, auf Karten oder Bezugsscheine. Meine Aufgaben und Funktionen auf diesem Sektor wuchsen daher von Monat zu Monat und kannten schließlich überhaupt keine Grenzen. Ich wurde „Mädchen für alles", hatte, solange die Bauvorhaben in Linz an der Donau während des Kriegs weitergeführt wurden, für Linz zu sorgen. Daneben wurde der Obersalzberg immer wichtiger, wo im Hoch- und Tiefbau einige tausend Arbeiter eingesetzt waren, die untergebracht, verpflegt und mit allem Notwendigen versorgt werden wollten. Diese Aufgaben traten neben die alten, zunächst auf den eigentlichen Bausektor beschränkten Funktionen hinzu, die ebenfalls immer umfangreicher und schwieriger wurden.

In dieser meiner Eigenschaft als „Mädchen für alles" hatte ich schließlich auch das Gästehaus, das Hotel „Platterhof", das

---

[108] Das wäre heute, 2014, anders, denn die Zahl der Vegetarier hat sich seit vierzig Jahren verzehnfacht.

„Haus Bormann" zu betreuen, wobei sich diese Betreuung nicht nur auf die Häuser als solche, sondern auch auf die in diesen Häusern wohnenden Menschen erstreckte. Frau Bormann kam mit allen ihren Sorgen zu mir, soweit diese Sorgen mit Beschaffungsfragen zusammenhingen, und ich versuchte, gerade ihr alle diese Belastungen abzunehmen und ihre Wünsche zu erfüllen, weil ich in ihr einen sehr wertvollen, sympathischen Menschen, eine „Dame" kennengelernt hatte. Sie hatte es nicht leicht mit ihren zehn Kindern und vor allen Dingen mit ihrem Mann, für die sie alle rührend sorgte. Aber Bormann war anderen Frauen gegenüber leicht – wie man heute sagen würde – übergriffig. Im Foyer seines Hauses ließ er die Büste einer Schauspielerin aufstellen, zu der er in Mätressen ähnlicher Beziehung stand.

Mit Adolf Hitler kam ich in dieser Zeit wenig, mit Martin Bormann weiterhin häufig zusammen. Ich will versuchen, einige Einzelheiten zu schildern und aus diesen Einzelheiten dann Schlussfolgerungen auf die betreffenden Menschen zu ziehen, wobei ich vorausschicken möchte, dass mein Urteil über Adolf Hitler natürlich fehlerhaft sein kann, schon deshalb, weil ich ihn seltener sah, während ich mir über Charakter, über die Eigenschaften Martin Bormanns in den Jahren der Zusammenarbeit klar geworden bin. Wichtig ist, dass zu meinem Glück alle die Fragen, die es zu erörtern gab, mit Politik nichts zu tun hatten. Sie waren auf den Bau, auf den „Beschaffungssektor" beschränkt, wenn ich diesen während des Krieges so häufig verwendeten Ausdruck benutzen darf.

Nun, später hat mein Vater sehr wohl ein Urteil über Hitler gemacht und ihm eine rücksichtslose Machtpolitik und einen – wie er immer wieder betonte – ‚Cäsarenwahn‘, eine politische Größenparanoia, unterstellt. Im beruflichen Bereich konnte er Hitlers Charakter nicht einschätzen und die konservativ autoritative Einstellung all der Parteigrößen schätzte er mehr, als dass er sie verurteilte. Meines Erachtens waren ohnehin die charakterarmen ‚Eichmanns‘ und ‚Himmlers‘ das Hauptproblem bei den NS-Verbrechen, wenn auch ohne Hitler das Ganze nicht passiert wäre, oder? Hitler war der theoretische, der Planungstäter, der sich meiner Ansicht nach kaum dafür interessiert hat, was der Rampentäter genau tut. Hitler charakterisiert am besten, was er am Schluss in etwa sagte: „Es war nichts mit den Deutschen, mit ihnen konnte man die große Neuordnung in der Welt nicht schaffen".

Zynischer, verrückter, grausamen konnte man sich nicht ausdrücken, und so konnte Hitler bleiben, für was er sich immer hielt, der ‚Gröfaz'. Europa sollte judenfrei werden, aber wichtiger war für Hitler seine Größenvision. Der wollte mein Vater sich anschließen, denn er ist ohne seinen Vater, der schon 1914 im ersten Weltkrieg fiel, aufgewachsen, und hat sich immer einen starken Vorbildvater gewünscht. Und so stellen vielleicht die E. Schumachers und die Grünen einen gegenteiligen Versuch dar, so einen nämlich, wie ihn W. Rathenau oder M. Gandhi darstellten, die stets nachgiebig laborierten und so als Verräter an der Sache von politischen Gegnern erschossen wurden. Sie wollten Mütter sein, die allen Gutes tun. Vor allem Gandhis Vaterproblem stand sehr im Vordergrund seiner politischen Aktionen zu viel guten Willens.[109]

Der Politologe S. Tharoor meinte, dass eher das moderne Indien als Europa für einen neuen politischen Weg Vorbild sein könnte.[110] Denn die indische Demokratie beruht – wie er meint - auf einer Mischung von „Pluralismus und Koexistenz". D. h. dass vielschichtigste Strebungen in einem friedlichen Nebeneinander bestehen, weil die Inder sich wie „von unsichtbaren Fäden gehalten" doch als eine große Gemeinschaft fühlen. Nicht zuletzt ist daran auch der Hinduismus beteiligt, der von jedem anders ausgeübt wird, so dass jeder nach seiner Fasson selig werden kann, alle aber doch ein gemeinsames, unbestimmtes religiöses Gefühl verbindet. Eine gewisse Individuierung ist da, aber auch Liebe zur Transzendenz.

Tatsächlich ist Indien seit so vielen Jahren eine relativ friedliebende Demokratie. Nur seit diesem blutroten 20. Jahrhundert haben auch sie das Morden erlernt: die mörderischen Kriege zwischen Hindus und Moslems bei der Teilung Groß-Indiens und die Auseinandersetzungen auch danach zeigen dies bis heute. Trotzdem geht der Gedanke Tharoors in die richtige Richtung. Wir brauchen diese Verbindung von Pluralismus und Koexistenz und vielleicht auch

---

[109] Erikson, E., Gandhis Wahrheit. Über die Ursprünge der militanten Gewaltlosigjkeit, Rowohlt (1978)
[110] Tharoor, S., Indien, Insel Verlag (2000) S. 315

ein gewisses, abgespecktes Präsidialsystem. Wie der Kulturanthropologe H. K. Bhabha in einer Aufsatzsammlung wiederholt klargelegt hat, liegt das Problem des Historismus genauso wie das unterschiedlicher Kulturen oder Politiken in der „narrativen Unsicherheit des kulturellen Dazwischen".[111] Stets gibt es „ungewisse Zwischenräume des historischen Wandels", ein ungenaues, diffuses „in between" von Generation zu Generation, vom Weißen zum Schwarzen, vom Juden zum Deutschen, vom Fremden zum Einheimischen.

Im Grunde genommen, meint er, sind der Schwarze und der Weiße doppelt versklavt und stehen sich in dieser Versklavung gegenüber als vital-schäumende narzisstische „Negritude" und als ebenso narzisstische intellektualisierende „weiße Überlegenheit". Jeder bräuchte den Anderen als Kompensator, aber allein das genügt nicht. Der Schwarze „ist nicht der wahre *Andere* für den Weißen" und umgekehrt. Es müsste für jeden ein neues, festes und klares *Narrativ* (und erinnert das nicht an meine 'Transsubstanziation'?) geben, das den Anderen zwar einschließt, aber nicht einfach nur durch Anpassung oder Angleichung, ja auch nicht nur durch Verständigung und Kooperation. Wahrhaft wirken kann nur ein volles Einschließen in der Kette der *Signifikanten*, im Wissen, das auch begriffen wird, wie es etwa die kulturübergreifende Ethnopsychoanalyse versucht hat. Doch im Begriff der „Ethnie" ist der Schwarze ja schon wieder entfremdet (denn er gebraucht so ein Wort nicht) und im Begriff ‚Psychoanalyse' wird er es noch ein zweites Mal schwierig. Was wir bräuchten wäre ein ‚schwarzes' Wort, das ‚weiß' ausgesprochen würde und umgekehrt, ein wirkliches und wahres *Narrativ*, eine globale *Übersetzungs-Maschinerie,* eine ‚Transsubstanziation'. Eine solche kann uns kein Historiker und auch kein Kulturanthropologe liefern, dazu bedarf es eines neuen Ansatzes, in dem wirklich ein derartiges ‚schwarzweißes' Wort die Grundlage für jeden weiteren Diskurs zwischen den Gruppen und für dieses „unsichere Dazwischen" liefert. Natürlich genügt dazu nicht die Zusammenschreibung vom weiß und schwarz alleine.

Ich habe in meinem Verfahren der *Analytischen Psychokatharsis* daher Formulierungen entwickelt, die direkt auf der *Signifikanten-*

---

[111] Bhabha, H. K., Die Verortung der Kultur, Stauffenburg (2000) S. 187

Ebene fungieren. Ich nenne sie wie erwähnt *Formel-Worte*, da sie in einer Formulierung mehrere Bedeutungen enthalten, die formelartig ineinanderstecken. Diese Formulierungen sind somit auf eine linguistische, signifikante Weise derart verknotet, so dass sie das ‚Transsubstanziative' anstoßen können. Die Übungen mit diesen *Formel-Worten* sollen den einzelnen in eine Verfassung bringen, aus der heraus er einen direkten Zugang zum Unbewussten, einen Zugang sozusagen von Grund auf zu Grund auf, vom eigenen Unbewussten zum Unbewussten des *Anderen* erlangt, auch zu dem des Historikers z. B. Aus der Perspektive des in sich Ruhenden, aus der Distanz von Formulierungen ohne Restworte, aus dem ‚Transsubstanziierendem', lässt sich Geschichte und Politik nämlich besser verstehen, als durch stets schon vorgekaute Meinungen. Und manches lässt sich dann sogar begreifen.

Durch das Üben mit den *Formel-Worten* wird also keine politische oder sonstige Aussage gefördert, sondern nur die Kombinatorik des *Strahlt / Spricht* einer symbolischen, verbalen Ausdrucksmöglichkeit angenähert. Man wird in jenen „linguistischen Kristall" verstrickt, der das Unbewusste ist, wie Lacan sagt, denn die *Formel-Worte* sind gleichermaßen linguistisch kristallin. Das Unbewusste (auch das eigene, individuelle) ist eine Art des Eigennamens, aber es ist ein Eigenname „ohne Heimat", ohne zu spezielles „Eigen".[112] Durch das Üben wird man diesen *Namen* jedoch finden und ihm eine Heimat im Sinne einer Individuierung geben können, auch eine politische Heimat. Schließlich ist jede Art von Heimat möglich. Der Mensch ist nicht wie Aristoteles noch meinte ein „Zoon politikon", ein Gesellschaftstier, sondern er ist ein ‚Sprechendes Sein', ein der symbolischen Ordnung unterstelltes Wesen, das wesentlich mitbestimmt wird durch diesen „sprachbezogenen Kristall" des Unbewussten. Und von da aus, von dieser sicheren und gefestigten Warte aus, kann dieses 'Sprechende Sein' alles sagen, kann es zu allem Stellung nehmen, und dann kann es eben doch auch politisch sein.

Ich komme nochmals zu den Fragen der Wissenschaftlichkeit zurück. Das meiste, was die Leute in Kultur und Wissenschaften sagen, auch die universitären Wissenschaftler, ist nicht immer das

---

[112] Lacan, J., Die Bildungen des Unbewussten, Thuria & Kant (2006) S. 41

Akkurateste, oft handelt es sich nämlich um nichts anderes als eine „Feinverrührung angestammter Ideen."[113] Es ist – so Lacan – meist ein ‚leeres Sprechen', das nichts wirklich grundlegend Neues und Authentisches sagt. Das – wie eingangs zitiert – entweder nur richtig weiß, aber es nicht gut sagt, oder umgekehrt, es gut sagt, aber nur blind intuitiv, und das heißt ohne es eigentlich richtig zu wissen. Weil dies immer passiert, nämlich dass man nur die eine Seite beherrscht, können wir nicht begreifen. Wir können nur begreifen, wenn wir die uns eigene ‚Bildrede' benutzen,[114] das eigene Unbewusste mit einschließen in das, was wir sagen und aus dem *Strahlt / Spricht* heraus formulieren. Das können wir nur durch eine Übung lernen, durch eine aus uns selbst geholte Psychosemiose. Bilder und Worte allein können es nicht.

Nur so können wir verstehen, was Lipowatz mit seinen Begriffen der Individuierung und der Liebe als einem Jenseits der Leidenschaften gemeint hat und wie es tatsächlich zu etwas Politischen werden kann. Dieses Politische muss von einzelnen Personen ausgehen, von jedem Einzelnen, indem er sich als Individuum eines Kollektivs versteht. Das Kollektiv ist nicht die Gesellschaft, es ist nicht das Soziale. Es kann auch aus Menschen der Vergangenheit und anderen lebenden Wesen bestehen. Es handelt sich auch sicher nicht nur um die Familie, den eigenen Clan und die eigene Nation. Das Subjekt ist das Kollektiv des Individuums, sagt Lacan. Wir haben ja gesehen, dass sich das Kollektiv durch die imaginär-symbolische Ordnung, durch die Verbindung, durch die Kombination, des Bild- mit dem Wort-Wirkenden bestimmt, gerade auch insofern uns diese auch unbewusst ist.

Das Bild einer alten Heimat und irgendwelcher vertrauter Menschen *Strahlt* auf und gleichzeitig *Spricht* es in uns als das Raunen unbewusster kollektiver Wünsche. All dieses *Strahlt / Spricht* macht das Kollektiv aus, dem wir als Subjekte unterstellt sind, auch wenn wir uns in der Individuierung für reine Einzelgänger halten dürfen. Doch alles hängt auch davon ab, wie gut, wie ge-

---

[113] Lacan, J., Die Bildungen des Unbewussten, Thuria & Kant (2006) S. 18
[114] Zimmermann, R., Geschlechtermetaphorik und Gottesverhältnis, M. Siebeck Verlag (2001). Der Autor verwendet den Begriff „Bildrede" als das entscheidende Element, um Erotisches und Religiöses zu vergleichen.

reift, wie gelungen, diese Kombination des *Strahlt / Spricht* geraten ist. Unter Reife verstehe ich psychoanalytische Reife, kollektive Gereiftheit. Ist sie heute besser als damals?

Die *Formel-Worte* sagen also eigentlich nichts und regen gerade dadurch zu demjenigen Sagen an, das beim letzten Begreifen und der letzten Gereiftheit hilft, indem nicht sie selber es sind, sondern die, die speziell im Nichtssagen etwas ganz Definitives bedeuten und aus uns herausholen. Weil aber mehrere Bedeutungen in einer Formulierung stecken, kann diese Definiertheit nicht vordergründig, nicht nur zum zu gut Verstehen genutzt werden, sondern eben mehr zum Begreifen. Ich kann hier nur nochmals auf meine anderen Veröffentlichungen verweisen, in denen die Methode selbst ausführlicher erklärt ist. So ein Logo wie ein *Formel-Wort* ist auch ein neues Gedächtnis, eine explizit-implizite Erinnerungsmethode. Natürlich geht es dabei um ein Begreifen der eigenen Geschichte und der Politik, die man mit den Eltern oder den ersten Bezugspersonen geteilt hat. Wie dies genau zu verstehen ist, werde ich noch im letzten Kapitel ausführen.

2. 2 Politik / Theologie

Was Gott angeht, hatte Hitler eine einfache Lösung parat. „Der Ga-
liläer hatte die Absicht, sein galiläisches Land von den Juden zu
befreien",[115] war Hitlers Ansicht. Jesus war somit eigentlich in
Ordnung. Erst der Jude Paulus hat daraus eine Religion gemacht.
Die Lehre vom jüdischen oder christlichen Monotheismus ist nur
ein Vorwand, die Menschen unter der Knute des jüdischen-
christlichen Kapitalismus zu knechten, war seine These. Wenn man
die „Rassengesetze" zerstört, fördert man die des jüdischen Kapita-
lismus-Bolschewismus, so Hitlers Logik. Der Arier Jesus ist einfach nicht so weit gekommen, die wahre Rasse zur Herrschaft zu
bringen, wie er, Hitler, dies nunmehr tun will oder muss. Da ist
selbstverständlich einiges durcheinander.

Trotz der Feststellung Freuds vom Zwangscharakter der Religion
wird es diese vier Buchstaben, G, o und zweimal t auch noch lange
weiterhin geben. Auch wenn es nur noch Buchstaben sind, werden
sie bleiben, hartnäckig, den *Signifikanten* gleich, aus der Psychosemiose nicht zu verbannen. Gerade wenn man sagt, „die *Null*, die
Gott darstellt, ist das Sein der Welt", gerade also, wenn man ihn
annihiliert, gibt es ihn nur noch umso mehr. Man muss *Ihm*, diesem
I, h und m also einen Namen geben. Der christliche Religionsphi-
losoph R. Spaemann nennt Ihn ein „unsterbliches Gerücht" Das ist
nicht negativ gemeint, sondern trifft genau im Sinne einer Psycho-
linguistik ins Schwarze. Da gibt es einerseits etwas Unsterbliches
(das, was ich ein Es *Strahlt* nenne) und dann noch etwas Raunen-
des, Rufendes, geheimnisvoll Tuschelndes, nämlich ein Gerede,
ein Gerücht (was genau auf das Es *Spricht* zutrifft).

Lacan bezeichnete das seelisch Unbewusste auch als ein "universa-
les Gemurmel". Eben dieser Ausdruck meint praktisch das Gleiche
wie das Zitat vom "unsterblichen Gerücht". Es geht wie beim sogenannten ‚Weißen Rauschen' der Informationstechnologie,[116] des-

---

[115] Hitler, A., Monologe im Führerhauptquartier, Orbis Vlg. (2000) S. 97
[116] Algorithmische Informationstheorie – Wikipedia, wo klargelegt wird,
dass die algorithmische Information umso höher ist, je weniger eine Zei-
chenkette (unter anderem durch Datenkompression) komprimiert werden kann, je chaotischer sie also aussieht.

sen Redundanz viel mehr Information enthält als die eigentlich ge-
schätzte Resonanz, um ein Gemurmel somit, das aber höchst an-
spruchsvollen, nämlich universellen Charakter hat. Denn das Unbewusste ist nicht einfach ein Etwas, ein unbewusstes Sein, sondern ist "wie eine Sprache aufgebaut", also symbolische Ordnung
per se und kann so erforscht und zum Sprechen gebracht werden.
Und so entsteht umso mehr die Frage: gibt es nicht eine überkon-
fessionelle Religio?

Bei der Besprechung in Linz erwähnte Hitler unter anderem
auch, wenn er die Aufgabe des Krieges gelöst habe, habe er
sich als „letzte Aufgabe" noch die Ausrottung des Christentums
in Deutschland gesetzt. Wenn es überhaupt einem Menschen
möglich sei, diese seit beinahe zweitausend Jahren bestehende
Religion, die innere Verbindung des deutschen Volkes mit dieser Religion auszurotten und das deutsche Volk freizumachen
von dem „Aberglauben des Christentums", dann sei er das. Er
sei sich über die Größe und die Schwierigkeiten dieser Aufgabe
voll im klaren und könne selbst jetzt nicht bestimmt sagen, dass
es ihm gelingen werde, sie zu lösen, aber er werde es versuchen, dem deutschen Volk klarzumachen, dass kein alter Vater
mit Bart das Schicksal eines jeden Menschen bestimme und
sich um das Wohlergehen des Einzelnen kümmere. Wenn es
ein solches Wesen gebe, dann beschränkten sich sein Interesse und seine Einflussnahme auf das Schicksal der Völker, nicht
auf einzelne Personen, es gebe Milliarden von Menschen auf
der Welt, und das sei selbst für einen Gott zu viel.

Die Unlogik und das Unverständnis Hitlers gegenüber den Begriffen „Gott", „Ewigkeit", „Unendlichkeit" fielen mir damals auf,
insbesondere der etwas merkwürdig anmutende Widerspruch
zwischen dem Interesse Gottes an dem Schicksal der Völker
und sein Verzicht auf jede Einflussnahme hinsichtlich des Lebens des einzelnen Menschen. Ich glaubte aber, aus den Bemerkungen Hitlers erkennen zu können, dass er irgendein „hö-
heres Wesen", den „Herrgott" anerkannte, wie er später dieses
Wesen öfters bezeichnete. Im Gegenteil, der Glaube an diesen
„Herrgott", der ihn zum Erlöser und Führer des deutschen Volkes gemacht habe, der von ihm Härte, Einsatzbereitschaft, Mut,

Kraft, Durchhaltevermögen erwarte, hat ihn im Laufe des Krieges immer mehr erfasst.

Bemerkt werden soll noch, dass die übrigen Teilnehmer an diesem Mittagessen, insbesondere hier die ad hoc geladenen Gäste, keine längeren Tischgespräche führten, sondern allenfalls einmal mit gedämpfter Stimme sich mit dem Tischnachbarn unterhielten und auch das nur, wenn Hitler gerade nicht selbst sprach. Dieses Verfahren galt ganz allgemein für „Hitlers Tischgespräche". Ambiente, Teilnehmerkreis und vor allem Inhalt und Pointen der „Gespräche" -„Monologe" wäre der bessere Ausdruck - waren und blieben im Wesentlichen gleich. Das galt vor allem für den Inhalt, die Themen, den Wortlaut dieser Monologe. Mit der Zeit kannte man viele. Manche kannten alle, mehr oder weniger auswendig sogar!

Ich liege doch nicht falsch, wenn ich grundsätzlich wie Lipowatz die Liebe zu etwas Transzendentem, oder wie Spaemann zu einem unsterblichen Gerücht propagiere. Und zudem erleichtere ich diese Liebe noch durch die Verwendung einer Selbstanalyse, eines analytischen und psychokathartischen Verfahrens, in dem die Katharsis ja gerade den Liebesaspekt fühlbar, erfahrbar zum Einsatz bringt, während der analytische Anteil für die wissenschaftliche Klarheit zuständig ist. Dadurch ist es nicht notwendig, in Religionsstreitigkeiten zu verfallen, aber man muss auch nicht sagen, dass man Atheist ist, wie manche glauben betonen zu müssen. Denn schon die zwei Silben ‚Theist' suggerieren, dass man von Gott weiß, aber nicht begriffen hat, wie man dieses Wissen umsetzen kann. Diesbezüglich meinte Lacan, dass es unsinnig sei wie die Atheisten zu leugnen, dass Gott ins Leben der Menschen eingreift. ‚Gott greift ständig ein, beispielsweise in Gestalt einer Frau. Die Pfaffen wissen, dass Gott und die Frau von gleicher Art Plagegeist sind'.[117] Na ja, das ist schon ein bisschen sarkastisch gemeint. Ich finde daher den Spruch vom ‚unsterblichen Gerücht' die beste Definition, die man vom Transzendenten geben kann. Es wird eben immer schon und auch weiterhin in alle Ewigkeit davon gesprochen werden, auch wenn nie ganz definitiv feststeht, was mit Gott gemeint ist. Aber vielleicht kann man Atheisten von ihrem Nihi-

---

[117] Lacan, J., Gespräche mit den Studenten der Yale-University, übersetzt und veröffentlich von M. Coelen in lacan-entziffern.de Jan. 2020.

lismus besser abbringen, wenn man auf die Frauen verweist, die Gott geschickt hat, denn bei ihnen hindert ja genauso ein übersteigertes Pro, ein Pro Nichts, die geforderte Diskursethik.

Der Berghof auf dem Obersalzberg war, ebenso wie das Haus Prinzregentenplatz 16 in München, Privatbesitz Hitlers. Er war aus seinen privaten Einkünften bzw. seinem, soweit ich weiß, relativ bescheidenen privaten Vermögen erworben worden und wurde auch von ihm privat erhalten. Zum Verständnis der nachfolgenden Episode darf ich hervorheben, dass die Aufgaben der NSDAP und der angeschlossenen Verbände aus den Einnahmen der Partei finanziert wurden, die in erster Linie auf die laufenden Beiträge der Parteimitglieder zurückgingen. Zuständig für dieses Aufgabengebiet war der „Reichsschatzmeister der NSDAP", Herr Schwarz, ein honoriger älterer Herr, geachtet und gefürchtet ob seiner Korrektheit und Unbestechlichkeit.

Neben diesem Parteivermögen existierte eine besondere Vermögensmasse, erfasst von einem eingetragenen Verein. Ich bin mir aber über die formelle rechtliche Form nicht mehr im Klaren. Diese besondere Vermögensmasse stammte aus den Spenden der deutschen Wirtschaft, insbesondere der Großindustrie, und wurde Adolf Hitler persönlich zur Verfügung gestellt zur Finanzierung der von ihm selbst als besonders förderungswürdig anerkannten Aufgaben. Die relativ hohen, weit in die Millionen Reichsmark gehenden Beträge hatten mit dem Parteivermögen nichts zu tun. Sie unterstanden auch nicht der Zuständigkeit oder der Kontrolle des Reichsschatzmeisters der NSDAP. Über sie verfügte Martin Bormann im Auftrage Hitlers nach den Weisungen Hitlers. Daneben existierte noch das Privatvermögen Hitlers, zu dem, wie erwähnt, der Berghof auf dem Obersalzberg und das Haus Prinzregentenplatz 16 in München gehörten.

Um die Anpassung des Berghofs an die mit der Zeit gewachsenen Anforderungen, um die Erweiterung des Berghofs ging es zur Zeit des Krieges. Das Problem war nicht einfach zu lösen, weil es darauf ankam, den Eindruck des Berghofs als oberbayerisches Landhaus zu erhalten und seinen Charakter zu wahren. Mit den bisher durchgeführten Baumaßnahmen hatte man die äußerste Grenze des Vertretbaren erreicht. Jedes „Mehr" wäre ein „Weniger" geworden. In der Besprechung in dem bekannten großen Raum mit dem Glasfenster nach dem Untersberg hin trug Professor Fick Hitler eine Reihe von Vorschlägen vor, über die, wie es mir schien, auch Professor Fick selbst innerlich nicht ganz begeistert war. Hitler meinte sinngemäß:

„Professor, so geht es nicht. Wir dürfen meinen Berghof nicht verschandeln. Wie wäre es, wenn wir hinter dem Berghof, den kleinen 'Muckel' (Hügel) abtragen und dort mit dem Neubau beginnen würden?" Professor Fick, mittlerweile taktisch etwas geschickter und geschulter, nahm diesen Hinweis auf und meinte:

„Mein Führer, das wird aber ein Riesenbauvorhaben werden und furchtbar teuer sein; denn wir müssen schätzungsweise soundso viel Kubikmeter Erde abheben, eventuell auch in den Fels hineingehen und mit anderen Schwierigkeiten rechnen, bevor wir mit dem Bau als solchem überhaupt beginnen können." Darauf wandte sich Hitler an mich mit der Frage: „Doktor, was kann das etwa kosten?"

Wir hatten für den Obersalzberg bestimmte Richtzahlen für den Kubikmeter umbauten Raumes, mit denen wir rechnen konnten. Ich weiß, dass in der damaligen Zeit der Kubikmeter umbauten Raumes bei normalen Bauten in Großstädten zwischen RM 15,— und RM 20,— kostete. Wir lagen auf dem Obersalzberg, wenn ich mich nicht sehr täusche, zwischen RM 30,- und RM 40,—, weil das Bauen dort natürlich wesentlich kostspieliger war als anderswo. Einmal war das Beste gerade gut genug. Das versteht sich! Zum anderen musste das gesamte Baumaterial, praktisch jeder Stein, von auswärts herangeholt und mit Lastwagen auf den Obersalzberg gebracht werden. Da ich die in Betracht kommenden Größenordnungen etwa kannte, insbesondere wusste, wie sich der vorgesehene Neubau und die notwendigen Erdbewegungen nach den Schätzungen von Professor Fick zu anderen bereits durchgeführten ähnlichen Maßnahmen auf dem Obersalzberg verhielten, konnte ich eine Zahl nennen, natürlich mit dem ausdrücklichen Hinweis, hier handele es sich nur um eine über den Daumen gepeilte Größe. Hitler war sichtlich niedergeschlagen und erklärte:

„Diese Summe kann ich im Augenblick nicht aufbringen. Das ist mir zu teuer. Wir müssen, lieber Professor, warten, bis ich wieder etwas mehr zu Geld gekommen bin. Ich bekomme aus dem Vertrieb meines Buches in absehbarer Zeit etwas. Stellen wir die Sache also zunächst einmal zurück, bis ich exakter disponieren kann."

Bormann, der an dieser Besprechung teilgenommen und die Enttäuschung Hitlers bemerkt hatte, sprang sofort ein: „Mein Führer, diese Kosten kann doch die 'Adolf Hitler-Spende der Deutschen Wirtschaft' übernehmen. Schließlich handelt es sich um einen Anbau, der nicht aus persönlichen, sondern aus sachlichen Gründen der Partei und vor allen Dingen des Staates wegen durchgeführt werden soll. Mit Ihnen persönlich hat dieser Erweiterungsbau nichts zu tun. Lassen Sie mich daher diesen Betrag übernehmen."

Hitler erwiderte mit einem Lächeln, etwas resignierend: „Bormann, Sie wissen, dass ich mir weder für meinen 'Berghof noch für mein Haus in München einen Pfennig von der Partei, vom Staat oder von Ihrer 'Adolf Hitler-Spende der Deutschen Wirtschaft' geben lasse. Das alles sind und bleiben meine persönlichen Dinge, und hier möchte ich nichts anderes hören."

Für alle Anwesenden war erkennbar, dass diese Entscheidung für Hitler eine Enttäuschung darstellte, und ich muss bekennen, dass sie mich damals gerade deshalb sehr beeindruckte. Im Laufe des Gespräches wurden dann auch Bauvorhaben für Linz an der Donau erörtert und zur Diskussion gestellt, unter anderem das neugeplante Führer-Hotel, das an der Donau errichtet werden sollte. Für dieses geplante Führer-Hotel war, wie bereits erwähnt, eine besondere Gesellschaft mit beschränkter Haftung gegründet worden, zu deren Geschäftsführer ich bestellt worden war. Planender Architekt neben anderen Herren war Professor Fick. Jedes Mal, wenn wir zum Vortrag bei Hitler erschienen, wurde dieses Bauvorhaben in seinem Umfang und seinen Ausmaßen vergrößert. Ich habe die Dimensionen heute nicht mehr exakt im Gedächtnis. Ich kann mich aber noch zuverlässig an die in Betracht kommenden Bausummen erinnern. Wir begannen mit einem GmbH-Kapital von unter 5 Millionen Reichsmark, das der Gau Oberdonau, die Stadt Linz, vor allen Dingen die Wirtschaft in Oberdonau, zur Verfügung stellen sollten. In den Besprechungen Hitlers mit Professor Fick wuchs mit dem Umfang des Bauvorhabens natürlich auch die Bausumme rasant an. Sie erreichte bald die Summe von 10 Millionen Reichsmark, sprang dann über 15 Millionen Reichsmark bis zu 20 Millionen Reichsmark. Als in der erwähnten Besprechung weitere Vergrößerungen zur Diskussion gestellt wurden, erlaubte ich mir den Hinweis:

„Mein Führer, es wird nicht ganz einfach sein, diese großen Summen in Linz und im Gau Oberdonau aufzutreiben. Wir haben bereits bei den letzten Erhöhungen Schwierigkeiten gehabt und ich fürchte, ohne Hilfe des Staates oder der Partei werden wir das jetzt zu erhöhende Gesellschafterkapital nicht aufbringen." Darauf meinte Hitler zu Bormann:

„Sehen Sie, Bormann, hier können Sie Ihr Geld von der 'Adolf Hitler-Spende' loswerden, das Sie in meinen Berghof stecken wollten. Hier hat es mit mir nichts zu tun, und hier ist es gut angelegt." Ich muss erneut zugeben, dass ich von dieser Einstellung Hitlers beeindruckt war. Eine derartig saubere Trennung der persönlichen Sphäre von allen beruflichen, geschäftlichen, staatlichen oder parteipolitischen Aufgaben schien mir nicht nur höchst bemerkenswert, sondern anständig, insbesondere, wenn man berücksichtigte, dass die Aufgabe der Erweiterung des Berghof-Projekts für Hitler kurz vorher eine so große Enttäuschung dargestellt hatte. Da die Sache gerade so gut lief, bat ich Hitler bei dieser Gelegenheit noch, einen besonderen Hotel-Sachverständigen zuziehen zu dürfen, der feststellen müsse, wie das geplante Hotel mit seinen großen Dimensionen bewirtschaftet und geführt werden könne. Auch damit war Hitler sehr einverstanden und erklärte am Schluss noch: „Vergessen Sie ja die Bar nicht. Sie muss besonders schön und attraktiv sein. Ich weiß zwar nicht, was die Leute an .einem solchen Raum und vor allen Dingen an solch unbequemen Sitzgelegenheiten finden, aber es ist offenbar so, dass der Ruf eines Hotels auch von der Hotelbar abhängt."

Wir wussten damals bereits sehr genau, wie großspurig und verschwenderisch andere Größen der NSDAP lebten, wie ungeniert sie sich der Mittel der Partei und vor allen Dingen der Mittel des Staates bedienten. Göring war nur ein Beispiel, vielleicht das prägnanteste Beispiel für diese Gruppe von Menschen, wobei es interessieren dürfte, dass, im Gegensatz zu den anderen NS-Größen, das Volk Göring seine Verschwendungssucht, seine Großspurigkeit nicht übelnahm, sondern sich über seinen aufwendigen Lebensstil nur amüsierte. Man tolerierte den „Renaissancefürsten". Im Gegensatz zu ihm war Hitler persönlich einfach und bescheiden, in Geldfragen korrekt. Ist man dies heute auch noch immer?

Eine weitere Besprechung dieser Art fand im Sommer 1940 auf dem Obersalzberg statt. An dieses Datum kann ich mich noch sehr genau erinnern, weil Hitler nach dem siegreichen Frankreich-Feldzug einige Zeit auf dem Obersalzberg weilte und dort an seiner großen Reichstagsrede arbeitete, in der er der Wehrmacht für ihre Taten dankte, Göring zum Reichsmarschall und zahlreiche Generäle zu Feldmarschällen ernannte. Es war die große Rede, mit der er England den Abschluss eines Verständigungsfriedens vorschlug, die Räumung aller Länder im Westen anbot und sich auf die in Polen eroberten Provinzen beschränken wollte.

Ich bin heute noch der Ansicht, es war ein Unglück für England, Deutschland und die Welt, dass es damals nicht zu diesem Verständigungsfrieden gekommen ist. England, das britische Empire, und damit ein großer Stabilitätsfaktor wären erhalten geblieben. Unsere Bäume wären nicht in den Himmel gewachsen, und vor allen Dingen die zahlreichen Verbrechen, die in der Folgezeit, insbesondere nach Beginn des Russlandfeldzugs ab 1941 begangen wurden, wären ungeschehen geblieben. Die großen Judenverfolgungen, der Ausrottungsprozeß, begannen erst 1941, auch wenn bereits bis Sommer 1940 in Einzelfällen Schreckliches geschehen war. Fraglich ist nur, ob Hitler nicht auch in diesem Falle, ich meine bei Abschluss eines Verständigungsfriedens im Sommer 1940 mit England, in den folgenden Jahren seine „große Ost-Idee" wieder aufgenommen und - dieses Mal dann allerdings befreit von der Gefahr im Westen - Russland angegriffen hätte. Ich persönlich halte eine solche Entwicklung für möglich, für wahrscheinlich'.

Aber es kam ja anders! Churchill lehnte ab, ausgehend einzig und allein von der Überlegung, es komme darauf an durchzuhalten, bis der amerikanische Präsident Roosevelt „soweit sei" und dem 1940 noch ganz dem Isolationismus ergebenen amerikanischen Volk die Notwendigkeit klargemacht habe, dass es für die Menschlichkeit, gegen Terror und Verbrechen kämpfen, das heißt in den Krieg eintreten müsse. Dass Japan ihm dabei durch den Überfall auf Pearl Harbour und Hitler durch seine anschließende Kriegserklärung an die USA die Sache erleichterten, war eine andere Sache.

Ein neues Buch des bekannten amerikanischen, sozialkritischen Autors N. Baker lässt mich nochmals eine kurze Stellungnahme zur Kriegsgeschichte abgebe. Denn Baker schreibt wie verwickelt alle in dieses unheilvolle Geschehen waren.[118] Und das Besondere: Baker hat nicht nur historische Kenntnisse verwandt, sondern auch kleinere alltägliche Berichte aus alten Zeitungen, Monographien und Tagebüchern. Er war also (fast) Historiker und Zeitzeuge in einem. Er hielt Churchill für einen der ganz großen Kriegstreiber. „Er verhängte die Blockade über Kontinentaleuropa und es hungerte nicht nur die Wehrmacht, sondern auch die Zivilbevölkerung in vielen Ländern. Er war derjenige, der mit der systematischen Bombardierung der Städte begann und diese systematisch weitertrieb, in der irrigen Hoffnung, auf diese Weise die Moral der deutschen Zivilbevölkerung zu treffen."

Und weiter: „Als Churchill im Juni 1940 Premierminister wurde, tat er sofort zwei Dinge: Er ließ die Deutschen in Großbritannien internieren unter denen viele Juden waren - er selbst machte aus seinem Antisemitismus und aus seiner Gleichgültigkeit gegenüber dem Schicksal der Juden keinen Hehl. Und er befahl die Bombardierung des Ruhrgebiets. Ich will nicht die Verantwortung für diesen Krieg nivellieren. Ich sage nur, dass eine Katastrophe von solchen Ausmaßen mehr als ein Kraftzentrum hat."[119] Im weiteren stellt Baker auch fest, dass Churchill Roosevelt zum Krieg gedrungen hat. Die Wahrheit, so meinte er auch, verberge sich oft gerade im Offensichtlichen (z. B. der Historikerdarstellungen).

All das ist natürlich heikel, und mir geht es gar nicht um die Darstellung eines neuen Historikerstreites. Mit geht es genau um das, was Baker sagt: wie konnte spätestens Ende 1941 die Zivilisation durch das Mitwirken so vieler Nationen vor die Hunde gehen und dass es so gefährlich ist, einen Krieg – egal welchen – als gerecht darzustellen und damit alle weiteren Kriege rechtfertigen zu können. Und darum, die gleichen Fehler gemacht zu haben wie nach dem ersten Weltkrieg, nämlich Rache genommen zu haben. Wenn

---

[118] Baker, N., Human Smoke, The Beginnings of World War II, the End of Civilisation, Simon & Schuster (2008)
[119] Steinfeld, T., Wie begann der zweite Weltkrieg, ein Gespräch mit N. Baker, SZ Nr. 62 vom 13.3.08, S. 13

Deutschland heute gut dasteht, dann deswegen, weil es diesmal auf Rache verzichtet hat, obwohl eine zunehmend erstarkte Ultrarechte dagegen arbeiten möchte. Die rein historischen Arbeiten werden nie eine Lösung hinsichtlich dieser Probleme bringen. Wir brauchen Psychohistorie, wir brauchen die Antwort auf die Frage, was die Menschen immer in derartige Katastrophen treibt und warum sie diese dann auch noch heiligen, um wieder neue begehen zu können. Ich kann nur nochmals betonen, wie wichtig ich es gerade für Historiker halte, dass sie noch während ihrer Ausbildung eine Selbstanalyse machen. Im Zusammenhang mit ihrer eigenen Historie bekommt nämlich dann die allgemeine Historie eine ganz andere, tiefere und authentischere Wertung.

In diesen Tagen, wo ich dies schreibe, schlägt China wieder einmal einen Tibeteraufstand brutal nieder und die ganze Welt schaut zu (2008). In der Folgezeit haben sich mehr als 100 Mönche und Nonnen in Tibet selbst verbrannt. Man stritt sich, ob überhaupt und dann evtl. wie man die olympischen Spiele, die China gerade (2008) ausrichtet, boykottieren soll, anstatt dass man das ganze vor die UNO gebracht und China mit dem Einsatz von Blauhelmsoldaten in Tibet konfrontiert hätte. Stattdessen haben alle Angst vor dem neu erstarkten Wirtschaftsriesen. Bloß nicht Kapital verlieren. Handelt es sich nicht schon wieder um das Zögern wie in den dreißiger Jahren des letzten Jahrhunderts als man glaubte, Hitler immer nur beschwichtigen zu können (die Parallele dazu war durch die Olympiade wirklich eklatant)? Die Ethik ist wichtiger als die Wirtschaft, das wissen unsere Politiker heute leider nicht. Aber sie können es auch nicht wissen, weil sie kein therapeutisches Konzept haben und sich selbst nie mit der therapeutischen Frage beschäftigt haben. Auch jetzt, beim Schreiben an der Neuauflage (2021) begehen die Chinesen gerade den Genozid an den Uiguren, und auch da unternimmt niemand etwas dagegen.

Müsste man nicht chinesische Importe langsam auf Eigenproduktion im Westen umstellen? Warnrufe gegen den zunehmenden martialischen Nationalismus in China, gegen seine autoritative, militärische und ökonomische Übermacht, gibt es inzwischen genug. Im Hongkong vertragsbrüchig geworden und brutal gegen die Opposition vorgegangen wird auch ganz offen Taiwan mit einer gewaltsamen Übernahme gedroht. Landgrabbing in Afrika und Investitionen in wirtschaftsschwachen Ländern, bei denen aber nicht die einheimischen Arbeitskräfte genutzt werden, sondern die Chinesen selber kommen steht jetzt die ‚Seidenstraße' zur Seite, die bis nach Duisburg fertiggestellt ist. Sie wird dort aber ‚Einbahnstraße' genannt, weil fünzig Prozent mehr Importe dort ankommen werden, als an Exporten wieder zurückgehen. Ich bin zu wenig Politologe, um mehr dazu sagen zu können, aber die Chinesen machen es geschickter als die Nazis: alles, auch der Genozid. wird versteckt, ökonomisch übertüncht, verbal verlogen, insgeheim perfektioniert. Vae Victis!

2. 3 Identität und Genetik

In seinem Buch über das Wesen der „kollektiven Identität" bescheinigt L. Niethammer eine „unheimliche Konjunktur" bezüglich derselben auch in der heutigen Zeit.[120] Ähnlich wie G. Steingart argumentiert er wie folgt: Wir sind nicht mehr wir selbst, wir sind nur noch die anderen (geschrieben mit kleinem a). Mehr oder weniger sind wir – wie schon erwähnt – alle „Menschen ohne Eigenschaften". Früher waren wir wir-selbst und es gab noch den groß zu schreibenden *Anderen*, zuerst die Eltern, dann Lehrer, Wissenschaftler oder Gott. Diese *Anderen* waren nicht immer einfach zu ertragen, sie waren oft negative *Andere*, so wie es der Psychoanalytiker in der negativen Übertragung ebenfalls sein muss. Doch nunmehr „ist die Zeit, in der es den Anderen gab, vorbei. Der Andere als Geheimnis, als Verführung, als Schmerz verschwindet. Die Negativität des Anderen weicht heute der Positivität des Gleichen. Die Wucherung des Gleichen macht die pathologischen Veränderungen aus, die den Sozialkörper befallen. Nicht Entzug und Verbot, sondern Überkommunikation und Überkonsumption . . . ist das pathologische Zeitzeichen von heute".[121]

Was das große A ist, der *Andere* als Substanzielles, die „kollektive Identität" nur wenig mit Genetik zu tun. Die moderne Genetik hat zigmal mehr Material zu Erbe und Genexpression zusammengetragen als noch vor 50 Jahren, und doch wissen wir noch gar nichts, vom wirklichen Zusammenspiel dessen, was wir Leben nennen und dem, was wir Genom nennen. Noch weniger: Das jetzt entschlüsselte Genom des Menschen ist weitgehend ohne Bedeutung für diese zentralen Fragen. Vielleicht führt uns die zusätzliche Bedeutung des Proteoms[122] bezüglich der Frage des Lebens weit über die des Genoms hinaus. Aber auch das Proteom ist in nicht zählbaren Kombinationen mit Funktionen des Gehirns oder der Umwelt verbunden, so dass wir weit entfernt sind, eine Antwort auf die

---

[120] Niethammer, L., Kollektive Identität, Rowohlt (2000)
[121] Byung-Chul Han, Die Austreibung des Anderen, Gesellschaft, Wahrnehmung und Kommunikation heute, S. Fischer Verlag (2016)
[122] Gesamtheit aller von den Genen zu einem bestimmten Zeitpunkt in der menschlichen Körperzelle von den Genen exprimierten Proteine, Enzyme etc.

Frage des Lebens zu geben. Auch ‚Leben' stellt nur eine diffuse „kollektive Identität" dar. Mal sprechen wir vom Leben, das mit der Zeugung, dann wieder von dem, das mit der Geburt, und schließlich von dem, das erst dann beginnt, „wenn die Kinder aus dem Haus sind und der Hund abgeschafft ist" wie ein alter Scherz lautete. Leben ist also ein vitalpolitischer, ein Ur- *Signifikant*. Hier beginnt die Stunde Lacans.

Alles nämlich ist nur Psychosemiose und das Universum die Summe der Signifikanten, so Lacan. Ein Wabern der *Subjekt-Zeichen,* in denen man sich dann zurecht finden soll. Doch es kann funktionieren, wenn man statt dem formlos Gleichen den Schwerpunkt auf das differenzierte eigene Selbe legt. „das Selbe lässt sich nur sagen, wenn der Unterschied mitgedacht wird. . . Das Selbe verbannt jeden Eifer, das Verschiedene immer nur in das Gleiche auszugleichen. Das Selbe versammelt das Unterschiedene in eine ursprüngliche Einigkeit. Das Gleiche hingegen zerstört die fade Einheit des nur einförmigen Einen".[123] L. Niethammer dagegen macht, nachdem er weit über 600 fundierte Seiten bezüglich der kollektiven Identität geschrieben hat, zaghaft den Vorschlag, wir sollten zum schlichten und einfachen „wir" zurückkehren.

Er glaubt tatsächlich, wenn wir das „wir" nicht als blinde Identität sondern als etwas Bewussteres verwenden würden – obwohl er sofort anmerkt, wie stark gerade das „wir" von Ideologien missbraucht worden ist – würde es uns besser gehen und würden wir politischer, rationaler, denken. Nur weil es einmal gelungen ist vom „wir sind das Volk"[124] einen wirklich idealen Gebrauch des „wir" zu machen, wäre es äußert naiv, dies universell für gültig zu erklären. Die neue Rechte benutzt und missbraucht diesem Spruch heute für sich. Das Wir ist nur ein erweitertes Ich. Das Wir geht nicht darüber hinaus, was die Kategorie des Ich, ja selbst auch des Du schon erschaffen hat. Denn wenn das Wir so problematisch ist, so nicht deswegen, weil darin viele Ichs vereint sind, sondern weil alle diese Ichs im Wir als Du´s gefangen worden sind, um sie missbrauchen zu können.

---

[123] Heidegger, M., Vorträge und Aufsätze, G. Neske Verlag (1954)
[124] 1990 in der DDR, was dann ab 2015 von Rechtspopulisten missbraucht wurde.

Auf einen besonderen Wir-Begriff stützt sich – wie schon angedeutet – nämlich auch O. Spengler in seinen berühmten Buch „Der Untergang des Abendlandes", das so verhängnisvoll Maßgebliches für die Nazidoktrinen hergegeben hat.[125] Denn gewiss ist das Buch für uns heute in einer postulierenden, wissenschaftlich nicht ausreichend begründeten Weise geschrieben. Aber man hatte eben damals noch nicht die Akribik der heutigen Historienforschung und auch nicht die Präzision modernen Genetik. So hat man Spenglers Buch auch nicht in seinem originären, seiner eigenen Zeit entsprechenden Stil und Begrifflichkeit gelesen. Denn wenn Spengler sagt, dass Rasse ,klasse' ist und dies auch umgekehrt gilt, so meint er natürlich in erster Linie nicht die mit heutigen DNS-Bestimmungen zu verifizierende rein genetische oder von den Nazis ebenso aber diffuser als ideologisch überhöht bestimmte Rasse.

Er meint Leute, die so ,klasse' sind, dass man von Rasseleuten sprechen müsste. Die Preußen, meint er, seien die Römer der Moderne, Klasseleute also, bei denen es durchaus schon gewisse „völkische" Elemente gibt, aber sie tragen die Rasse eben durch ,klasse' weiter. Hier ist mehr Lamarck als Darwin zu spüren, sein Buch ist eben ganz ein Werk des ausgehenden neuzehnten Jahrhunderts, das wegen seiner ungenauen Begrifflichkeiten für heute wenig Wert hatte und damals sich leicht missbrauchen ließ. Und die Nazis haben es in ihrem Sinne missbraucht. Aber man sieht hier, wie schwer Historiker sich tun, wenn sie z. B. das Wort Rasse aus einem historisch-semantischen Kontext nehmen, dies aber bei uns heute einen ganz obsoleten Klang hat! Indem sie auf ihre mythisch überhöhte Rasse zwanghaft geachtet haben, waren die Nazis eben nicht ,klasse'! Klarheit haben Historiker in diese Sache bisher nicht gebracht.

So ist es dazu gekommen, dass man das Wort Rasse ganz verbieten will. Eigentlich will man den Rassismus bekämpfen, denn so rassistisch wie es die Nazis waren, darf niemand mehr werden. Inzwischen hat man aber gemerkt, dass das Wort Rasse zu verbieten schwierig ist, so sehr es zu begrüßen wäre, da es kaum eindeutig zu definieren ist. Aber Rassismus existiert, und auf was soll sich dann die Aussage beziehen, dass jemand rassistisch ist, wenn nicht eben

---

[125] Spengler, O., Der Untergang des Abendlandes, Holzinger (2014)

auf sogenannte Rassen. Vielleicht könnte man mit dem Begriff der Ethnie etwas anfangen, und dann eben von ethnischer Diskriminierung reden. Dann könnte man nämlich auch beide Worte, Rasse und rassistisch streichen.

1942/43 ließ mich Bormann in die „Wolfsschanze", das damalige Führerhauptquartier, kommen. Er schlug mir vor, die Stelle des seines „Persönlichen Referenten" zu übernehmen, nachdem er sich mit seinem langjährigen, tüchtigen und menschlich-charakterlich hochanständigen und sympathischen Persönlichen Referenten, Herrn Dr. Hansen, überworfen und ihn mehr oder weniger Knall und Fall entlassen hatte. Ich wusste, was mir bevorstand, wenn ich eine solche Stelle annehmen würde. Ich hätte keine einzige Minute mehr für mich gehabt, sondern wäre völlig, Tag und Nacht, für Bormann eingespannt worden. Das wäre nicht einmal das Schlimmste gewesen, aber Bormann, der, wenn es nötig oder geraten war, Charme entwickeln konnte, war kein angenehmer Vorgesetzter. Bei Leuten, die unter ihm standen oder die dauernd um ihn herum waren, konnte er auch aus der Rolle fallen und Ausdrücke gebrauchen oder eine Tonart anschlagen, die verletzten.

Ich war damals von einem guten Geist geführt, als ich Bormann in der Wolfsschanze sinngemäß erwiderte, ich sei durch seinen Vorschlag sehr geehrt, ich wüsste, wie interessant und wichtig die von seinem Persönlichen Referenten zu leistende Arbeit sei, wenn er aber wünsche, dass ich mich der neuen Baumaßnahmen annehmen solle, derentwegen man mich vom Militär zurückgeholt hätte, dann käme nur eine Entscheidung Entweder - Oder in Betracht.

Entweder könnte ich dauernd bei ihm sein und die Arbeit des Persönlichen Referenten übernehmen oder mich um die von Hitler angeordneten neuen Baumaßnahmen kümmern, deren Betreuung und Bearbeitung natürlich eine Tätigkeit vor Ort verlangten. Ich sei, wie er wisse, beauftragt, Schlösser in Süddeutschland und in der Ostmark zu suchen, die als sichere Bergungsorte in Betracht kämen. Dazu seien umfangreiche Reisen erforderlich. Umbau und Tarnung dieser Bergungsorte, sowie vor allem die Arbeiten am Obersalzberg selbst, verlangten gebieterisch die persönliche Anwesenheit des Wirtschafts- und Baureferenten. Deshalb sei ich schließlich von der Wehrmacht zurückgeholt worden und ich müsse auch ehrlich bekennen, dass ich mich mit diesen Bauvorhaben persönlich verbunden fühle und überzeugt sei, meine Arbeit werde ihnen zugute kommen. Aus diesem Grunde würde es mir leid tun, wenn ich diese gerade wieder übernommenen Funktionen abgeben müsse.

„Sie haben recht, daran hatte ich nicht gedacht, Doktor! Die neuen Maßnahmen sind wichtiger. Ich werde mit der Abteilung III Verbindung aufnehmen und mir einen anderen Herrn als meinen Persönlichen Referenten vorschlagen lassen. Setzen Sie Ihre ganze Kraft für die neuen, vom Führer angeordneten Baumaßnahmen ein."

Bormann war über mein Interesse für die neuen Baumaßnahmen sichtlich erfreut. Er lud mich anschließend zu dem gemeinsamen Mittagessen mit Hitler in der Wolfsschanze ein und erlaubte mir sogar, auf meine ausdrückliche Bitte, hin und wieder, soweit es erforderlich oder zweckmäßig erscheine, den Briefbogen mit dem Aufdruck „Reichsleiter Bormann - Der Persönliche Referent" zu benutzen mit dem Hinweis, ich sei für diese besondere Aufgabe dann gewissermaßen sein „Persönlicher Beauftragter". Bei der ersten Rücksprache mit Bormann nach meiner Rückberufung aus der Wehrmacht im Jahre 1942/43, meiner Erinnerung nach bei meinem Besuch in dem Führerhauptquartier in Rastenburg, teilte mir Bormann mit, Hitler wünsche die Evakuierung aller wertvollen Kunstschätze in „absolut sichere Bergungsorte", da bei dem zunehmend härter werdenden Luftkrieg mit der Vernichtung unersetzbarer Kulturgüter zu rechnen sei.

Weisungsgemäß suchte ich in den „Alpengauen", in Oberbayern, Tirol, dem heutigen Oberösterreich, in Kärnten und in der Steiermark, nach geeigneten Objekten, und zwar in Zusammenarbeit mit den für die Betreuung und die Bergung dieser Kulturgüter verantwortlichen Partei- und Staatsstellen. Ich warf die Frage auf, ob die betreffenden Kulturgüter - es handelte sich im wesentlichen um Gemälde und kunstgewerbliche Gegenstände - nicht in unterirdische Stollen eingelagert werden sollten. Bormann stimmte diesem Vorschlag zu und beauftragte mich, geeignete unterirdische Bergungsorte zu suchen und dann weiter zu berichten.

Nach verschiedenen Misserfolgen machte mich der Gauleiter von Oberdonau, dem heutigen Oberösterreich, auf die stillgelegten Salzbergwerke bei Alt-Aussee aufmerksam, die ich mit einigen Sachverständigen zusammen besichtigte. Es handelte sich dabei um ein aus dem Mittelalter stammendes riesiges Salzbergwerk, das von meterhohen Bergen überdeckt war, sich mitten im Gebirge befand und erst durch einen mehrere Hundert Meter langen Zufahrtsstollen zu erreichen war. Dieses Salzbergwerk war ohne jeden Zweifel absolut luftschutzsicher. Ich berichtete Bormann von diesem Erfolg, und Bormann trug Hitler selbst die Angelegenheit vor. Hitler erklärte sich einverstanden, vorausgesetzt, dass die bereits zugezogenen Sachverständigen keine Bedenken äußerten und die Gewähr gegeben sei, dass die eingelagerten Gemälde keinen Schaden nehmen würden.

Die sich damit abzeichnenden neuen Aufgaben machten mir große Sorgen; denn es war mir klar, dass ich mit der Unterbringung wertvollen Kunstgutes persönlich eine große Verantwortung übernehmen würde und dass alle diese Arbeiten materialmäßig und arbeitsmäßig wieder zu Lasten der Verwaltung Obersalzberg gingen, die schließlich auch nicht mehr im Überfluss schwamm. Ich erkannte, dass es sich um große Baumaßnahmen handeln würde; denn die in Betracht kommenden unterirdischen Kavernen, die als Bergungsorte auszubauen waren, glichen kleinen Fußballfeldern. Diese Kavernen im Innern des Berges mit Holz zu verschalen, sie vorsichtig zu entlüften, Vorkavernen einzurichten, um die Gemälde sukzessive unter Berücksichtigung der veränderten Luft- und Feuchtigkeitsbedingungen in das Innere des Berges schaffen zu können, beanspruchte einen riesigen Materialaufwand, insbesondere, wenn man dabei berücksichtigte, dass im Winter, als die Arbeiten auszuführen waren, alle Straßen von Alt-Aussee zu dem stillgelegten Salzbergwerk laufend von uns von Schnee zu räumen und für die Lastwagen freizuhalten waren, die Baumaterial und Verpflegung herbeischaffen und die eingesetzten Bauarbeiter sowie die Experten mit ihrem Stab hin- und zurückfahren mussten.

Dabei muss ich bemerken, dass ich für diese Maßnahmen nicht nur Verständnis aufbrachte, sondern mich für ihre Durchführung mit Anteilnahme und Genugtuung einsetzte. Es war mir klar,

worum es ging: Wertvollster Kunstbesitz sollte vor der Zerstörung bewahrt und über den Krieg hinaus gerettet werden. Zunächst war es gar nicht einfach, die endgültige Genehmigung
Hitlers zu erlangen. Im Führerhauptquartier wiesen Leute, die
es wussten, und vor allen Dingen Leute, die es nicht wussten,
darauf hin, dass die Unterbringung alter Gemälde in einem
mehrere hundert Meter unter einer Bergspitze liegenden alten
Salzbergwerk bedenklich sei. Insbesondere der damalige Foto-
graf Hitlers, Professor Hoffmann, konnte die Gefahren nicht oft
und nicht deutlich genug hervorheben und Hitler beschwören,
von einem solchen Vorhaben Abstand zu nehmen. Ich erhielt
immer wieder aufgeregte Vermerke Bormanns, ob ich für die
Sicherheit der einzulagernden Gemälde garantieren könne,
Vermerke, die mich immer wieder veranlassten, neue Experti-
sen anzufordern.

Unter den in Alt-Aussee sichergestellten Kunstwerken befanden
sich auch, aber nicht nur, die Gemälde, die Hitler durch verschiedene Kunstsachverständige in Deutschland und in den
besetzten Gebieten für die Führergalerie in Linz aufkaufen ließ.
Im Rahmen dieses sogenannten „Sonderauftrages Linz" waren
verschiedene Kunstsachverständige für Hitler tätig, zunächst
der Leiter der Dresdner Gemäldegalerie, Professor Posse, nach
seinem Tode der Nachfolger, Professor Voß. Soweit ich es beurteilen kann, sind im Rahmen der Tätigkeit dieser beiden Herren für die neue Gemäldegalerie in Linz keine Kunstwerke ent-
eignet oder beschlagnahmt, sondern, meist zu überhöhten
Preisen, im In- und Ausland gekauft worden. Es soll sich dabei
mehrfach die etwas komische Situation ergeben haben, dass
Beauftragte Hitlers, die für die neue Führergalerie in Linz tätig
waren, in Versteigerungen gegen Beauftragte Hermann Görings antraten und dass sich dann die beiden Konkurrenten gegenseitig die Preise hochboten. Die für Linz erworbenen
Kunstwerke wurden zunächst in München, im Keller des Füh-
rerbaus untergebracht, dort von einem Architekten (Rieger?)
betreut, Hitler bei sich bietender Gelegenheit von Professor
Posse, später Professor Voß, vorgeführt und anschließend in
den Stollen nach Alt-Aussee gebracht, nachdem etwa ab 1943
dieser Bergungsort zur Verfügung stand.

Neben diesen, meiner Überzeugung nach von den Herren Posse, Voß und Mitarbeitern korrekt im In- und Ausland erworbe-

nen Kunstwerken gab es aber auch noch sonstige Gruppen, die offensichtlich außerhalb der Legalität tätig waren und, insbesondere während des Krieges, im besetzten Ausland „feindlichen Kunstbesitz" sowie Kunstgüter jüdisch oder rassisch Verfolgter einfach beschlagnahmten. Das dürfte insbesondere für den sogenannten „Einsatzstab Rosenberg" gegolten haben sowie für die zahlreichen Beauftragten des Reichsmarschalls Hermann Göring. Etwas Sicheres und Genaues kann ich dazu nicht sagen, weil ich mit der Auswahl, mit dem Kauf, der Beschlagnahme, den ganzen Beschaffungsaktionen nichts zu tun hatte, sondern sich meine Tätigkeit darauf beschränkte, zunächst über der Erde gelegene Bergungsorte, insbesondere bayerische Schlösser mit Tarnfarben und Tarnnetzen zu versehen, um sie gegen feindliche Fliegerangriffe zu schützen, und später den unter der Erde gelegenen Bergungsort Alt-Aussee auszubauen. Es kam darauf an, unersetzbare Kunstwerke gegen Zerstörung zu sichern, gleichgültig, wem sie gehörten, gehört hatten, woher sie kamen und wofür sie bestimmt waren. Ihre „Bergung", nicht ihre „Verbergung" war allein das Ziel aller dieser Maßnahmen, und dieses Ziel wurde erreicht - für legal erworbene und bezahlte und für illegal beschlagnahmte Kunstwerke.

Nochmals zur Rasse: „Der Computer, der nach einer Übereinstimmung (und Ergebnissen vieler Gen-Tests) sucht, zeigt eindeutig, dass der genetische Unterschied zwischen Schwarzen und Weißen kleiner ist als der zwischen einzelnen Personen der gleichen Rasse".[126] Dabei sind wir heute längst schon wieder auf dem Weg einer ganz neuen Rassenlehre, die mit Sicherheit nicht Klassenlehre ist. Denn gerade die moderne Gentechnik verspricht uns ja, genetische Merkmale, die beispielsweise. zu bestimmten Krankheiten disponieren, verändern zu können und so Menschen heran zu züchten, die dieses oder jenes Merkmal nicht mehr ausweisen.

Dies scheint insbesondere für die neue, sogar preiswerte und revolutionäre (ein Ausdruck, der hier angebracht ist) Entdeckung der CRISPR/Cas9-Technik zu gelten. Vor einigen Jahren begann in den Biowissenschaften ein neues Zeitalter. 2012 veröffentlichten die Biochemikerin E. Charpentier und ihre Kollegin J. Doudna die-

---

[126] Jones, S., Gott und die Gene, Hofman & Campe (1999) S. 157 und 194

se neue gentechnische Methode.[127] Mit ihr kann man nämlich aus dem Genom jedes Lebewesens dessen kleinste Einheiten, nämlich DNA-Sequenzen herausschneiden und gezielt wieder andere einfügen. In Landwirtschaft und Medizin herrscht Enthusiasmus vor, denn besser als alle andere Chemie und besser als jede Krebsmedizin würde dieses ‚Genom - Editing‘ oder -‚Gen Engineering‘ der Menschheit helfen. Wir könnten wieder Klasse-Rasse-Menschen produzieren!

Doudna, die mit Veröffentlichungen und labortechnischer Ausrüstung die Nase vorn hat, berichtete von den ungeheuren Möglichkeiten völliger Veränderung und Neuschaffung von Lebewesen.[128] Sie verwaltet bereits einen Milliarden-Fundus mit über hundert Mitarbeitern. Doch ihre Prognosen in Frankensteinscher Manier konnten einem – ähnlich wie die wahnsinnigen Zukunftsvorstellungen der Künstlichen-Intelligenz-Techniker aus dem Silicon-Valley – allerdings eher Angst machen. Doudna wirkt entschlossen wie ein Kriegsherr, der die Welt völlig umkrempeln will, so wie die KI-Techniker absolut überzeugt sind, dass sie die Welt verbessern wollen. Doch inzwischen melden sich schon Kommentatoren, wie bei der CRISPR/Cas9-Methode, die einerseits nun wirklich großartig ist, am besten die Problemseite der Wissenschaften zu sehen ist. So gezielt sie funktioniert, es können immer auch versehentlich andere Genabschnitte mit herausgeschnitten oder an anderen Stellen eingesetzt werden. Hier stehen sich positiv und negativ, Fortschritt und Rückschritt, Gut und Böse, wieder deutlich gegenüber.

Denn die perfekte Manipulation an den Genen lässt auch perfekte Machtspiele und Verbrechen zu. Es wiederholt sich genau das, was es schon bei O. Hahns Entdeckung der Kernspaltung gegeben hat, die man mit dem Abwurf von Atombomben und ein paar hunderttausend Toten, unschuldigen Zivilisten, gekrönt hat (hätte Hahn doch seine Entdeckung erst mal nur im kleinen Kreis veröffentlicht und dann nach und nach nur verantwortungsbewussten Menschen weitergegeben!). Die Folgen der Computer- und Smartphone - Technik bekommen wir jetzt schon zu spüren und bei der

---

[127] Abbott, A., Die Wegbereiterin, Spektrum der Wissenschaft, Nr. 9 (2016) S. 61 - 64

[128] Thementag ‚Zukunftsvisionen‘ in 3Sat vom 6. 1. 17

CRISPR/Cas9-Methode wird es noch einige Zeit dauern, bis auch die Schattenseiten voll zu sehen sind. All diese großartigen Entwicklungen haben natürlich auch enorme Fortschritte gebracht – oder soll ich wieder sagen: nur sogenannte Erfolge?

Am Ende steht der geklonte Mensch, d. h. der Mensch, der nur noch bestimmten Zelllinien entstammt, die sich - was Krankheiten, physische Vitalität, körperlicher Phänotypus ausmacht, als optimal erweisen sollen. Der Traum der Nazis vom Supermenschen wäre dann noch weit übertroffen. Wer möchte nicht unangenehme Erbkrankheiten beseitigen? Aber dass manchmal ‚unwertes Leben‘ mehr wert sein kann, als alles andere, dafür hat der Genetiker S. Jones einige Beispiele zusammengetragen.[147] So waren z.B. Menschen mit dem Gen für zystische Pankreasfibrose widerstandsfähiger gegen Cholera. Und eine uns als recht fehlerhaft erscheinende Eigenschaft, ein Chondrodystrophiker etwa oder ein Schizophrener, mag uns mehr über uns enthüllen, als wir zu denken gewagt haben. Wir können auf „unwertes Leben" nicht verzichten.

Gleichzeitig ist das Spiel der Gene wesentlich komplexer, als es noch Mendel annahm. Die meisten Erbeigenschaften werden nicht durch ein Gen bestimmt, sondern durch zahlreiche an verschiedenen Genorten, oder sie stellen nur die Mehrfachbereitstellung eines oder mehrerer Gene an gleicher Stelle dar. Das ‚Gen‘ ist überhaupt kein einheitlicher Begriff. Gene können ab- und angeschaltet werden, und dies kann sogar nach der Lebensweise jedes Menschen durch epigenetische Mechanismen verschieden sein. Wenn es uns wirklich gelänge, alle diese Mechanismen zu durchschauen, verfielen wir einer genetischen Manie, aus der uns nur die Depression des allergewöhnlichsten, des schlichtesten Lebens retten wird. Deswegen habe ich ja vorhin schon darauf hingewiesen, dass nur die Selbstanalyse eines jeden uns dahin bringen kann, mit der Genetik richtig umzugehen.

Substanzieller als die Gene und mehr als die üblichen Erinnerungskulturen, bei denen man oft mit Zwang versucht, Geschehnisse im Gedächtnis der Menschheit festzuschreiben, wirken also die durch das, was ich gerne 'Transsubstanziation' nenne, bewerkstelligten Verfahrensweisen konstruktiv für die Menschheit. Auf jeden Fall sind derartige Methoden der kathartischen Selbstanalyse vielleicht sogar noch besser, als die Vorschläge, die der Philosoph P.

Sloterdijk in seiner Schrift „Regeln für den Menschenpark" im Jahr 1999 machte.[129] Sloterdijk sprach hier vom Humanismus, von Menschenzähmung und Anthropotechniken, durch die die Menschen in ihrem Lebensparks herangebildet und erzogen werden könnten.

Diese Ausführungen haben zu massiven Missverständnissen geführt, weil darin auch von Gentechnik und Menschenzüchtung die Rede ist. Die Wogen der Empörung schlugen hoch, man warf dem Philosophen Propaganda für Nazi-Eugenik vor. Doch Sloterdijk beschreibt in dieser Schrift nur das Schwinden des herkömmlichen Humanismus und spekulierte über andere Methoden der Menschenbildung. Zum Schluss beschwörte er die „Archivare und Archivisten, die die Nachfolge der Humanisten angetreten haben", und somit vielleicht die „Domestikation" des Menschen retten könnten. Keine neue Eugenik also, nur harmlose Philosophie. Aber Sloterdijk bleibt eine wirkliche Lösung schuldig, und es ist wohl deswegen, dass man so einen Aufruhr um seine Schrift gemacht hat. Sloterdijk hat keine wirkliche Therapie vorgeschlagen, keine Selbstanalyse, keine Eigen-'Transsubstanziation'. Denn dass die verstaubten Archivare uns aus der Krise holen werden, klingt nicht sehr plausibel. Es muss eine klare Theorie und auch eine dazugehörige Praxis geben, die jeder erlernen kann.

Die prekäre Verbindung von Theorie und Praxis habe ich bereits am Beispiel der Jagd nach den letzten Naturkräften – etwa des Higgs-Teilchens in Fußnote 34 – beschrieben. In einem neueren Interview bestätigt die Physikerin L. Randall, dass der milliardenteure Teilchenbeschleuniger LHC in der Schweiz wohl nicht groß genug ist, um diese allerletzten Geheimnisse der Materie zu lüften.[130] Aber er wird natürlich nie groß genug werden können. Es verhält sich wie in der psychologischen Traumatherapie: um das Trauma zu lösen, müsste man sehr nah an es herankommen, und das ist dann wieder – zumindest ziemlich - traumatisch. Schon jetzt produziert der LHC kleine „Schwarze Löcher", um mehr zu erforschen müsste man immer näher an die Produktion solcher energeti-

[129] Sloterdijk, P., Regeln für den Menschenpark, edition suhrkamp (1999)
[130] Randall, L., Die Himmeltür ist beweglich, SZ vom 6. 5. 12 S. 16

scher Prozesse herankommen. Doch das Hauptproblem sind die hohen Kosten eines größeren Beschleunigers. Kurz: es handelt sich um ein teures Hobby der Physiker und um einen sinnlosen Konkurrenzkampf gegenüber den Theologen hinsichtlich letzter Erkenntnisfragen. Wäre es nicht besser, alle auf die psychoanalytische Couch zu legen und das Geld für kranke Kinder, Krebsforschung, Hungersnöte und Ähnliches auszugeben?

Ich komme zu den letzten Monaten und Wochen des Krieges, zum Zusammenbruch. Ich verlebte diese Zeit im Obersalzberg und war im wesentlichen mit den unterirdischen Bauarbeiten für das Führerhauptquartier auf dem Obersalzberg beschäftigt, die durch laufende zusätzliche Anforderungen Bormanns immer umfangreicher und komplizierter wurden. Auch mit dem Bergungsort bei Alt-Aussee hatte ich noch viel zu tun, dessen Ausmaße mit der Zeit auch immer größer wurden, weil die Anforderungen ständig wuchsen. Ich kann mich erinnern, dass in den letzten Monaten des Krieges ein aus mehreren Lastwagen bestehender Transport mit Kunstschätzen von Monte Cassino plötzlich in Alt-Aussee auftauchte. Niemand konnte erklären, wer diesen Lastwagenkonvoi dorthin beordert hatte.

Für die Bergungsarbeiten in Alt-Aussee interessierte sich der für diesen Gau zuständige Gauleiter in Linz, Eigruber, der mich seinerzeit auf das stillgelegte Salzbergwerk bei Alt-Aussee aufmerksam gemacht und sich laufend über die Entwicklung der Angelegenheit und die in Alt-Aussee aufgenommenen Bauarbeiten informiert hatte. Auf einer gemeinsamen Besichtigungsfahrt von Linz nach Alt-Aussee im Winter 1944/45 sagte mir Eigruber sinngemäß: „Doktor, das sage ich Ihnen, bevor der Kommunist aus Russland oder der Jude aus Amerika die Kunstwerke in Alt-Aussee in Besitz nimmt, sprenge ich alles in die Luft."

Ich nahm diese Erklärung zunächst nicht ernst, zumal eine unmittelbare Bedrohung durch die Russische Armee noch nicht vorlag. Meiner Erinnerung nach standen die Russen damals vor Budapest. Wien war auf jeden Fall noch nicht bedroht. Eigruber kam jedoch auf dieses Thema mehrfach zurück, so dass ich allmählich erkannte, dass er keine unüberlegten Erklärungen abgab, sondern es ernst meinte. Ich erwiderte ihm damals: „Nun, Gauleiter, so ernst wird es wohl nicht werden. Noch sind die Russen nicht in der Nähe, von den Amis gar nicht zu reden und bevor diese Kunstwerke vernichtet werden, sprechen wir noch einmal zusammen."

Einige Zeit später hörte ich jedoch von den in Alt-Aussee beschäftigten Restauratoren und Experten, auf Weisung Eigrubers seien mehrere Kisten in das Bergwerk verlagert worden, die die Aufschrift trügen: „Streng geheim! Nur auf besonderen Befehl des Gauleiters zu verwerten." Die Kisten seien auf die verschiedenen großen Kavernen verteilt und nicht in einer Kaverne zusammen untergebracht worden. Meiner Erinnerung nach fand in dieser Zeit eine Besprechung in der Direktion der Saline Alt-Aussee statt, an der Direktoren der Saline sowie verschiedene in Alt-Aussee eingesetzte Restauratoren und Experten teilnahmen. Gegenstand der Besprechung waren die Sicherung der wertvollen Kunstwerke und die von Gauleiter Eigruber offensichtlich vorgesehenen oder eingeleiteten Sicherungsmaßnahmen, über deren Bedeutung sich jeder der Anwesenden klar war.

Alle Herren sprachen sich mit Nachdruck gegen eine Zerstörung oder Vernichtung aus. Ich hielt mich mit Erklärungen zurück, weil ich Gauleiter Eigruber, mit dem ich kurz vorher vernünftig gesprochen hatte, nicht desavouieren und mich nicht in Widerspruch zu den von ihm erteilten Befehlen setzen wollte. Damit wäre für die Sache nichts gewonnen worden. Die Gefahren für eine wirkliche Sicherung des Bergungsgutes wären im Gegenteil durch eine Konfrontation Eigruber/Hummel größer geworden, da ich der von Bormann auf Befehl Hitlers für die Baumaßnahmen und Unterbringung beauftragte Sachbearbeiter war. Zum anderen war ich mit Gauleiter Eigruber einig geworden, dass eine Entscheidung Hitlers selbst hinsichtlich der Zerstörungsaktion eingeholt werden sollte. Ich hatte keinen Anlass, von dieser mit Eigruber vereinbarten, meiner Ansicht nach sachlich vertretbaren Lösung abzuspringen, und musste vorsichtig taktieren, bis Hitlers Entscheidung vorlag, die, wie ich hoffte und aufgrund der Einstellung Hitlers zu Kunstfragen erwarten durfte, positiv ausfallen würde. Ich wies daher nur darauf hin, die Entscheidung fiele „höheren Orts", und suchte Eigruber nach dieser Besprechung noch einmal in Linz auf, um ihm erneut klarzumachen, dass sich in dem Salzbergwerk bei Alt-Aussee die wertvollsten Kunstwerke ganz Europas befänden, dass eine Vernichtung dieser Kunstwerke unübersehbare Folgen nach sich ziehen könne und eine Entscheidung über diese Frage nur der Führer selbst zu treffen habe, wie bereits besprochen.

Eigruber gab sich wieder durchaus verständnisvoll, und ich hatte das Gefühl, wie in der ersten Besprechung, er war geradezu erleichtert, dass die Entscheidung an höchster Stelle getroffen würde. Jedenfalls erklärte er mir, er werde die Entscheidung des Führers selbstverständlich abwarten und nicht sofort handeln, wie er es vorgehabt habe: „Doktor von Hummel, führen Sie diese Entscheidung des Führers möglichst schnell herbei." Auf den Obersalzberg zurückgekehrt, diktierte ich sofort einen umfassenden Bericht an Reichsleiter Bormann, der sich im Führerhauptquartier befand, bat um eine ausdrückliche Entscheidung des Führers selbst, die allein die von Gauleiter Eigruber vorgesehenen Maßnahmen verhindern könne und wies noch darauf hin, Professor Gießler, der sich gerade auf dem Obersalzberg befände, sei ebenso wie ich der Ansicht, eine Vernichtung dieses wertvollen Kulturguts sei unter keinen Umständen zu verantworten. Ich kann mich noch genau erinnern, dass ich in diesen Bericht auch die Meinung von Professor Gießler einarbeitete und unterstrich, weil Gießler bei Hitler gerade in dieser Zeit hoch in Ansehen stand und mit seinen Vorschlägen gerne gehört wurde.

Kurze Zeit später kam mein Bericht zurück mit einem handschriftlichen Vermerk Bormanns, sinngemäß: „Die Sache dem Führer persönlich vorgetragen. Der Führer hat entschieden, dass eine Vernichtung nicht in Betracht kommt. Es sollen aber 'Lähmungsmaßnahmen' durchgeführt werden."

2. 4 „Adam" und Obersalzberg

Der politische Philosoph J. Burckhardt nennt Religion, Kultur und Staat die „drei großen Potenzen", die zu- und gegeneinander stehen und so ein dynamisches Ganzes veranstalten.[131] Dieses Ganze könnte durch eine vierte Potenz gegeben sein, durch eine Kombinatorik, wie ich sie im *Strahlt / Spricht* postuliert habe. Für die Religion unterstellt Burckhardt „ein metaphysisches Bedürfnis". Wir würden heute im Sinne der Psychoanalyse vielleicht sagen ein metaphorisches Vorbild, eine Wissenschaft vom Subjekt, eine Praxis des *Strahlt / Spricht*. Denn dass dieses Bedürfnis etwas mit Strahlungen zu tun hat, dafür verwendet Burckhardt sogar die gleichen Worte. Und dass Es auch *Spricht* (im Traum, in den Naturgewalten, in der Dichtung, in den Symptomen und Fehlleistungen etc.), ist ebenso wenig zweifelhaft wie in der Religion.

Das Zusammenspiel dieser drei Potenzen hat nicht nur im Dritten Reich nicht so funktioniert, wie J. Burckhardt es sich vorgestellt hat. Während im Mittelalter die Potenz der Religion noch blühte, war es ab dem 17, 18. Jahrhundert die Kultur und ab dem 20. der Staat, der nicht mehr so funktionierte. Wir haben heute materielle Fortschritte von ungeheurem Ausmaß gemacht. Die Wirtschaft ist international etwas mehr abgesichert als früher (wenigstens sieht es so aus, wenn man die Risiken, die Hedge Fonds und Privat Equicy erzeugen, außer Acht lässt), Technik und Medizin stellen uns jede nur erdenkliche Hilfe zur Verfügung, die Wissenschaften wuchern in endlosen Spezialitäten auseinander. Wie sieht es also mit der seelischen Befindlichkeit und dem von Burckhardt konzipierten weiteren Potenzen, nämlich Kultur und Staat aus?

Haben wir uns in einen neuen Totalitarismus verrannt? Er hat nicht mehr das Gesicht eines nationalpolitischen Wahns und biologischer Urfeindschaften, er hat das Gesicht von uns selbst. Lipowatz und Haffner haben Recht, wir brauchen eine Sozialisierung unserer Ichs um endlich wieder die – diesmal nicht Volks- sondern Menschheitsgemeinschaft zu erkennen, in und für die wir leben.

---

[131] Burckhardt, J., Weltgeschichtliche Betrachtungen, Scherpe (1948) S. 221-264

Wir brauchen wie Thoreau es postuliert hat, Selbsttherapie und –
reform. Nicht nur wir Europäer sind inzwischen zusammengewachsen, nein, auch alle Nationen sind inzwischen so miteinander
verbunden, dass sie ihren gemeinsamen Weg für die Burckharthschen Potenzen Kultur und Staat finden müssen. Doch dies müsste
in therapeutischer Form geschehen. Denn überbordende Tourismusströme lassen uns heute schon – gefährlich ungut – zusammenwachsen: Angkor Wat wird heute außen von den üblichen
westliche Touristen auch noch von hundert Tausenden Chinesen
überrannt, da der Diktator Hun Sen mit Devisen aus China beschenkt wird. Das Taj Mahal verfällt aus ähnlichen Gründen und
überall ist der gleiche Trend zu sehen. Wir müssen innerlich zusammenwachsen, nicht uns äußerlich zu Tode trampeln.

Die Globalisierung allein wird es nicht schaffen, die Sozialisierung
der Ichs bei sich selbst beginnen zu lassen. Dies muss mit Hilfe der
Wissenschaft und mit Hilfe einer sehr intensiven Straffung aller
Parameter geschehen, die ich bisher erwähnt habe. Deswegen habe
ich sie ja erwähnt, damit zu sehen ist, wie von der Vergangenheit
ausgehend, von Geschichte, von Politik, von Staat, Kultur und Religion und wer weiß was noch für Themenbereichen, eine einfache
Zusammenfassung möglich ist und eine Politik als Therapie entsteht. Nur dies kann noch ein Weg sein. Ich werde ihn im Folgenden aufzeigen, warum und wie dies durch eine besondere Verwendung von Gedächtnis und Erinnerung im Sinne von Politik / Therapie anhand der *Analytischen Psychokatharsis* möglich sein könnte.

Zum Verständnis [der Situation in Alt-Aussee] bemerke ich, dass
in den letzten Monaten des Krieges, als die feindlichen Armeen
deutschen Boden bereits betreten hatten, die „Lähmung"
kriegswichtiger Fabriken, überhaupt kriegswichtiger Anlagen,
wie Elektrizitätswerke und dergleichen, allgemein durchgeführt
wurde. Wenn ich richtig unterrichtet bin, geht der Vorschlag,
wichtige Anlagen nicht definitiv zu zerstören, sondern ihre Benutzung nur zeitweise (für die Zeit der feindlichen Besetzung!)
unmöglich zu machen, auf Professor Speer, den damaligen
Rüstungsminister, zurück, der sich für diese Politik stark gemacht und sich gegen eine völlige Zerstörung der für die Bevölkerung lebenswichtigen Anlagen ausgesprochen hatte.

Diese für den Bergungsort Alt-Aussee getroffene Entscheidung schien mir sehr vernünftig. Die Kunstwerke blieben erhalten. Die Zugänge zu den einige hundert Meter tief im Berg gelegenen Kavernen sollten jedoch unpassierbar gemacht werden. Ich gab sofort die entsprechende Nachricht nach Alt-Aussee und an Gauleiter Eigruber durch. Offenbar waren die Experten in Alt-Aussee auch <u>zunächst</u> erleichtert und mit mir der Meinung, hier sei eine vernünftige Entscheidung getroffen.

Kurze Zeit später wurde mir jedoch von Alt-Aussee mitgeteilt, eine „Lähmung", das heißt eine Sprengung der Zugänge zu den unterirdischen Kavernen, scheide aus, zu den Kavernen führten nicht nur horizontale Zugänge, es existierten auch vertikale Stollen, das ganze Bergwerk gliche, wenn man es etwas übertrieben darstelle, einem Bienenwabenhaus. Auf jeden Fall laufe man Gefahr, dass mit der Sprengung der Stollenzugänge das Bergwerk oder Teile des Bergwerks zusammen-fielen und durch den Explosionsdruck die in den Kavernen eingelagerten Kunstwerke beschädigt würden. Auf besonderen Befehl des Führers habe man zum Schutz dieser Kunstwerke große Holzgestelle angefertigt, um zu vermeiden, dass auch nur einige Salzpartikel auf die Gemälde fallen könnten. Man habe für die Entlüftung gesorgt und andere Sicherungsmaßnahmen durchgeführt. Wenn jetzt die Detonationen in den Eingangsstollen erfolgten, würden diese Kunstwerke auf das äußerste gefährdet. Mit ihrem Verlust sei zu rechnen.

Diese Stellungnahme der Experten gab ich wieder durch einen schriftlichen Bericht an Reichsleiter Bormann weiter mit der Bitte, unter diesen Umständen auf die vorgeschriebenen „Lähmungsmaßnahmen" zu verzichten. Diese zweite Vorlage lautete sinngemäß: „Der Führer hat die Vernichtung der Kunstwerke verboten. Er hat die Lähmung des Bergungsortes angeordnet. Die Lähmung ist nicht möglich ohne unmittelbare größte Gefährdung der Kunstwerke selbst. Ich bitte, eine weitere Entscheidung des Führers herbeizuführen, dass unter diesen Umständen von Lähmungsmaßnahmen abzusehen ist."

In der Zwischenzeit hatten sich die militärischen Ereignisse dramatisch zugespitzt. Es dürfte bereits März oder sogar April 1945 gewesen sein, als offensichtlich auch im Führerhauptquartier nicht mehr alles reibungslos funktionierte. Ich bekam auf jeden Fall diesen meinen zweiten Bericht von Bormann zurück, wieder mit einem handschriftlichen Vermerk, etwa des Wortlauts: „Ich habe Ihnen doch bereits mitgeteilt, der Führer wünscht die Vernichtung nicht. Es sollen nur die Eingänge zu dem Bergwerk zugeschüttet werden."

Offensichtlich hatte auch Bormann, der sonst das Wesentliche sofort erkannte und klar entschied, hier nicht mehr mitbekommen, worum es ging. Da ich auch in zahlreichen anderen Fällen erkannt hatte, dass mit ruhigen, klaren Entscheidungen in Berlin nicht mehr zu rechnen war, sandte ich einen, Gauleiter Eigruber persönlich bekannten Oberregierungsrat, den früheren Leiter des Arbeitsamtes in Linz, Herrn Büttner, der sich gerade auf dem Obersalzberg befand, mit einem kurzen Brief an Eigruber. In diesem Brief teilte ich Eigruber mit, wie die Entwicklung in der letzten Zeit verlaufen sei, dass ich um eine weitere Weisung des Führers gebeten hätte, weil die in der ersten Entscheidung angeordnete Lähmung nicht durchführbar sei. Auf diesen zweiten Bericht sei von Bormann die sachlich unverständliche Mitteilung eingegangen, über deren Wortlaut ich Eigruber unterrichtete. Dieser Mitteilung sei zu entnehmen, dass man im Führerhauptquartier den Sachverhalt nicht mehr verstanden habe. Auf jeden Fall sei aber deutlich, dass der Führer eine Vernichtung, eine völlige Zerstörung der Kunstwerke, auf keinen Fall wünsche.

Mein Bote kam zurück mit der Meldung, Eigruber sei offensichtlich beeindruckt und entschlossen, die Sache auf sich beruhen zu lassen. Ich hielt sie für erledigt. In den allerletzten Tagen auf dem Obersalzberg, das heißt zwischen dem 25. April und dem 1. Mai 1945, bereits nach der Zerstörung des Obersalzbergs durch einen feindlichen Luftangriff, auf den später noch einzugehen sein wird und auf den meine völlige Inanspruchnahme in anderen lebenswichtig erscheinenden Fragen zurückzuführen war, kamen zwei Experten von Aussee - ich glaube, Angehörige des Stabes Rosenberg - noch einmal auf den Obersalzberg und erklärten mir ganz erregt, es sei ein besonderes Kommando Eigruber erschienen, das den Auftrag habe, das Bergwerk zu vernichten. Sie baten, ich möge eine neue Entscheidung Hitlers, einen weiteren, Gauleiter Eigruber bindenden „Führer-Befehl" herbeiführen.

In dieser Zeit konnten wir jedoch schon nicht mehr mit Berlin telefonieren oder fern schreiben. Wir waren auf den Funkverkehr mit der Reichskanzlei angewiesen, der in der später noch zu behandelnden Angelegenheit Göring eine große Rolle spielte. Ich erklärte den beiden Herren, ich verstünde ihre Erregung und ihr Verhalten durchaus, es sei aber praktisch völlig unmöglich, im Augenblick Kontakt mit der Reichskanzlei aufzunehmen, Bormann habe nicht einmal einen schriftlichen Bericht vor einigen Tagen „mitgekriegt", der ihm vorgelegt worden sei, diese Angelegenheit könne man nicht per Funk erledigen.

Da ich mir aber der Sache absolut sicher, das heißt überzeugt war, dass eine Vernichtung der Kunstwerke unbedingt vermieden werden müsse und dass ich mit der Verhinderung der Zerstörung sogar im Sinne Hitlers handelte, gab ich beiden Herren eine Bestätigung zur Vorlage bei Eigruber oder dem von Eigruber eingesetzten Kommando in Alt-Aussee mit, in der sinngemäß zum Ausdruck gebracht wurde.

„Der Führer hat heute erneut entschieden, dass eine Vernichtung der Kunstwerke auf keinen Fall in Betracht kommt." Dieser Brief enthielt nicht die volle Wahrheit und war nicht ganz korrekt. Es lag kein weiterer Führer-Befehl vor. Hitler hatte zwar immer die Vernichtung der Kunstwerke abgelehnt, aber stets in Verbindung mit einer Lähmung des Bergungsortes. Jetzt ging es darum, diese praktisch offenbar nicht zu erfüllende Auflage wegzulassen und von einem neuen, in dieser Form nicht vorliegenden „Führer-Befehl" auszugehen, der die Vernichtung der Kunstwerke auf jeden Fall verbot. Ich hatte vor der Ausstellung dieser Bestätigung mit Berlin nicht erneut Kontakt aufgenommen, wie bereits ausgeführt. Meiner festen Überzeugung nach war aber die Entscheidung im Sinne Berlins, und ich trug daher keine Bedenken, die Situation so darzustellen, wie sie dargestellt wurde, da nur auf diese Weise mehr oder weniger am Schluss eine Zerstörung des Bergungsortes verhindert werden konnte. Die beiden Experten zogen mit der Bestätigung befriedigt nach Alt-Aussee zurück.

Das ist die wahre, objektive Darstellung der Geschichte des Bergungsortes Alt-Aussee, soweit ich sie kenne und am Obersalzberg, das heißt nicht unmittelbar an Ort und Stelle erlebte. Die erwähnten Unterlagen, insbesondere die Berichte an Bormann und meinen letzten Brief für die beiden am Obersalzberg eingetroffenen Experten, haben nach meiner späteren Vernehmung die Amerikaner zu ihren Akten genommen. Die eingesetzten Persönlichkeiten, insbesondere der erwähnte Oberregierungsrat aus Linz (Büttner), sowie der damalige „Persönliche Referent" des Reichsleiters Bormann (Müller), haben diese Entwicklung miterlebt und bestätigt, das Spruchgericht (Entnazifizierungsgericht für die damalige „Britische Zone") Recklinghausen, in dem gegen mich durchgeführten Verfahren (8. Spruchkammer, A.Z.7 Sp. Ls. 321/47) amtlich untersucht und in seinem Urteil vom 16.2.1948 ausführlich behandelt.

Der erwähnte „Persönliche Referent" des Reichsleiters, ein enger Freund von mir, kann sich sogar erinnern, dass ich den letzten für die beiden am Obersalzberg erschienenen Herren auf einem Bogen „Reichsleiter Bormann - Der persönliche Referent" geschrieben hatte, obwohl ich nicht „Persönlicher Referent", sondern Sekretär Martin Bormanns war, von ihm aber, wie bereits früher erwähnt, die Ermächtigung erhalten hatte, in den mir geeignet oder notwendig erscheinenden Fällen auch den Briefbogen „Persönlicher Referent" zu benutzen.

Ich war bisher bestrebt, Selbstlob und Selbstbeweihräucherung zu vermeiden. Hier will ich eine Ausnahme machen und aus den Urteilsgründen des oben erwähnten Urteils des Spruchgerichts Recklinghausen die Schlußpassage wörtlich zitieren, auch wenn sie mir in dieser Form etwas übertrieben erscheint und ich glaube, dass weniger mehr gewesen wäre. Auf jeden Fall hat das Gericht ausgeführt:

„Hätte der Angeklagte nicht gehandelt, lägen die Kunstschätze zerschmettert unter den Trümmern eines Salzbergwerks. Die Vernichtung dieser hohen Kulturwerte hätte das deutsche Volk mit einem ewigen, durch nichts zu tilgenden Fluch der Nachwelt belastet. ... Der Angeklagte hat nicht nur dem deutschen Volk, nicht nur Europa, sondern der ganzen Welt durch seinen Einsatz höchstes Kulturgut des Abendlandes erhalten. Das dankt ihm nicht nur das deutsche Volk, nicht nur Europa, sondern die ganze Welt." Ein bisschen zu viel, wie gesagt, aber immerhin!

Diese Geschichte der Rettung der Kunstwerke in Alt-Aussee ist von vielen Autoren in verschiedenen Büchern und Kommentaren äußerst unterschiedlich geschildert und gewertet worden. Es ist geradezu ein Beispiel dafür, wie Zeitzeugen und Historiker hinsichtlich der Wahrheit völlig durcheinander geraten. Mal wird mein Vater als Retter gelobt, dann wieder als arroganter preußischer Adliger und Machttechniker dargestellt.[132] Daten und Fakten stimmen in allen Berichten oft nicht überein. Häufig wird den Bergleuten der Saline eine wesentliche Bedeutung für die Rettung zugesprochen. Das ist auch sicher richtig. Meinen Recherchen nach waren jedoch die mehrmaligen Telegramme, Briefe, mündlichen und telefonischen Anweisungen meines Vaters für die anfängliche Abweisung einer Vernichtung der Kunstwerke durch den Gauleiter Eigruber maßgebend. So auch der Brief vom 1. 5. 1945. Zudem bestätigte mir dies auch der oben genannte persönliche Referent Müller, den ich noch selbst kennen gelernt habe.

Die persönliche Übergabe der etwa gleichlautenden Anweisung Hitlers durch den erwähnten Oberregierungsrat Büttner kennt jedoch keiner der beteiligten Autoren, obwohl diese sehr wichtig war. Allein dies macht klar, wie ungenau im Zusammenhang der Rettung der Alt-Ausseer Kunstschätze meist recherchiert wurde. K. Hammer erwähnt in ihrem Buch hinsichtlich der Dramatik in Alt-Aussee mehrmals den Funkspruch meines Vaters an Hitler, um ihn über die negativen Absichten Eigrubers zu informieren und vermutet auch, dass Hitlers Antwort des Verbots einer Vernichtung der Kunstschätze wohl von meinem Vater fingiert gewesen sei. Denn es sei ein „wahrlich erstaunlicher Befehl gewesen, der jedoch die Situation eindeutig bereinigt habe".[133]

Mehrere Autoren bestätigen, dass Hitler entgegen anfänglicher Richtlinien im Jahr 45 ganz deutlich gemacht hat, dass er eine Vernichtung der Kunstwerke ablehne. Diese Auffassung war bei meinem Vater noch viel stärker vertreten, denn die bildende Kunst stand neben der Dichtung bei ihm ganz obenan. Damit war jedoch lange Zeit auch verbunden, dass im Falle Alt-Aussee die Stollen trotzdem zugeschüttet („gelähmt") werden sollten, und so ist es schließlich auch fast passiert. Dass die Bergarbeiter und etliche andere um die Kunstschatzrettung Bemühte zwischen dem 13. 4. Und dem 3. 5. 1945 oft in Panik waren, weil Eigruber es immer wieder verstand dazwischen zu funken, heißt jedoch nicht, dass sie so ent-

---

[132] Schwarz, B., Geniewahn. Hitler und die Kunst (2009) - Kramer, K., Mission Michelangelo (2013) - Morscher, W., www. SAGEN.at (2009) - Kubin, E., Sonderauftrag LINZ (1989) und andere.
[133] Hammer, K., Glanz im Dunkel, Bundesverlag (1986) S. 134 und 152

scheidend an dem letztlich glücklichen Ausgang beteiligt waren, auch wenn sie entscheidend dabei mitwirkten.

Am 3. 5. 45 haben sie sicher in Angst und unter Stress die Sprengladungen aus den Stollen gefahren, aber eine Entscheidungshilfe hatte ausgerechnet einer der übelsten Nazigrößen schon vorher geben können. Der Chef des Reichssicherheitshauptamtes Kaltenbrunner hatte nämlich ebenfalls Eigruber zum Einlenken bewegen können. Zwischen Kaltenbrunner und Eigruber hatte es ein heftiges Telephonat gegeben, in dem der eine dem anderen vorwarf, ihn verhaften zu lassen. Dies bestätigen auch die meisten der genannten Autoren. Eigruber gab nach. Später haben sich viele ereifert, die wahren Helden der Kunstrettung gewesen zu sein, also auch noch ganz andere Personen, die nichts darüber veröffentlich haben. Soviel zum Kapitel über die Rettung der Kunstschätze. Summa summarum waren es neben den Bergleuten vor allem die Tätigkeit meines Vaters, die die Kunstschätze gerettet haben, wie es ja auch vom Spruchgericht in Recklinghausen nach amtlichen Unterlagen und Zeugenaussagen bestätigt und anerkannt wurde. Auch von diesem gerichtlichen Vorgang und dessen schriftlichen Bericht wissen alle Autoren, die sich bisher geäußert haben und groß mit der historischen Wahrheit prahlen, anscheinend absolut nichts.

Sicher ist auch mein Versuch hier als Historiker aufzutreten nicht besser zu rechtfertigen, als ich es ständig mit den anderen Historikern getan habe. Vielleicht bin ich auch nur ein Nolte. Man kann Geschichte letztlich nur durch eine ‚transsubstanziative' Gedächtnis-Erinnerungs-Methode vermitteln, das ist weiterhin meine Auffassung. Es muss um eine Psychohistorie gehen, die auf konkreter und authentischer „Bild-Rede" aufbaut. Damit wird freilich niemanden die faktische Wahrheit vergangener Ereignisse vermittelt. Aber man kann sie durch das von mir inaugurierte Verfahren geschult, doch selber besser einschätzen, und damit ist mehr erreicht als nur Zig-Historiker zu lesen. Nur diese Auffassung will ich hier vermitteln. Jeder muss sich selbst in die Lage versetzen können, historisch überliefertes Material beurteilen zu können. Nur etwas von anderen zu übernehmen, genügt nicht.

Mit dem Schicksal des Bergungsortes Alt-Aussee bin ich den Ereignissen etwas vorausgeeilt. Ich musste aber diese Entwicklung ohne Unterbrechung im ganzen schildern. Um zeitlich zurückzugreifen in die ersten Monate des Jahres 1945, Februar/März dieses Jahres, so ist zu erwähnen, dass außer den alten, bereits erwähnten Bauarbeiten am Obersalzberg und in Alt-Aussee eine neue Aufgabe auf mich zugekommen war. Es galt, die Evakuierung von Personen und von Sachen in die sogenannte „Alpenfeste Südtirol" zu organisieren und durchzuführen. Zu diesem Zweck hatte ich Kontakt aufzunehmen mit Gauleiter Hofer von Tirol, der auch für Südtirol zuständig war.

Schließlich sollte versucht werden, die in Alt-Aussee eingelagerten Kunstwerke in entsprechende Stollen bei Bozen zu verlagern. Da ein Transport der kostbaren und empfindlichen Gemälde aus dem Mittelalter in der kalten Jahreszeit nach Ansicht der Experten völlig unmöglich war, sollte damit begonnen werden, „witterungsmäßig unempfindliches Kunstgut" von Alt-Aussee nach Bozen zu transportieren, in erster Linie kunstgewerbliche Gegenstände. Dazu mussten Lastwagen der Verwaltung Obersalzberg bereitgestellt, das heißt eine Aufgabe gelöst werden, die damals unvorstellbare Schwierigkeiten mit sich brachte. Die vorhandenen, ohnehin unzureichenden Lastkraftwagen wurden dringend am Obersalzberg benötigt, wo immer noch, bis in die letzten Tage, einige tausend Arbeiter beschäftigt und zu versorgen waren. Aus den knappen Treibstoffbeständen mussten entsprechende Mengen abgezweigt, kurz Maßnahmen eingeleitet werden, die heute völlig unbedeutend und nebensächlich erscheinen, deren Durchführung damals aber mit den größten Schwierigkeiten verbunden war.

Im Zusammenhang mit dieser Überführungsaktion von Kunstgut von Alt-Aussee in die Alpenfeste Südtirol nach Bozen erschien im April 1945 der inzwischen verstorbene Professor Dr. Ruprecht, Wien, ein international anerkannter Fachmann der Numismatik. Ihm war bei der Neugestaltung der Stadt Linz an der Donau die Aufgabe übertragen worden, innerhalb des geplanten Kunstmuseums die Abteilung für Münzen und Münzenkunde auszugestalten. In dieser Eigenschaft hatte ich Professor Dr. Ruprecht bereits längere Zeit vor dem Zusammenbruch kennengelernt. Als er im April 1945 mit seinem Transport auf dem Obersalzberg erschien, eröffnete er mir, in diesem ersten Transport von Kunstgut in die Alpenfeste Südtirol befände sich unter anderem der sogenannte „Kremsmünster Goldmünzenschatz", von dem ich bis dahin noch nie etwas gehört hatte. Ich erfuhr, dass die Nationalsozialisten nach dem Anschluss Österreichs an das Deutsche Reich in den Jahren 1938 bis 1945 die in den österreichischen Klöstern aufbewahrten Kunstgegenstände, darunter auch die erwähnte antike Goldmünzensammlung aus dem Benediktinerstift Kremsmünster, für das geplante Führer-Museum in Linz beschlagnahmt hatten. Neben anderen Kunstwerken aus Wien und weiteren Teilen Österreichs war auch diese Sammlung im Salzbergwerk bei Alt-Aussee eingelagert worden.

Professor Dr. Ruprecht, ein hochintelligenter, sehr aktiver, witziger und beredter Herr, schilderte mir bei dieser Gelegenheit, wie es zu der Einlagerung und zu der jetzt vorgenommenen Verlagerung gekommen war und welchen unvorstellbaren Wert die zu der Kremsmünster Goldmünzensammlung gehörenden antiken Münzen aus der alten Perserzeit, dem antiken Griechenland und dem Römischen Reich besaßen. Alle diese Goldmünzen sollten neben anderen Kulturgütern nach Bozen gebracht werden.

Ich stellte Professor Ruprecht die Frage, ob es wirklich richtig sei, diesen Transport im Augenblick durchzuführen. Man höre, an der Südfront würden besondere Verhandlungen über einen Waffenstillstand geführt, man könne nichts Genaueres sagen, aber irgend etwas scheine nicht in Ordnung zu sein. Auf jeden Fall wanke die Südfront, und man müsse damit rechnen, dass der Amerikaner in absehbarer Zeit, von Süden kommend, vor Bozen stünde. Ob man die Alpenfeste wirklich verteidigen wolle und verteidigen könne, sei meiner Ansicht nach offen, es hänge alles davon ab, ob Hitler in Berlin bliebe oder sich entschließen werde, Berlin zu verlassen und auf den Obersalzberg oder in die geplante Alpenfeste zu kommen. Wenn die Amerikaner in Südtirol einrücken sollten, wäre meiner Ansicht nach der Goldmünzenschatz aufs höchste gefährdet, man habe schließlich bereits davon gehört, wie amerikanische Soldaten Beutegut behandelten. Wir haben später für diese Erscheinungsform der Befreiung den Ausdruck „Uhrensammler" gefunden, weil das erste, was amerikanische Soldaten bei Gefangenen unternahmen, die Konfiszierung der Armbanduhren war. Professor Ruprecht beurteilte die Lage ebenso wie ich, eigentlich noch viel ernster. Wir entschlossen uns, zunächst einmal den Transport auf dem Obersalzberg anzuhalten und die Entscheidung Hitlers über eine eventuelle Verlegung des Führerhauptquartiers abzuwarten. Als sich später herausstellte, dass Hitler in Berlin bleiben und dort auch sterben wollte, ließ ich im Frühjahr 1945 die ganze Sammlung dem Fürsterzbischof Dr. Rohracher in Salzburg übergeben mit einem Begleitbrief, in dem ich ausführte, ich überließe ihm zu getreuen Händen dieses frühere Kirchenguts, er möge in eigener Verantwortung darüber verfügen.

Nach der Besetzung Salzburgs durch die Amerikaner hatte der Fürsterzbischof, wie ich später erfahren musste, übersehen, dem zuständigen amerikanischen Offizier die Übergabe dieses Kirchenguts, das heißt den Besitz der Kremsmünster Goldmünzensammlung anzuzeigen. Im Sommer 1945 suchten die Amerikaner jedenfalls fieberhaft nach dem Kremsmünster Goldmünzenschatz, weil sie, wie sie mir selbst nach meiner Gefangennahme später erklärten, davon ausgingen, der von der nationalsozialistischen Führung in den letzten Kriegsmonaten geschaffene „Werwolf", der nach dem Zusammenbruch eine Art Partisanentätigkeit entfalten sollte, werde unter anderem durch diesen Goldschatz finanziert, eine völlig absurde, aber damals existierende Vorstellung. Die Amerikaner waren aber nicht nur der Ansicht, dieser Goldschatz diene einem von der nationalsozialistischen Führung geplanten Partisanenkrieg. Sie argumentierten: Wo der Goldschatz ist, da Hummel, und wo Hummel, da Bormann, nach dem sie mit allen Mitteln fahndeten.

Ich war durch diese Entwicklung im Sommer 1945 zu einem der am meisten gesuchten „Big Nazi" geworden. Mittlerweile war ich durch Berichte Bormanns und durch Briefe Bormanns an seine Frau Gerda darüber unterrichtet, was in der Reichskanzlei in Berlin vorging. Die Russen hatten zu dem großen Angriff auf Berlin angesetzt, der durch ein mörderisches Artilleriebombardement eingeleitet worden war. Nach wenigen Tagen teilte Bormann mit, der Bunker der Reichskanzlei, wohin das Führerhauptquartier verlegt worden war, befände sich unter russischem Artilleriebeschuss, das Leben sei schrecklich, aber der Führer habe beschlossen, in Berlin zu sterben und nicht zu flüchten.

Am 21. / 22. April erschienen dann zu meiner großen Bestürzung Reichsmarschall Göring mit einem relativ großen Gefolge und weitere führende Persönlichkeiten des damaligen Regimes auf dem Obersalzberg. Unter diesen unerwünschten Gästen befand sich auch der Leibarzt Hitlers, Professor Dr. Morell, ein Mensch, den ich schon früher kennengelernt und abgelehnt hatte. Er konnte nichts dafür, dass er fett, schwammig, unsympathisch aussah. Er hatte es aber zu vertreten, dass er sich auch so benahm, wie er aussah, und ich kenne niemanden, der ihn schätzte oder auch nur anerkannte, bis auf Hitler, der in ihm bis zuletzt den überragenden, mit den modernsten Erkenntnissen der Medizin vertrauten Leibarzt sah. Professor Morell stellte tatsächlich in den letzten Apriltagen des Jahres 1945, als mit jedem Liter Benzin gespart und gegeizt wurde, an mich das Ansinnen, ihm einen Wagen der Führerkolonne mit Benzin zur Verfügung zu stellen, damit er jeden Morgen seine Spazierfahrt unternehmen könne, auf die er gesundheitlich angewiesen sei. Als ich diesen Wunsch kategorisch abgelehnt hatte, kam es zu einer scharfen Auseinandersetzung zwischen ihm und mir, und Morell erklärte am Schluss: „Ich werde dem Führer persönlich erzählen, wie Sie mich hier behandelt haben. Machen Sie sich auf etwas gefasst!" Ich kann mich noch erinnern, dass ich ihm damals nur ganz trocken erwiderte: „Tun Sie, was Sie für richtig befinden. Benzin bekommen Sie keinen Liter!"

In diesen Tagen, meiner Erinnerung nach unmittelbar nach seiner Ankunft auf dem Obersalzberg, wurde ich von Reichsleiter Buhler am Telefon gebeten, sofort in das Haus Göring zu kommen, wo der Reichsmarschall mich zu sprechen wünsche. Da mir die Spannung zwischen Hitler und Göring sowie das Verhältnis zwischen Bormann und Göring bekannt waren und zu der damaligen Zeit das Unmögliche möglich erschien, unterrichtete ich „für alle Fälle" meinen Freund Frank, den Kommandanten der Waffen-SS auf dem Obersalzberg, über den Wunsch Görings und meinen Besuch im Hause Göring. Im Hause Göring wurde ich sofort zu dem Reichsmarschall gebracht.

In seinem Zimmer befanden sich meiner Erinnerung nach noch Reichsleiter Buhler und ein oder zwei Offiziere der Luftwaffe. Göring empfing mich freundlich und erklärte mir sinngemäß: „Herr Dr. von Hummel, Sie wissen, dass der Führer sich entschlossen hat, in Berlin zu bleiben und sich dort zernieren zu lassen. Von der eingeschlossenen Reichskanzlei aus kann er das Reich nicht regieren und die Wehrmacht nicht befehligen. Ich habe daher den folgenden Funkspruch nach Berlin durchgegeben und bitte Sie nunmehr, alle Arbeiter, insbesondere alle ausländischen Arbeiter, sofort vom Obersalzberg zu entfernen und mir die Schlüssel für das unterirdische Führerhauptquartier zu übergeben."

Ich durfte den Wortlaut des Funkspruchs durchlesen, den ich natürlich nicht mehr exakt im Kopfe habe, der aber etwa wie folgt lautete: „Mein Führer, es ist die schwerste Anfrage in meinem Leben. Sie haben beschlossen, in Berlin zu bleiben und sich dort zernieren zu lassen. Da von dort aus die Führung des Reichs und der Wehrmacht nicht möglich sein dürfte, frage ich an, ob ich gemäß dem Erlass (Reichsminister Lammers vom .. ?) Ihre Stellvertretung übernehmen soll. Wenn ich bis heute 20.00 Uhr keinen gegenteiligen Befehl erhalten sollte, unterstelle ich Ihr Einverständnis. In ewiger Treue, Ihr Hermann Göring."

Diesen Funkspruch hatte Göring, wie er mir erklärte, an einen Flugplatz oder Notflugplatz bei Berlin durchgegeben mit dem Auftrag, ihn sofort in die Reichskanzlei dem Führer zu überbringen. Ich war mir bewusst, dass ich mich in einer ungemein ernsten und heiklen Situation befand: Göring erwartete den sofortigen Abtransport aller Arbeiter, und vor allen Dingen die Übergabe des unterirdischen Führerhauptquartiers, das er als Vertreter, vielleicht sogar als Nachfolger Hitlers benutzen wollte. Wenn die Prämisse für diese Anordnung richtig war, war sachlich wenig gegen diesen Wunsch einzuwenden. Außerdem war Göring der zweite Mann nach Hitler und konnte erwarten, dass seine Befehle, Weisungen oder Wünsche, wie immer man es nennen wollte, ohne Wimpernzucken respektiert und ausgeführt wurden. Auf der anderen Seite war der Obersalzberg die Domäne Bormanns schlechthin, von der aus er seinerzeit gestartet, seinen Höhenflug bei Hitler begonnen und die Grundlage für seine Macht geschaffen hatte.

Diesen gewissermaßen zum innersten Kern der Machtsphäre Bormanns gehörenden Komplex seinem notorischen Gegner Göring auszuliefern, war alles andere als unbedenklich. Glücklicherweise kam mir der rettende Gedanke, und glücklicherweise ging Göring auch sofort anstandslos auf meinen Vorschlag ein. Ich erwiderte Göring sinngemäß: „Herr Reichsmarschall, Ihr Funkspruch ist, wie Sie sagen, an einen Flughafen oder Notflughafen der Luftwaffe Berlin oder bei Berlin durchgegeben worden, das unter Artilleriebeschuss steht. Bei der augenblicklichen militärischen Lage in Berlin und den dort offensichtlich, zumindest teilweise, bestehenden chaotischen Verhältnissen ist es nicht absolut sicher, dass dieser Funkspruch wirklich in die Hände des Führers geraten ist. Wir haben im Gästehaus einen Funktrupp der Marine unter dem Kommando des Kapitänleutnants Singer (?). Dieser Marinefunktrupp kann mit dem Großadmiral Dönitz bei Flensburg und dem Bunker der Reichskanzlei in Berlin unmittelbar Kontakt aufnehmen. Wenn Sie absolut sicher sein wollen, dass Ihr Funkspruch den Führer erreicht, erlauben Sie mir, dass ich ihn über diesen Marinefunktrupp noch einmal durchgeben lasse."

Göring ging sofort darauf ein, erkannte meinen Vorschlag an und änderte sogar den in dem letzten Satz genannten Zeitpunkt ab, indem er ihn mit Rücksicht auf die fortgeschrittene Tageszeit um zwei Stunden verschob. Es hieß jetzt nicht mehr: „... Wenn ich bis heute 20.00 Uhr keinen gegenteiligen Befehl erhalten haben sollte ...", sondern „Wenn ich bis 22.00 Uhr keine gegenteilige Nachricht erhalten haben sollte ..." Ich eilte zum Gästehaus und bat Kapitänleutnant Singer, den Funkspruch sofort in die Reichskanzlei durchgeben zu lassen, indem ich ergänzend für Reichsleiter Bormann noch hervorhob, Göring verlange den Abtransport aller Arbeiter und die Überlassung der unterirdischen Anlagen für sich.

Bevor ich nun zum allerletzten Text meines Vaters komme, ein kurzer Blick in die Zukunft von heute aus gesehen. Von Big Data und von der Selbstüberwachung durch Smartphon und andere digitale Techniken habe ich schon geschrieben. Y. Hofstetter, die sich viel mit der sogenannten künstlichen Intelligenz beschäftigt hat, schreibt: „Die unvorstellbaren Datenmassen, die sekündlich abgeschöpft werden und durchs weltweite Netz fluten, sind allein noch kein Risiko. Denn die Gefahr für die freiheitliche Gesellschaft geht von intelligenten Algorithmen aus. Sie analysieren, prognostizieren und berechnen uns neu, um uns zu kontrollieren – autonom, schnell, überall und immer. Sie verbreiten sich als selbstlernende Haustechnik, vernetzte Autos oder elektronische Armbänder."[134] Auch Byung-Chul Han verteilt ungute Zukunftsvisionen, und noch viel weiter in seinen Zukunftsrecherchen geht Ray Kurzweil. Auch er sieht klar die zunehmende Steuerung und Kon-

---

[134] www.Yvonne Hofstetter, Sie wissen alles, C. Bertelsmann Verlag

trolle durch rasant sich vermehrende und verbesserte Rechenleistungen der Computer und der ‚künstlichen Intelligenz'.[135]

G. Moore stellte das Gesetz auf, dass sich mit jeder neuen Chipgeneration die Rechenleistungen verdoppeln. Wo im Jahr1972 3500 Transistoren auf den Chip passten, waren es 1997 bereist 7500000. Kurzweil berechnet daraus ein Überfluten mit letztlich sich sogar selbst weiterentwickelnder digitaler Technik, die auch das Gehirn des Menschen beeinflussen und übertreffen wird, wodurch noch Ende dieses Jahrhunderts die völlige Verschmelzung natürlicher und künstlicher Intelligenz stattfinden wird. Wir sind dann nicht mehr Ichs, auch nicht Wirs, wird sind dann etwas heute noch gar nicht beschreibbares Wunderbares oder total Schreckliches. Doch genau an den Anfang dieser Visionen passt mein ‚transsubstanzieller' Chip aus Signifikanten, den sich jeder selbst aus seinem eigenen Unbewussten heraus erarbeiten kann. Weder Fremdüberwachung noch Selbstkontrolle ist nötig. Ich habe dies in vielen anderen Büchern ausführlich beschrieben und schildere hier, noch spezioeller aber im Anhang, kurz und zusammenfassend das Wesen meines Verfahrens der Analytischen Psychokatharsis.

Was Lacan die ursprüngliche „Bildrede" bzw. den „linguistischen Kristall" und ich *Formel-Worte* nenne, sind das Kernstück dieses Verfahrens. In völlig reduzierter, rein formaler Weise fassen sie so mehrere Bedeutungen in sich zusammen, wodurch sie eine Dichte erreichen, eine Festigkeit, ja eben Substanzielles. Durch das meditative Üben mit ihnen stellen sich sogenannte Identitäts- oder *Pass-Worte* ein, die genau wie die *Übertragungs*deutungen im klassischen psychoanalytischen Vorgehen enthüllend und klärend wirken. Die Schnittstellen in den *Formel-Worten* greifen exakt – und hierin liegt die Parallele zum interface des Chips – in die bereits vorhandenen Schnittstellen des ja genauso verfassten Unbewussten (*Strahlt/ Spricht.* explizit-implizites Gedächtnis) ein. Und so kann dieses sich öffnen und unbewusste Inhalte freigeben. Und genau darin liegt also das ‚transsubstanziative' Element. Vorgreifend zu Anhang gebe ich hier schon einmal

---

[135] Kurzweil, R., Die Intelligenz der Evolution, KiWi (2016)

eine Aufschlüsselung des in der Abbildung oben gezeigten Formel-Wortes.[136]

Ich hoffe, ich kann die Devise erfüllen, die ich eingangs aufstellte: die *Übertragung* und Deutung auf e i n e n Bezugspunkt konzentriert, auf das Eine des Vielen ausgerichtet und so aus ihm heraus mit dem Verfahren der *Analytischen Psychokatharsis* gefasst zu haben, wie es auch Devise der klassischen Psychoanalyse ist. Dieses auf und aus e i n e m gilt auch für das Konzept des explizit-impliziten Gedächtnisses und Erinnerns, das ja trotz seiner doppelten Art e i n Bezugspunkt ist. Und so hat auch der „linguistische Kristall" meines Verfahrens nur e i n e n solchen ‚transsubstanziierenden' Punkt. Denn die *Formel-Worte* dienen ja nur der Eingabe, Anrufung, Evokation des Unbewussten. Da sie in ihrer Überdeterminiertheit eigentlich nichts sagen (man kann sich wegen der vielen Bedeutungen nicht zu einem Sinn durchringen), dringen sie tief in das Unbewusste ein, wenn man sie monoton und langsam rein gedanklich meditiert. Es stellt sich dann natürlich auch eine Ausgabe, einen Ausdruck aus dem Explizit-Impliziten des Unbewussten ein, den ich *Pass-Wort* oder Identitätswort nenne.

Wie dieses Ausgeben zu verstehen ist, kann ich hier nur kurz andeuten. Durch das Üben mit den *Formel-Worten* werden also gleichermaßen Wort-, bzw. *Signifikantenstrukturen* angeregt, eben die erwähnten „ultrareduzierten Phrasen", unbewusste Gedanken, die den bewussten Gedankengang zu unterbrechen scheinen. Plötzlich schiebt sich ein wie von ferne oder aus der Tiefe des Unbewussten kommender Gedanke ein, den man trotz seiner Fremdheit oder seiner kontrapunktischen Art doch noch – mehr oder weniger klar und deutlich – als eigenen Gedanken erkennen kann. Auch im Traum kann man manche Phrasen als eigen gemachte erkennen, aber es bedarf meist einer komplexeren Deutungsarbeit. Hier, bei der *Analytischen Psychokatharsis,* ist die Deutung fast schon fertig mitgegeben und eben im Sinne des ‚Transsubstanziellen' schon

---

[136] Beim C angefangen heißt es: C eram orsa (hundertfach war ich Beginnen), cera morsa (das abgetrennte Wachs), mors acer (der Tod ist bitter), amor sacer (die Liebe ist heilig) sowie noch einige andere, die alle vielleicht ein wenig unsinnig sind, aber darauf kommt es nicht an. Auch der Traum ist unsinnig und enthält doch für den Psychoanalytiker die entscheidenden Bedeutungen.

verständlich herübergebracht. Da derartige Gedanken aus dem Unbewussten kommen und doch als eigen erkannt werden, nenne ich sie also *Pass-* oder *Identitäts-Worte.* Ich will im Folgenden ein weiteres (zu dem meines weit oben geschilderten Probanden) davon schildern.

Es mag in der damaligen Zeit vieles durcheinandergegangen sein, eine ungewöhnliche Konfusion geherrscht haben. Trotzdem war ich erschüttert und fassungslos, als ich kurze Zeit nach der Durchgabe meines Funkspruchs einen Funkspruch aus der Reichskanzlei erhielt, der etwa den Wortlaut gehabt haben dürfte: „Der frühere Reichsmarschall ist sofort zu verhaften. Weitere Befehle folgen." Ich glaube, der Funkspruch war von Hitler selbst unterzeichnet oder trug wenigstens den Namen Hitler. Alle späteren Funksprüche waren von Bormann unterschrieben mit dem Hinweis: „Auf ausdrücklichen Befehl des Führers. Gez. Bormann."

Als ich den Funkspruch las, überlegte ich allen Ernstes, ob es sich nur um einen fingierten Befehl, eventuell sogar um einen von den Russen durchgegebenen Befehl handele, die die Reichskanzlei bereits in Besitz genommen oder in irgendeiner anderen Weise den Schlüssel zu dem Funksystem geknackt hatten. Ich bat jedenfalls Dr. Frank, sofort ins Gästehaus zu kommen, der gleich mir erstarrte, als er den Funkspruch gelesen hatte. Wir unterhielten uns nur kurz, ob die Sache echt sei oder eine Mystifikation, eine bewusste Täuschung darstelle, und ich schlug vor, durch harmlose Anfragen klarzustellen, ob noch die richtigen Partner in Berlin an der Leitung wären.

Diese Kontrollfunksprüche gingen in Ordnung, und Dr. Frank übernahm es, mit ein oder zwei Offizieren der Waffen-SS Göring aufzusuchen. Göring wurde erklärt, sein Funkspruch sei, wie mit ihm besprochen, durchgegeben worden, auf diesen Funkspruch sei der ihm hiermit zur Kenntnis übergebene Befehl Hitlers eingetroffen. Göring benahm sich absolut korrekt. Er wies darauf hin, selbstverständlich handele es sich um einen Irrtum, der auf die derzeitige allgemeine Konfusion zurückgehe. Er stehe aber selbstverständlich zur Verfügung, es handele sich schließlich um einen Befehl des Führers, und die Sache werde in Kürze aufgeklärt. Göring wurde in eine Art Ehrenhaft genommen. Zwei SS-Führer standen vor seinem Zimmer Wache. Die Waffen-SS auf dem Obersalzberg wurde in Alarmbereitschaft versetzt. In der Folgezeit fanden mehrere Besprechungen zwischen der SS-Führung Obersalzberg und den Mitarbeitern Görings, insbesondere den auf dem Obersalzberg anwesenden Offizieren der Luftwaffe, statt.

Meiner Erinnerung nach ging es vor allen Dingen darum, ob, einem Wunsche Görings entsprechend, einer seiner Vertrauten nach Berlin fliegen und dem Führer alles vortragen dürfe. Ich persönlich hatte die feste Überzeugung und ich bin auch heute noch fest davon überzeugt, dass Göring kein unredliches Spiel mit Hitler treiben wollte und getrieben hat. Er wollte nicht gegen Hitler revoltieren und ohne oder gar gegen Hitlers Befehl die Staatsgewalt übernehmen. Die Besprechung mit ihm im Hause Göring, seine Bereitwilligkeit, den Funkspruch noch einmal durchgeben, die in Betracht kommende Frist sogar verlängern zu lassen, sein ganzes Verhalten bei dieser Gelegenheit und später lassen eine andere Deutung nicht zu. Wir wurden verständigt, dass Kaltenbrunner, der Chef der Staatspolizei und des SD, auf dem Obersalzberg erscheinen und alle weiteren Nachforschungen durchführen werde. Es wurde mitgeteilt, es sei auch die „Frau des Hochverräters" zu verhaften, die Wohnung sei „zu durchsuchen". Kurz, es gingen noch mehrere Fernschreiben ein, die mich veranlassten, zu Dr. Frank zu sagen: „Bernd, Bormann kurbelt. Der macht ihn fertig."

Dann kam der große Fliegerangriff. Ich war gerade beim Rasieren, als die Sirenen unmittelbare Fliegergefahr ankündigten. Wir waren im vierten bzw. fünften Kriegsjahr schon etwas abgebrüht und nahmen nicht jeden Sirenenalarm ernst. Ich ließ mich nicht stören, legte aber meinen Rasierapparat schnell zur Seite, als die ersten Detonationen zu hören waren und erkennbar wurde, dass es sich nicht um feindliche Verbände handelte, die den Obersalzberg nur auf ihrem Weg nach Süddeutschland überfliegen wollten, sondern dass der Angriff dem Obersalzberg selbst galt. Ich eilte in einen der zahlreichen Luftschutzkeller, wo wir das Ende des Bombardements abwarteten. Soviel ich weiß, gab es weder unter den zahlreichen Arbeitern noch unter den Bewohnern des Obersalzbergs ein einziges Opfer. Die Luftschutzkeller und Bunker hielten. Außerhalb der Luftschutzkeller war aber fast alles dem Boden gleichgemacht. Das galt zunächst für den Berghof, der nur noch eine Ruine war. Auch die Häuser Bormann, Göring, der größte Teil der SS-

Kasernenanlage waren zerstört. Das Hotel Platterhof war beschädigt. Es war als Hotel mit voll eingerichtetem und weiterlau-
fendem Hotelbetrieb seit 1943 der Wehrmacht als besonderes
Genesungsheim zur Verfügung gestellt worden, die nach dem
Angriff das Hotel aufgab und alles evakuierte.

Mit der Zerstörung des Obersalzbergs setzten geradezu
schlagartig die Auflösungserscheinungen ein, die kennzeich-
nend waren für die Tage des Zusammenbruchs. Jeder dachte
nur noch an sich, an sein Leben und an das bisschen Habe,
das ihm verblieben war. Wenige Tage nach der Bombardierung
kam es bereits im Gutshof des Obersalzbergs zu Plünderun-
gen, die später auch auf die anderen zerstörten oder beschä-
digten Gebäude übergriffen, insbesondere auch auf den Platterhof, in dessen Kellerräumen sich noch große Mengen Nah-
rungs-, Genussmittel und sonstige Waren befanden. Eines der
Hauptprobleme war die Unterbringung und Sicherung des hohen Staatsgefangenen, des Reichsmarschalls Göring. Ich kann
mich noch an ein entscheidendes Gespräch mit dem Befehlshaber der Waffen-SS am Obersalzberg, Dr. Frank, erinnern, als
ich ihn darauf hinwies:

„Wir sollten sehen, dass wir Göring vom Obersalzberg irgend-
wohin schaffen dürfen. Hier ist er eine latente Gefahr, auf jeden
Fall eine große Belastung und, wenn Bormann weiter so die
Sache anheizt wie bisher, wird eines Tages der Funkspruch
eintreffen, Göring sei zu erschießen. Ich gebe per Funk kurz die
Meldung an Bormann durch, welche Gebäude vernichtet sind,
wie die Situation hier aussieht. Willst du nicht in diesem Zusammenhang vorbringen, für die Sicherheit des Gefangenen
könne nicht mehr garantiert werden, du würdest seinen Abtransport vom Obersalzberg empfehlen?"

Dr. Frank sah die Berechtigung dieser Sorgen sofort ein. Ich
weiß nicht mehr, wer Mauterndorf ins Gespräch brachte. Wahrscheinlich geht dieser Vorschlag auf Göring oder die Familie
Göring selbst zurück. Auf jeden Fall wurde um Genehmigung
zum Abtransport von Göring mit Familie nach Mauterndorf gebeten, und zu unserer großen Erleichterung kam der zustim-
mende Funkspruch auch bald auf dem Obersalzberg an. Jetzt
setzten aber die Schwierigkeiten bei Göring ein, der, durchaus
verständlich, allmählich die Nerven verlor, gereizt wurde und eine längere Inhaftierung nicht hinnehmen wollte. Erst der Hin-

weis, es werde ihm Mauterndorf als Evakuierungsort angeboten, sein Transport und der Transport der Familie und des Begleitpersonals nach Mauterndorf sei sichergestellt, die Straßen zum Hause Göring würden planiert, beschwichtigten den hohen Herrn.

In Begleitung eines meines Wissens unter der Führung von zwei SS-Offizieren stehenden Kommandos verließ Göring mit Familie und Begleitpersonal den Obersalzberg, nachdem Dr. Frank den beiden SS-Führern eröffnet hatte, Göring dürfe nichts geschehen, sie hätten hinsichtlich der Person Görings nur Befehle von ihm entgegenzunehmen, bei plötzlicher Feindannäherung sei Göring freizustellen, was er zu machen gedenke. Wir atmeten alle auf, als der Reichsmarschall mit Anhang den Berg verlassen hatte, und beschäftigten uns in den letzten Tagen noch mit der Beseitigung der größten Luftschutzschäden, insbesondere der Planierung von Wegen und Straßen, dem Abriss gefährlicher Ruinen usw. An einem der letzten Apriltage traf ein Funkspruch Bormanns ein. Dieser Funkspruch war, wie ich mich in diesem Fall noch präzise erinnern kann, unterzeichnet von „Bormann im besonderen Auftrage des Führers". Der Funkspruch lautete etwa:

„Falls wir hier in Berlin fallen, sind der frühere Reichsmarschall und alle anderen Hoch- und Landesverräter zu erschießen." Dr. Frank und ich sahen uns nur verständnisvoll an und legten den Funkspruch weg. Göring und die „anderen Hoch- und Landesverräter" waren nicht mehr auf dem Berg und nicht mehr in unserer Gewalt, und wir dachten nicht im entferntesten daran, uns als Liquidierungskommando einsetzen zu lassen. Bemerkenswert erschien mir damals und noch viel bemerkenswerter erscheint mir heute der Passus in dem Funkspruch „und die anderen Hoch- und Landesverräter", der der SS eigentlich freie Hand überließ, wen sie als Hoch- und Landesverräter betrachtete und wen nicht. In gewisser Weise war es ein Blanko-Todesurteil, wenn man diesen makabren Ausdruck verwenden darf.

Ich habe in meinen Aufzeichnungen schon einmal darauf hingewiesen, dass ich einigen besonderen Glückszufällen nicht nur mein Leben, sondern auch die Gnade verdanke, auf keinen Abweg geraten zu sein. Das galt für das seinerzeitige Angebot in Berlin, das Reichswirtschaftsministerium aufzugeben und ei-

ne Stellung in der Abteilung Ohlendorf des Reichssicherheitshauptamtes zu übernehmen. Das galt für meine Involvierung in
den Ablauf der Affäre Göring, von der Besprechung mit dem
Reichsmarschall im Hause Göring angefangen bis zum Abtransport des „Hoch- und Landesverräters" und dem Eingang
des erwähnten Funkspruches. Wir wurden uns einig, dass wir
am nächsten Tag am Obersalzberg alles zumachen und zu Ende führen und dann, jeder nach eigenem Ermessen, in Gruppen
den Obersalzberg verlassen sollten.

Ich selbst setzte mich mit meinem alten Mitarbeiter, einem
Oberamtmann der Reichsbank, einem der anständigsten, flei-
ßigsten, saubersten und zuverlässigsten Menschen, die ich je
kennengelernt habe, sowie einigen anderen Bekannten nach
Zell am See und von dort in die Berge ab.

In einem Bergdorf kamen wir unter und nahmen Kontakt mit
Professor Ruprecht auf, der dort mit seiner Frau in einem Zimmer Unterschlupf gefunden hatte. Mit einem Freund zusammen
war ich lange Zeit als Bauhilfsarbeiter bei Straßenarbeiten eingesetzt, bis wir eines Tages von Professor Ruprecht hörten, die
Amerikaner suchten speziell nach mir, weil sie der Ansicht sei-
en, ich sei im Besitz des Kremsmünster Goldmünzenschatzes
und zusammen mit Bormann dabei, den Werwolf auszubauen
und eine Partisanengruppe zu schaffen.

Mir war klar, dass ich allein zum Schutz der mit mir geflüchteten
Personen so schnell wie möglich verschwinden musste, weil
meine Verhaftung unweigerlich auch die Verhaftung aller anderen Personen nach sich gezogen hätte, mit denen ich zusammen war. Ich wusste nur, dass ich verschwinden musste und
dass es keine andere Möglichkeit gab, als nach Salzburg zu
fahren. In dieser Situation kam mir die Idee, Fürsterzbischof
Rohracher aufzusuchen, ihm zu sagen, ich hätte ihm den
Kremsmünster Goldmünzenschatz seinerzeit nicht überlassen,
um daraus Kapital zu schlagen und mit irgendwelchen Ansprü-
chen oder Wünschen später zu erscheinen. Ich stünde nur jetzt
vor dem Nichts, wenn er mir helfen könne, wäre ich dankbar,
wenn er mir seine Hilfe verweigern müsse, verstünde ich das
auch und verübelte es ihm nicht.

In Salzburg angekommen, suchte ich den Fürsterzbischof auf,
trug ihm mein Anliegen in der vorstehend geschilderten Weise

vor und fand zu meiner freudigen Überraschung, dass ich keine Fehlbitte getan hatte. Dr. Rohracher erklärte mir, soweit er könne und dürfe, wolle er mir helfen, ich möchte mich zunächst bei einer von der Katholischen Kirche eingerichteten Notunterkunftsstelle für Flüchtlinge melden, dort einige Tage wohnen und dann erneut bei ihm vorsprechen, er werde in der Zwischenzeit versuchen, mich anderweitig unterzubringen. Als ich einige Tage später wieder bei Dr. Rohracher vorsprach, legte er mir dar, er habe mit dem Abt oder dem Pater Superior eines Stifts bzw. eines Klosters gesprochen, ich könne dort unterkommen. Nähere Angaben über diesen Unterkunftsort will ich nicht machen. Ich möchte nur betonen, dass ich mit großer Freundlichkeit, mit Herzlichkeit aufgenommen und den ganzen Winter bis zum Frühjahr 1946 betreut wurde, als ich mich den Amerikanern freiwillig stellen musste, weil die Situation für meine Frau untragbar geworden war.

Ich hatte dort im Kloster ein schönes, wenn auch im Winter leider nicht zu heizendes Zimmer. Die große Klosterbibliothek stand mir zur Verfügung und für mein körperliches Wohl sorgte die Klosterküche, die auch 1945, als überall Hungerrationen verordnet werden mussten, ihrem geschichtlich erworbenen Ruf alle Ehre machte. Mit meiner Frau stand ich in Verbindung. Alle zwei oder drei Wochen erschien das „Waschermaderl", meine Frau oder meine Cousine, um frische Wäsche zu bringen und die alte Wäsche abzuholen, nachdem besagtes „Waschermaderl" in Salzburg durch Fahrten mit verschiedenen Omnibussen, durch Wanderungen quer durch die verschiedenen Passagen, eventuelle Verfolger oder Beschatter abgehängt hatte.

Ganz so harmlos war die Zeit nicht, wie sie sich hier liest. Abgesehen von dem Abt bzw. dem Pater Superior hatte ich niemanden, mit dem ich sprechen konnte. Ich war Wochen und Monate ganz auf mich allein gestellt, und selbst die wertvollsten Bücher können den Kontakt mit anderen Menschen nicht ganz ersetzen, mindestens solange man noch jung ist. Das mag im Alter anders sein.

Adam als Identitätsbegriff

In noch konkreterer Weise kann ich die angekündigten *Pass-, bzw. Identitätsworte* am besten durch ein Beispiel erklären. Ich habe solche *Pass-Worte*, wie sie durch das Üben der *Analytischen*

Psychokatharsis zustande kommen, auch in anderen Büchern beschrieben, hier will ich eines erwähnen, das mir selbst zugekommen ist und entscheidend für mich war und das auch gut in den Zusammenhang von Politik / Therapie passt. In meinen eigenen Übungen mit den besagten *Formel-Worten* hatte ich einmal die folgende ultrareduzierte Phrase aufgefangen: „Sollst der *Adam* sein". Jedem Außenstehenden wird dies nicht viel sagen, aber mir war sofort klar, was gemeint war. Als Arzt und Psychoanalytiker habe ich keine Karriere gemacht. Weder in den Natur- noch in den Geisteswissenschaften (wenn ich die Psychoanalyse jetzt einmal dazu rechnen darf) konnte ich irgendwie besonders reüssieren.

Aber anscheinend war doch der Ehrgeiz bei mir da, jemand zu werden, der in der Wissenschaftsdiskussion der Zeit mitreden oder nicht nur als Hinterbänkler wirken sollte und wollte. Da war mir die Sache mit dem *Adam* klar und auch gerade recht hinsichtlich dieser noch fehlenden Identität. Hat doch Lacan alle die „universitären Diskurse" als überholt und, weil an der eigentlichen Wahrheit vorbei gehend, als nur rein wissenssüchtig demaskiert. Aber ein *Adam* zu sein, hieß ja wieder dort anzufangen, wo die Menschheit mit dem Wissen und der Weisheit begonnen hat. Es hieß, wieder der erste Mensch zu sein, indem man von der biblischen Mythologie als dem Geisteswissenschaftlichen genauso wie von der Paläoanthropologie als dem Naturwissenschaftlichen als Neuanfang ausgehen konnte, um eine praktische Anthropologie zu begründen.

Die Philosophin N. Knapp beschreibt sehr witzig, wie die Großmutter ihr als Kind etwas von den ersten Menschen vorlesen wollte.[137] Da sie schon selbst einiges von den Neandertalern und den Frühmenschen gelesen hatte, freute sie sich auf weitere Geschichten aus der Paläoanthropologie. Doch zu ihrem Entsetzen fing die Großmutter mit der Erzählung von Adam und Eva an. Erst später wurde ihr klar, dass beide Zugänge zum Beginn der Menschheit gleichermaßen wertvoll sind und man sich eben einen übergeordneten Zugang selber ergründen muss. Dazu muss man das eigene Unbewusste mit einbeziehen, das einem diese ‚Transsubstanziation' ermöglicht. Hinter dem *Adam*-Sein steckte für mich auch durchaus eine bewusste Intention, doch hätte ich diese nie-

---

[137] Knapp, N., Der Quantensprung des Denkens, Rowohlt (2011)

mals in allgemeiner Kommunikation so ausgedrückt. Ich hätte gesagt und habe es auch so schon manchmal so gedacht, dass man wie die ersten Menschen mit einer Ur-Religion nochmals von vorne anfangen können müsste. Aber eine Religion im herkömmlichen Sinne besaßen die Frühmenschen sicher noch nicht. Ihre Vorstellungen von übergeordneten Kräften bezog sich auf animistische Erfahrungen und wohl nicht auf konkrete Göttergestalten.

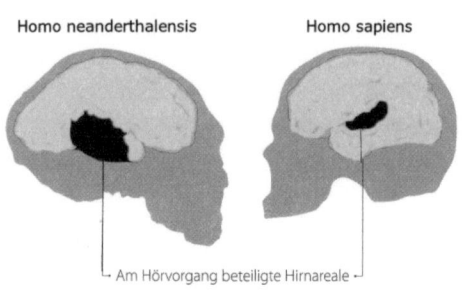

Homo neanderthalensis   Homo sapiens

Am Hörvorgang beteiligte Hirnareale

Schließlich kannten die frühesten Wesen, denen man den Namen Homo geben kann, jedoch Bestattungsrituale und andere kulturelle Operationalisierungen. Nicht umsonst habe ich mich viel mit dem Neandertaler beschäftigt.[138] Er war bereits im vollen Sinne Mensch, da er die Sprache in ausreichendem Maße besaß und damit auch ein Unbewusstes hatte. Er war unglaublich robust und naturverbunden und hatte zudem noch ein größeres Gehirn als wir. Er hat es nur so umständlich benutzt und sehr viel Gehirnmasse im Temporo - Ocipitalbe-reich gebraucht (Sensomotorik), um sich verständlich zu machen, aber auch um die Dinge sehr intensiv erfahren zu können.[139]

Der direkte Vergleich der neben stehenden Abbildung zeigt, dass das für die Verarbeitung von elektrischen Impulsen aus dem Innenohr zuständige Hirnareal erheblich raumgreifender war als das des modernen Homo sapiens. Ob es sich um eine Tanne oder Kiefer handelte, soll der Neandertaler „am Rauschen des Windes in den Nadeln" herauszuhören vermocht haben.[140] Er konnte also den absoluten „Laut" hören, er hatte tatsächlich etwas vom *Spricht* des absoluten Gehörs in sich. Er nahm sozusagen noch mit der Musik

[138] Hummel, G. v., Der Andere des Wortes und das Andere der Sterne, BoD (2010)
[139] Czarnetzki, A., Der Neandertaler – eine hochspezialisierte Art. www.achaeologie-online.de/magazin/thema/2001/06/c_1.php
[140] Czarnetzki, A., Mündliche Mitteilung,11.05.09 an die Firma Orthomol

des Waldes, mit dem „Klang-*Objekt*" als solchem wahr. Und genauso soll es mit seinen visuellen Fähigkeiten gewesen sein. Czarnitzki schreibt, dass der Neandertaler „für die Wahrnehmung optischer Eindrücke wie z. B. optische Dingerkennung, Ortssinn, Ortsgedächtnis, Farb- und Helligkeitserkennen usw., aber z. B. auch für optische Gedanken ausgezeichnet ausgebildet war."

Aber es wäre für mich nicht so intensiv, so enthüllend gewesen, im Rahmen dieser Gedanken und Forschungen die Intention zu haben, wieder wie ein Frühmensch zu sein. Denn das hätte geheißen, quasi eine phylogenetische Regression einzugehen und von dort aus die Menschheitsgeschichte neu zu formulieren. Auch hatte ich keine Lust aus der Religion der ersten Hochkulturen eine Identität für heute zu gewinnen. Und schon gar nicht wollte ich aus den herkömmlichen monotheistischen Religionen, die ich eher Konfessionen nenne, einen Neuanfang versuchen. Dazu hätte ich so etwas wie eine Offenbarung haben müssen. Und auch wenn ich sagen könnte, diese „ultrareduzierte Phrase" des „Sollst Adam sein" klingt ja fast wie ein aus dem Jenseits geschickter Spruch, wäre ich nicht nur für andere, auch für mich selbst unglaubwürdig geblieben. Ich sehe zwar die klassischen Offenbarungen als eine Sammlung von *Pass-Worten* aus dem Unbewussten dieser Propheten und Religionsstifter vor dem Hintergrund und in der Folge tiefer Ahnenverehrungen an, aber eben diesen Zugang haben wir heute nicht mehr und er wäre auch nicht mehr sehr plausibel

Trotzdem ist das Unbewusste damals wie heute das Gleiche. Es ist ein „linguistischer Kristall" kontrapunktischer Gedanken (Freud spricht von Gegenbesetzungen). *Adam* zu sein – einfach so genommen und nur im Bezug aus seinen Wortklang aus dem Unbewussten heraus – war all demgegenüber, was ich gerade diskutiert habe, ein viel knalligerer, intensiverer Gedanke, ja ein originär echter Name, eine viel plastischere Identität. *Adam* sein war ein *Pass-Wort*, denn Adam war und ist mehr als nur eine mythische Figur. *Adam* ist ein Eigenname, den auch heute noch jeder kennt, der mythische Urvater der Menschheit, dessen Existenz ja nur von den monotheistisch vernarrten Menschen dazu gebraucht wurde, ihren Glauben zu begründen und durch grausame Gebote mit Schrecken zu versehen. Adam war selbst einer dieser Frühmenschen, also bereits homo sapiens, vielleicht noch vor den Cro-Magnon-Typen, die wir heute sind, aber mit einer besonderen Ausstattung. Er musste einen Überblick über die Lebewesen auf dieser Erde erreicht haben und dies gleichzeitig als so etwas wie ein „Auftrag", eine Aufforderung zum Menschsein empfunden haben. Und als solch eine Aufforderung habe ich es ja auch wahrgenommen. „Du sollst ein Frühmensch sein" hätte mich erschreckt, und ein Nachfolger von Abraham, Isaak und Jakob wollte ich auch nicht sein, aber der *Adam* passte für beides, für eine frühe und eine moderne Identität umfassender Art.

Adam war für mich von diesem Moment an die ideale Vater-Metapher. Denn wie Freud ist mir eine zu eng religiöse, konfessionelle Identität fern. Aber ich brauchte damit auch Vater Freud nicht mehr so abgöttisch zu folgen, so sehr ich mich auch nach wie vor als Psychoanalytiker sehe und Freud als den Vater der Psychoanalyse begreife und respektiere. Und selbst meinen Vater, den ich hier so viel zitiert habe, muss ich nicht an der entscheidenden Stelle der Metaphorik einsetzen. Denn natürlich sind die Schilderungen meines Vaters ein bisschen selbstherrlich und nicht ganz frei von rechtem Gedankengut. Nein, *Adam* tut hier einen viel besseren Dienst. Er vermittelt ideal den ersten Menschen, neurotisch, noch nicht fertig, aus dem Paradies der Kindheit und des Glaubens an eine sichere positive Politik oder sonstige Wissenschaft vertrieben, aber wie der Neandertaler bereits mit einem Unbewussten (der symbolischen Ordnung unterstellt) versehen und hochsensibel. Mein Unbewusstes hat hier originell und für mich überraschend gut das *Strahlt / Spricht* in eine „ultrareduzierte Phrase" gebracht. Ich empfinde diese Adam-Metapher als etwas ‚Transsubstanziatives'.

Bei *Adam* stellt sich die Frage nicht, ob er jetzt Jude war oder nicht. Sein jüdischer Anklang hilft mir aber dennoch in diesem Pro / Antiprokonflikt unbefangener zu sein als viele andere Mitmenschen meines Landes. So hat es mir *Adam* noch leichter gemacht mit Gegensätzen in der Identität umzugehen. Denn mit diesem mythischen Menschen ist der zentrale Grund-Konflikt verbunden, den ich oben im Vergleich zur „Erbsünde" erwähnt habe und der nur durch ein 'Transsubstanziation*s*'-Training überwunden werden kann. Auch im Gegensatz zur herkömmlichen Psychoanalyse, in der die Deutung (die ja auch auf eine Identitätsgewinnung hinausläuft) aus stark von vorbewussten Assoziationen her mitbestimmt ist, sind die *Pass-Worte* der *Analytischen Psychokatharsis* viel authentischer, elementarer und originell unbewusster. Denn während in der klassischen Psychoanalyse mehr der „beharrende" Teil des Unbewussten gehört und bearbeitet wird, ist es in der *Analytischen Psychokatharsis* mehr der „schöpferische" Teil.[141] Das hat Vorteile gerade für ein kreatives Vorgehen in der Beurteilung und Erarbeitung von Politik.

Zudem: verglichen mit modernen psychologischen Verfahren wie z. B. der Meditation von C. Albrecht oder anderen, denen ein präziser wissenschaftlicher Zugang fehlt, kann die Methode mit den *Formel-* und *Pass-Worten* als fundierter gelten.[142] Man muss die *Pass-Worte* dafür manchmal noch ein bisschen zu Recht feilen oder wie einen Traumsatz interpretieren. Aber während der Satz aus einem Traum so fern ist, so gerade noch blass erinnerlich, ist das *Pass-Wort* sofort als etwas Ureigenes kenntlich, spürbar, hörbar. Wie die Offenbarungsworte der frühen Mystiker sind die *Pass-Worte* unabweisbar und zutiefst enthüllend. Die frühen religiösen Offenbarungsworte waren jedoch – wie gerade gesagt – eingepackt in schon bekannte und intensiv als Verbindung gelebte historische Gegebenheiten, sie waren also durch Vorbewusstes mitbestimmt und personalisiert. Dies ist bei den *Pass-Worten* der *Analytischen Psychokatharsis* nicht der Fall.

Zum noch besseren Verständnis mag auch die Erfahrung Lindemanns beitragen, der als erster mit einem Faltboot den Atlantik überquerte. Lindemann benutzte zur Entspannung und seelischer Stärkung das autogene Training von I. H. Schulz. Dort verwendet man ebenfalls gedankliche Formeln die in ihrer Bedeutung jedoch schon vorgefasst und festgelegt sind. Neben einführenden Formeln zur rein physischen Beruhigung und Entspannung werden sogenannte „formelhafte Vorsatzbildungen" verwendet (etwas Ähnliches wie Formeln des positiven Denkens). Um nicht von seinem Vorhaben, den Atlantik von Ost nach West zu überqueren, abge-

---

[141] Diese Unterscheidung hat besonders der Psychoanalytiker S. Leikert herausgearbeitet. Sonderheft PSYCHE Sep./Okt. 2013, S. 962.
[142] Albrecht, C., Das mystische Wort. Erleben und Sprechen in Versunkenheit (1986)

lenkt zu werden, suggerierte er sich ständig die Formel „Kurs Richtung West". Einmal schlief er zu früh ein und verlor die Richtung als er wie in Trance die Phrase hörte: „Der Boss ist im Westen!" Sofort war er wieder wach. Er erinnerte sich an sein Vorhaben und korrigierte seinen Kurs.

So gut und kreativ wie seine Formel für sein Vorhaben war, so wenig hatte sie scheinbar mit seiner Wahrheit, seiner eigenen Infragestellung zu tun, obwohl das Unbewusste ihm eine solche nahelegte. Denn es hat ihm die Deutung vermittelt, dass er selbst mit dem Boss gemeint war, und zwar er selbst in Form eines strengen, harten, ja fast sadistischen Überichs. Ist es wirklich so gut im Faltboot über den Atlantik zu fahren? Es war ein heroisches Unterfangen, das schlecht hätte ausgehen können, und sein Unbewusstes hat ihm nebenbei deutlich gesagt, dass er sich hier wie ein ihm selbst gegenüber rücksichtsloser Boss verhält. Die Sache hätte also auch trotz seiner Vorsatzbildung schief ausgehen können. Bei *der Analytischen Psychokatharsis* verhält es sich umgekehrt, hier gibt es keine solchen nicht endgültig hinterfragten Vorsätze, sondern hier geht es um die Wahrheit des Subjekts selbst, um seine Selbstfindung, seine Therapie, seine Politik. Weil die *Formel-Worte* einerseits genauso gefasste und geübte Formulierungen sind wie die Vorsatzbildungen im autogenen Training, wirken sie ebenso autosuggestiv, und deswegen habe ich das Beispiel gebracht. Da die *Formel-Worte* aber andererseits eben gerade nicht willkürliche Vorsätze sind, sondern „linguistische Kristalle", Signifikanten-Transformationen, die in ihrer Überdeterminierung nichts suggerieren, fördern sie die Wahrheit des eigenen Selbst, sind sie Suggestionen zur Selbstanalyse, also etwas völlig anderes, letztlich Relevanteres.

Diese *Pass-*, bzw. Identitäts-*Worte* aufzuspüren ist eine humorvolle und auch interessante Tätigkeit, und man muss dazu nicht so heroische Taten vollbringen wie eine Überquerung des Atlantik im Faltboot. Man muss auch nicht auf Historiker und Politiker als alleinige „Bild-Redner" hören, sondern aufs eigene Unbewusste. Die *Pass-Worte* stellen nicht nur das absolute Pendant zu den *Formel-Worten* dar, sondern sind natürlich auch durch diese angeregt, formal-linguistisch stimuliert. Die *Pass-Worte* enthalten wie die *Formel-Worte* komprimiert das *Strahlt / Spricht* in sich, mit Betonung auf dem letzteren. Daher nehmen sie auch die Form eines stimmlichen Gedankens an. Nach Lacan handelt es sich dabei um die „Stimme des Objekts".[143] An anderer Stelle sagt Lacan auch, dass sich das Subjekt im „Gebot der Stimme" vollendet, im *Strahlt / Spricht* des psychischen Objekts, der Seele als solcher also. Dieses Komprimieren verschiedener „Stimmen" im Unbewussten zu so etwas wie einem Ausruf, einem Spruch dieser eben unterschiedlichen „Stimmen", repräsentiert ideal das *Unbewusste* per se. Man muss hier „Stimme" in Anführungszeichen schreiben, denn so gesehen sind es ja eher Wortklangbilder, wie sie auch von Freud so genannt wurden. Es sind Laut-Kantilenen, Syllaben der eigenen unbewussten *Andersheit*, „Bildrede". Es geht nicht um das „Stimmenhören" einer psychischen Krankheit.

Für mich hat *Adam* wie eine 'Transsubstanziation' gewirkt, denn *Adam* ist aus meinem Unbewussten gekommen als eine zutreffende „Bild-Rede". Ich kann natürlich jetzt nicht daraus eine Adams-Wissenschaft küren, ich muss im Bereich einer psychoanalytischen Anthropologie bleiben. An einer solchen kann aber jeder mitarbeiten, indem er selbst seine *Pass-*, bzw. Identitäts-Worte auf diese wissenschaftliche Weise findet. Auch Lipowatz werde ich damit gerecht, denn ich habe mich im Namen von *Adam* individuiert, aber auch Liebe zur Transzendenz gezeigt. Es ist für mich – will ich mich theologisch dazu äußern – ganz klar, dass Gott Adams alter ego war, die Stimme und auch das „Kristalline" (fiat lux) in Adams Unbewussten, mit der er sich auseinandersetzen musste. Denn die ersten Zeilen im Alten Testament sind seine Gedanken, die Gedanken des ersten Menschen. Man kann dies in eine Gott-Metapher kleiden, man kann es aber auch anthropologisch sehen.

Und diese Sicht, Religiöses und Naturwissenschaftliches, Transzendentes und Physisches, in einer Überschau und Überbegrifflichkeit neu zu formulieren, erscheint mir wichtig. Gerade jetzt (2018), wo in Europa rechtsradikale Parteien wieder erstarken, die von sich ständig betonen, sie seien nicht rechtsradikal, sondern nur demokratische Opposition, spaltet sich die Gesellschaft auf und

---

[143] Hier ist das psychische ‚Objekt' gemeint, das eigentlich subjektbezogen ist, aber fixierten Charakter hat.

verbindende, wenn auch nicht verbindliche, Gedanken sind notwendig. Denn damit ist Hitler ja groß geworden, dass er nur noch sein Denken zugelassen hat. Und auch als wir in den End-Sechziger-Jahren die APO-Linke repräsentierten, waren wir große, radikale Opposition, Opposition gegen alles und damit gar nicht mehr demokratisch.

Auch die sich jetzt im Aufwind glaubenden Rechtpopulisten in ganz Europa stellen eine derartige Opposition dar, und damit sind sie ebenso radikal. Zu unserer Zeit brannten die Kaufhäuser, heute brennen die Flüchtlingsheime. Auch ein großer Anteil der Linken wählt heute rechts, weil dort Radikalität zu finden ist, die sich demokratisch tarnt. Den APO-Anwalt Horst Mahler hatte ich bereits als treffendes Beispiel erwähnt: damals war er radikal links, später wurde er radikal rechts, Hauptsache er konnte zündeln.

Resümee

Die grundlegende These meines Buches bestand darin, dass wir über die Vergangenheit der letzten 100 Jahre, insbesondere aber des Dritten Reiches, so viel Wissen zusammengetragen haben wie noch nie zuvor, trotzdem aber nichts von der Geschichte begriffen haben. Alle Historiker zusammen haben es nicht vermocht das schreckliche Ausmaß, die komplexen Verwicklungen, die politisch-psychologisch-theoretischen Zusammenhänge wirklich begreifbar zu machen. Gerade dieser Punkt der Geschichte kann nur Tränen und Trauer in uns erzeugen, ohne dass – auch nachdem zwei weitere Nachkriegsgenerationen ausgiebig damit konfrontiert waren – Klarheit und Hilfe in Sicht ist. Es geht hier nicht darum, zu wollen. Es geht aber auch nicht darum, mit zu künstlicher und zu artifiziell gestalteter Kraft und oft pädagogisch ungeschickt die Erinnerungen an das Dritte Reich wach zu halten. Die Erinnerung muss vielmehr in unser Leben integriert werden, so dass sie zum lebendigen Bestandteil unseres täglichen Diskurses wird. Sonst wird sie das Gegenteil bewirken. Hier kann uns nur die Wissenschaft der Psychoanalyse weiterhelfen, insbesondere, wenn man ihre Erinnerungs- und Gedächtniskonzepte in etwas umformulierter Weise verwenden. Dazu haben zuerst einmal diüe Gegenüberstellung von Aussagen jüdischer Zeitzeugen und meiner allgemeinen Thesen zur heutigen Zeit mit den Erinnerungen meines Vaters beigetragen, der in dieser Zeit als Ministerialrat im Wirtschaftsministerium war. Insbesondere war er für die Materialbeschaffung und wirtschaftliche Organisation der Kunststadt Linz und des Obersalzbergs zuständig.

Ich habe aus dem Buch des Historikers P. Leo zitiert, der lakonisch schrieb: „Zeit meines Lebens hatte mir mein Großvater [Abteilungsleiter des Rasse- und Siedlungshauptamtes im Dritten Reich] kaum etwas bedeutet. Aber jetzt, als toter Sturmbannführer, wurde er mein treuer Begleiter. . . . Einen Nazi in der Familie zu haben, das hatte ich in den letzten zwei Jahren gelernt, war doch etwas ziemlich Handfestes". Wie Leo waren wir als Nachkriegskinder politisch eher links eingestellt, aber irgendwann mussten wir unsere Anschauungen differenzieren und eine gesunde Mitte finden. Ich habe versucht, die Geschichte ein bisschen zurecht zu rücken, aber sie kritiklos nochmals beginnen zu wollen, wie dies Neo-Nazis und die Rechtspopulisten von der AfD jetzt tun, ist dumm und verheerend.

Man muss auf das Substanzielle selbst eingehen, wie es Lacan mit dem Schau- und Sprechtrieb (von mir zum *Strahlt / Spricht* komprimiert) als menschlichen Grundkräften, Prinzipien konzipiert hat. Dieses Substanzielle kann von Mensch zu Mensch, von Generation zu Generation direkt und voll vermittelt (,transsubstanziiert') werden, jedoch nur auf der Ebene persönlicher Individuierung und einer Liebe zur Transzendenz wie der Soziologe T. Lipowatz es ausdrückte. Jeder muss sich diese 'Transsubstanziation' selbst erüben, niemand kann diese Wissenschaft einfach an der Universität lehren. Man kann höchstens die Teilnahme vermitteln, so dass jeder selbst die Arbeit tun muss. Denn „der Geist in der Teilnehmerperspektive ist als *Subjekt* der Erkenntnis methodisch vorrangig gegenüber Geist und Körper als Erkenntnis-*Objekt*en in der Beobachterperspektive"[144]. Die als ,transsubstanziatives' Objekt zu benutzenden *Formel-Worte*, die zur Anregung der Pass-Worte in meinem selbstanalytischen Verfahren verwendet werden, enthalten selbst keine fertige Aussage, sie sind nur Gerüst für das eigene Teilnehmen an dieser „der Liebe unterstellten Wissenschaft". Als Abschlusszeugnis bekommt man dann eben ein *Pass-Wort*.

---

[144] Hastedt, H., Das Leib-Seele Problem, Suhrkamp 1989) S. 291

Die Methode des Verfahrens ist leicht zu erlernen. Man setzt sich in eine bequeme Position und achtet zwanglos darauf, etwas von dem Wesen des von mir immer wieder zitierten *Strahlt* (eine Helligkeit, ein ,Durchrieseln' des Körperbildes) wahrzunehmen, indem man gleichzeitig mehrere der erwähnten *Formel-Worte* rein gedanklich wiederholt. Stellt sich die Katharsis ein, wechselt man auf die Konzentration des ,inneren Hörens', des inneren Lautes oder Tons, was bis zum Gewahrwerden einzelner Worte oder kurzer Sätze, eben eines *Spricht* der sogenannten *Pass-Worte* führt.

Als ich diesen Text überarbeitete, kam mir in der Meditation ein neues *Pass-Wort* zu, das ich wegen seiner Kuriosität hier noch anhängen möchte. Ich vernahm den Halbsatz: „. . . . Ahnungen eines Unterphilosophen". Das passt – denke ich – genau hierher. Ich wollte kein Historiker, kein Naturwissenschaftler und auch kein Geisteswissenschaftler wie der Philosoph sein. Als klassischer Psychoanalytiker konnte ich hier auch nicht so ganz reüssieren, wollte auch keiner Fachgesellschaft angehören, auch wenn ich mich hauptsächlich auf diese Wissenschaft stütze. Aber damit bin ich wahrscheinlich in den Augen mancher Leser ein „Unterphilosoph" geblieben. Sei´s drum.

Anhang

Das Verfahren der *Analytischen Psychokatharsis* ist von seiner praktischen Seite her – wie schon zum Teil beschrieben – sehr einfach. Trotzdem noch eine kurze Zusammenfassung und weitere *Formel-Worte*. Man sitzt in bequemer Haltung und wiederholt rein gedanklich langsam hintereinander ein, zwei oder bis zu fünf *Formel-Worte*,[145] während man gleichzeitig darauf achtet, ob etwas auftaucht, das den Charakter eines ‚Es *Strahlt'* hat. Bei dem „Strahlt" kann es sich um eine Erhellung, Körperbildwahrnehmung, ein Schimmern, einen ‚Lichtpunkt' oder eine grundlegende Luzidität handeln, dem eben solch ein Phänomen zukommt. Das *Strahlt* ist also nicht etwas, das man selbst imaginieren, erzeugen oder gar erzwingen muss. Es ist in jedem Menschen als Primärform eines Kräftegeschehens (Triebkraft) vorhanden und muss so nur geweckt oder erwartet werden. Genauso kann aber auch ein ‚Durchrieseln' zu spüren sein[146] oder die Empfindung auftauchen, wie sich das eigene Körperbild verschiebt, sich weitet oder es einfach nur als schwarze Farbe, als Fleck vor den geschlossenen Augen festzustellen ist. Denn schwarz ist schon eine Wahrnehmung, die sich von der Dunkelheit im Kopf ganz gering abheben kann. Egal was auch immer ‚gesehen' oder erfahren wird, es wird den Charakter von einem auch nur ganz geringem ‚Es *Strahlt'* haben, und das genügt.

Dadurch tritt eine Entspannung ein, eine Katharsis, ein Befreiungserleben, das besonders dadurch gesteigert werden kann, wenn

---

[145] Weitere *Formel-Worte* sind in anderen Veröffentlichungen oder auch auf der hinten angegebenen Webseite zu finden. Vorerst genügen die hier erwähnten. Mehr als fünf sollte man nicht benötigen.

[146] Damit ist eine Erfahrung gemeint, die etwas mit atavistischen Gefühlsreaktionen zu tun hat. Die Frühmenschen haben noch viel mit ihrer unbedeckten Haut gefühlt, ertastet und umweltbezogen kommuniziert. Auch bei bewegenden Musikstücken, wenn es einem wie einen durch einen den Rücken herunterrieselnden Schauer erfasst, greifen wir auf diese eben besonders tief gehenden Emotionen zurück. In der *Analytischen Psychokatharsis* wird diese Erfahrung jedoch als Bestätigung einer Erkenntnis genutzt z. B. bei den *Pass-Worten*.

gleichzeitig die besagten *Formel-Worte* rein mental geübt werden. Links unten ist nochmals ein weiteres *Formel-Wort* dargestellt. Auch dieses (RA-DIC-IT) ist kein normales Wort aus dem Lateinischen, aber es beinhaltet mehrere sich überschneidende Bedeutungen in einer Formulierung, es ist ‚linguistisch kristallin‘ aufgebaut wie es Lacan vom Unbewussten sagte. Außer dem radiat und dicit (Strahlt und Spricht) ergeben sich im Kreis geschrieben und von verschiedenen Buchstaben aus gelesen mehrere disparate Bedeutungen. So kann man hier z. B. auch „adi cit r" (geh heran, es bewegt R) „C i tradi" (hundert I übergeben), „citra di" (diesseits die Götter), „dicit ra" (es sagt ra), „r adic it" (füge r hinzu, es geht), „radi cit" (gekratzt werden, es bewegt sich), „trad ici" (erzähle, ich habe getroffen) etc. herauslesen, wobei vieles recht unsinnig klingt. Dies hat jedoch für den formalen Ausdruck keinerlei Bedeutung. Ausschlaggebend ist nur, die wissenschaftliche Begründung (mehrere Bedeutungen in einer Formulierung, Verwendung nur anderer Schnittstellen) klar darlegen zu können, und dies ist für das Verfahren sehr wichtig, weil man nur so volles Vertrauen in die Methode haben kann.

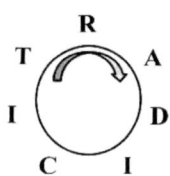

Dies ist die erste Übung, die auf tatsächlichen Vorgaben der Psychoanalyse beruht, weil durch das mentale Reverberieren eine Regression (ein innerlicher Rückzug) erzeugt wird, die sich gleichzeitig nur auf einen eingeengten Aspekt des Wahrnehmungs- bzw. Schautriebs konzentriert (das *Strahlt* Zudem setzt sich die *Formel-Wort*-Wiederholung an die Stelle dessen, was man in der Psychoanalyse den Wiederholungszwang, das unbewusste Wiederholen nennt. Dieses wird zumindest solange aufgehoben, wie die Übungen der *Analytischen Psychokatharsis* wirken. Ich habe schon im Haupttext angedeutet, dass dadurch eine wesentliche Hürde der klassischen Psychoanalyse vereinfacht und vermindert wird. Wichtig ist, dass es zu einer Katharsis kommt, zu einer Befreiungserfahrung und nicht nur zu einer simplen Entspannung. Man befreit sich dadurch wenigstens für einige Zeit vom unbewussten Wiederholungszwang.

Auch was andere Therapieformen und deren Probleme angeht, kann in der *Analytischen Psychokatharsis* meist vereinfacht umgangen werden. Es genügt nämlich nicht mehr, einfach einem Therapeuten oder Meditationslehrer zu glauben und seinen einfachen Anweisungen zu folgen. Man muss heutzutage auch verstanden haben, dass das Verfahren wissenschaftliche Grundlagen hat und man mitdenken kann und soll, damit nicht in tieferen Momenten der Übungen Abhängigkeiten von der Ideologie der Methode, vom Lehrer bzw. Therapeuten oder irrationale Ängste auftreten. Das *Strahlt* (das Kristalline, Spiegelnde) der kathartischen Erfahrung ist also aus der Grundkraft des Wahrnehmungstriebs abgeleitet. Es ist somit etwas, das in jedem Menschen originär vorhanden ist, genauso wie das *Spricht* (das Linguistische, Verlautende).[147]

Nach dem R-A-D-I-C-I-T kann nun auch das *Formel-Wort* E-N-S-C-I-S-N-O-M hinzugenommen werden, denn sollte jemand wirklich Interesse haben, die analytisch-psychokathartische Methode zu erlernen, sind wenigstens drei dieser Formulierungen notwendig. Zwei oder gar nur eines würden einen zu schnell ermüden. In dem – einmal anders geschriebenen *Formel-Wort* N-O-M-E-N-S-C-I-S (Abbildung oben) stecken je nach Ausgangsbuchstaben folgende Bedeutungen: ENS, das Sein, CIS, diesseits, NOM, (Abkürzung für) Name, lesen, also ‚das Sein diesseits des Namens'. Man kann aber auch beim S  beginnen und SCIS NOMEN lesen: du weißt den Namen. Geht man einmal vom C aus, liest man CIS NO, MENS, diesseits schwimme ich, oh Geist, M oben links aus, so heißt MENS CIS NO, der Gedanke diesseits, innerhalb von No (vom Nein), vom O ausgehend OMEN SCIS N, du kennst das Omen N, und C IS NO-MEN S, hundert dieser Name S, usw.

Die verschiedenen Bedeutungen sind zu disparat, also auf keinen Nenner zu bringen. Denn übt man sie in dem einheitlichen Schriftzug, wird man niemals das Schwimmen diesseits mit dem Namen,

---

[147] In der Psychoanalyse gehen wir davon aus, dass in der Menschentwicklung die symbolische Ordnung bzw. die Sprache eine entscheidende Funktion einnimmt, die die Wahrnehmung in eine reine Sinnestätigkeit und eine Triebtätigkeit teilt. Die Sinnestätigkeit ist eine Wirklichnehmung, die Triebtätigkeit eine Wahrnehmungslust, zusammengefasst sprechen wir von Wahr-Nehmung. Das Wahre kommt durch die Sprache (Es Spricht) herein, die Nehmung durch die Wirklichkeit (Es Strahlt).

und dem Omen, die man weiß in einem Sinngehalt zusammenbringen. Wichtig ist nur zu verstehen, wie die *Formel-Worte* aufgebaut sind, so dass man wissenschaftlich-intellektuell das Verfahren jeder Zeit hinterfragen kann. Kommen irgendwelche Gefühle oder Ideen hoch, die unpassend sind oder Angst machen, kann man nachdenken oder sich weiter über das Verfahren belesen. Blinder Glaube ist nicht gefragt.

Bei der zweiten Übung wird nunmehr auf genau dieses *Spricht*, dieses Körper-Echo, also auf einen von oben / rechts im Kopf herkommendes Verlauten, auf einen Ton, Laut, aus dem tiefen Inneren geachtet. Es sind schließlich Buchstaben, die aus diesem ‚typographischen' Raum herausklingen und die das Unbewusste dort gespeichert hält. Und genau in diesen Raum sind die *Formel-Worte* eingedrungen und haben die Buchstaben in ihrer B(r)uchstabenhaftigkeit geweckt und evoziert. Auch hier wieder gilt das Gleiche: es handelt sich um einen ganz originären Aspekt des Entäußerungs- bzw. Sprechtriebes, der in jedem Menschen als Primärprozess vorhanden ist und im Unbewussten sogar die Form ganz knapper, kompakter „innerer Sätze", „ultrareduzierter Phrasen" annimmt (alles Begriffe Lacans für diese lautliche Erfahrung).

Auch hier können anfänglich nur ein feines Rauschen, ein ferner Laut oder Ähnliches wahrgenommen werden können, der Übende wird jedoch von Anfang an bemerken, dass es sich hier um eine Konzentration auf ein mehr oben-rechts oder oben-zentral im Kopf befindliches Hör-Sprechsystem handelt, zu dem die Echos des Körpers Beziehung haben, auf die hier zurückgegriffen wird. Auch wenn das eigentliche Hör-Sprechsystem im Kopf linksseitig angelegt ist, ist eben rechtsseitig das mehr rudimentäre, musikalische und der Regression besser zugängliche Hör-Sprechsystem vorhanden, und seine Echostruktur deutlich zu sehen. Dazu passen dann eher die kurzen Phrasen der *Pass-Worte*, während bei den längeren das linksseitige System (psychoanalytisch: das Vorbewusste) eine Rolle spielt.

Wenn man sich über Psychoanalyse etwas beliest und auch sonst Kontakt zu literarischer und wissenschaftlicher und sonstiger Kultur hält, und auch den vorliegenden Text gelesen hat, einen Versuch mit den Übungen gemacht hat, kurz: ein bisschen Bildungsbürger ist, wird man die oft sofort einsehbaren *Pass-Worte* richtig deuten. So schreibt Freud, dass man sogar manche Träume, die ja nun viel entstellter sind als die *Pass-Worte*, und die ja auch unmittelbar vom Symbolisch-Realen herkommen, direkt vom „Blatt weg ablesen" könnte. Man braucht nicht mehr den Träumer nach Einfällen dazu zu befragen und umständliche Interpretationen anzubringen.

Und noch ein letzter Hinweis, nach dem oft gefragt wird. Bemerkt man bei der Anwendung der *Analytischen Psychokatharsis*, dass der *Strahlt*-Anteil beim Üben zu stark ausfällt, wechselt man zur *Spricht*-Übung und umgekehrt. Ansonsten sind beide Übungen jeweils nur für etwa zwanzig Minuten durchzuführen. Der Wechsel von praktischer Erfahrung und theoretischem Denken ist wichtig, weil am Ende etwas Gemeinsames herauskommen wird: eine gedankliche Selbsterfahrung, eine praktische Logik, eine kathartische Analyse. Letztendlich finden beide Übungen zu einem inneren ‚Auftrag‘, einer Gewissheit von dem, ‚was es vom EIN gibt‘ zusammen und so auch zur Möglichkeit am Verfahren mitwirken zu können.

Andererseits habe ich bereits beschrieben, dass man manchmal nicht nur in Gedanken vom meditativen Vorgang abweicht. Manchmal weicht man sogar zwischen den einzelnen *Formel-Worten* zu Bildern, Erinnerungen, zu einem Gemisch von beiden und zu *Pass-Worten* ab, und kehrt doch wieder zum *Formel-Wort*-Reverberieren zurück. Der Fortgeschrittene wird dies durchaus als bereichernd erfahren, denn er lässt sich nicht in eine einseitige *Strahlt*- oder *Spricht*-Richtung verführen, sondern bleibt beim Fortschreiten in der engen Kombination der beiden Grundtriebe, Grundprinzipien, des Spiegel- und Echodiskurses, des Bild-Wort-Wirkenden.

Webseite: analytic-psychocatharsis.com

Literaturverzeichnis

Agamben, G., Homo sacer. Sovereign Power and bare Life, the Stanford University Press (1998)

Baker, N., Human Smoke, The Beginnings of World War II, the End of Civilisation, (2008)

Bohrer, K. H. Jetzt, Suhrkamp (2017)

Bhabha, H. K., Die Verortung der Kultur, Stauffenburg (2000

Bormann, M., Leben gegen Schatten, Bonifatius (1996)

Burleigh, M. Die Zeit des Nationalsozialismus, Fischer (2000)

Byung-Chul Han, Psychopolitik, Ficher (2016)

Eysenck, H.J., Die Experimentiergesellschaft, Rowohlt (1973)

Freud, S., GW Bd. XVI, Fischer (1999)

Friedrich, J., Der Brand, Deutschland im Bombenkrieg 1940 – 1945, Propyläen (2002)

Gilman, S. L., Freud, Race, and Gender, S. Fischer (1993)

Grunberger, B., Narzissmus, Christentum, Antisemitismus, Klett-Cotta (2000)

Haffner, S., Geschichte eines Deutschen, DVA (2000)

Harari, Y. N., Eine kurze Geschichte der Menschheit, Pantheon (2015)

Hertzberg, A., Wer ist Jude? Hanser (2000)

Hummel, G. v., Nach Lacan, Eine psychoanalytische Stringtheorie, BoD (2014)

Jacobs, A., Schrott, R., Gehirn und Gedicht, Hanser (2011)

Jones, S., Gott und die Gene, Hofman & Campe (1999)

Kershaw, I., Hitler, DVA (1998)

Koch-Hillebrecht, M. Homo Hitler, Psychogramm des deutschen Diktators, Siedler (1999)

Küng, H., Projekt Weltethos, (1992)

Laqueur, W., Faschismus, Propyläen (1996

Kurzweil, R., Die Intelligenz der Evolution, KiWi (2016)

Lebert, N., Lebert, S., Denn du trägst meinen Namen. Das schwere Erbe der prominenten Nazi-Kinder, Blessing (2000)

Levinas, E., Schwierige Freiheit, Jüdischer Verlag (1996)

Lipowatz, T., Der Fortschritt der Geistigkeit und der Tod Gottes, Königshausen & Neumann (2005)

Lipowatz, T., Die Verleugnung des Politischen, Quadriga (1986)

Longerich, P., „Davon haben wir nichts gewusst", Siedler (2006)

Ludwig, U., Tatort Krankenhaus, DVA (2008)

McMillan, M., Die Friedensmacher, Ullstein (2015)

Matussek, P., Matussek, K., Seidler, Hitlers Wahn, (2001)

Niethammer, L., Kollektive Identität, Rowohlt (2000)

Nolte, E., Deutschland und der Kalte Krieg, (1974)

Pankaj Mishra, Aus den Ruinen des Empires, Fischer (2013)

Pinker, S., Gewalt, Eine neue Geschichte der Menschheit, (2011)

Pohl, D., Holocaust, Herder (2000)

Radkau,J., Geschichte der Zukunft, Hanser (1016)

Renn, P., The Silent Past and the Invisible Present. Memory, Trauma and Representation in Psychotherapy, Routledge (2012)

Safranski, R., Nietzsche, C. Hanser (2000)

Schmidt-Hellerau, C., Eros & Thanatos, Libido & Lethe, V. Int. PA (1994)

Sloterdijik, P. Die schrecklichen Kinder der Neuzeit, Suhrkamp (2014)

Snyder, T., Bloodlands, Europa zwischen Hitler und Stalin, C. H. Beck (2010)

Tharoor, S., Indien, Insel Verlag (2000)

Tuchmann, B., Die Torheit der Regierenden, Fischer (2001)

Urban, Th., Der Verlust, Die Vertreibung der Deutschen und Polen im XX. Jahrhundert, C. H. Beck-Verlag (2004)

Varela – Thompson, Der mittlere Weg der Erkenntnis, Scherz (1992)

Verhaeghe, P., Autorität und Verantwortung, Kunstmann (2016)

Zusätzliche Informationen zum Verfahren der *Analytischen Psychokatharsis* können auf der Webseite des Autors unter
>analytic-psychocatharsis.com<
eingeholt werden (dort finden sich auch weitere Publikationen).

Weitere Bücher des Autors aus dem MCS Verlag

Analytische Psychokatharsis
Psychoanalytische Theorie und kathartische Meditation können nicht einfach ineinander überführt werden. Setzt man beide Verfahren aber durch ein entscheidendes Element (einen „liguistischen Kristall") in Beziehung, lässt sich ein eigenes neues Verfahren begründen. Die Psychoanalyse und die meditativen Methoden werden diskutiert, und die Praxis des eigenen Verfahrens wird ausführlich beschrieben.

Yoga und Psychoanalyse
An Hand einer wissenschaftlichen Biographie des Religionswissenschaftlers und Yogalehrers Kirpal Singh (Surat Shand Yoga) werden alle Yogaformen von der Seite der Psychoanalyse her betrachtet. Es ergibt sich die Notwendigkeit ein eigenes Verfahren zu begründen, das der Autor auch *Analytische Psychokatharsis* nennt. Zahlreiche Bilder und Schemata machen das Buch anschaulich.

Die Revolte des Selbst

Die klassische Methode der Analyse des Unbewussten stellt eine zu theoretische Revolte des Selbst dar. Um in der Praxis Erfolg zu haben bedarf es eines direkteren selbstanalytischen Verfahrens, das jeder aus sich selbst heraus entwickeln kann. Formulierungen, die in einem einzigen Schriftzug mehrere Bedeutungen enthalten, können das Unbewusste jedes Einzelnen durch mentales Üben aufbrechen und zu sich selbst befreien. Das Buch gibt eine klare Anleitung dazu.

‚teetrunken‘

Ausgangspunkt des Buches stellt die Lehre des Psychoanalytikers O. Graf Wittgenstein dar, der davon ausging, dass der Mensch in sich drei Teile birgt, die er nur vechiedentlich zu einer Einheit bzw. einheitlichen Persönlichkeit verbinden kann. Die letztliche und ideale Einheit nennt er den 'Trialog'. Anhand der Schilderung mehrerer Bergbesteigungen durchstreift der Autor alle möglichen kulturellen und psychologischen Fragestellungen, um im Endeffekt dahin zu kommen, den 'Trialog' durch das Wandern, Meditieren und intellektuelle Verarbeiten zu erreichen.